Histospheres
Zur Theorie und Praxis des Geschichtsfilms

Film und Geschichte 2

Rasmus Greiner (Dr. phil.) ist Researcher für Filmwissenschaft an der Universität Bremen. Seine Forschungsschwerpunkte umfassen u.a. den Geschichtsfilm, die Audio History des Films, Genre Studies sowie das Arbeitsfeld Krieg und audiovisuelle Medien. Er ist Gründer und General Editor der Open-Access-Zeitschrift *Research in Film and History* (www.film-history.org). Zu seinen Publikationen zählen die Monografien *Audio History des Films* (2018; zus. mit Winfried Pauleit und Mattias Frey) und *Die neuen Kriege im Film* (2012). Er ist Herausgeber der Sammelbände *Film als Forschungsmethode. Produktion – Geschichte – Perspektiven* (2018); *Reality Unbound. New Departures in Science Fiction Cinema* (2017); *Die Zukunft ist jetzt. Science-Fiction-Kino als audio-visueller Entwurf von Geschichte(n), Räumen und Klängen* (2016); *Film und Geschichte. Produktion und Erfahrung von Geschichte durch Bewegtbild und Ton* (2015) sowie Verfasser zahlreicher Artikel und Buchbeiträge.

Film und Geschichte

Wie wirken sich Filme auf unser Verständnis von Geschichte aus? Welche Bedeutung haben sie für historische Zusammenhänge und Fragestellungen? Die Reihe *Film und Geschichte* bietet ein Forum für neue Ansätze und interdisziplinäre Perspektiven auf der Schnittfläche von Filmwissenschaft und Geschichtswissenschaft. Dabei nehmen die Bücher verschiedene filmische Formen wie Spielfilme, Dokumentarfilme und Essayfilme ebenso in den Blick wie die zugehörigen filmischen Dispositive. Zugleich sollen Publikationen, die sich mit inhaltlichen und methodischen Fragen zum Themenfeld beschäftigen, einem größeren Leserkreis zugänglich gemacht werden. Die Reihe fördert nachdrücklich die Veröffentlichung von Arbeiten, die nach Möglichkeiten suchen, die spezifischen Verfahren beider Wissenschaften zu verknüpfen. Das Ziel ist die Entwicklung und Diskussion von integrativen Forschungsansätzen, die es ermöglichen, das Verhältnis von Film und Geschichte neu zu denken. Hierbei werden innovative Studien von Nachwuchswissenschaftler*innen besonders berücksichtigt. *Film und Geschichte* wird von Delia González de Reufels, Winfried Pauleit und Rasmus Greiner herausgegeben und erscheint seit 2018 im Bertz + Fischer Verlag.

Rasmus Greiner

Histospheres

Zur Theorie und Praxis des Geschichtsfilms

BERTZ + FISCHER

Bibliografische Information der Deutschen Nationalbibliothek
Die Deutsche Nationalbibliothek verzeichnet diese Publikation in der
Deutschen Nationalbibliografie; detaillierte bibliografische
Daten sind im Internet über <http://dnb.dnb.de> abrufbar.

Dieses Buch entstand im Rahmen des Forschungsprojektes »Audiovisuelle Histosphären« an der Universität Bremen und wurde im Rahmen der Förderinitiative »Kleine Fächer – Große Potentiale« mit Mitteln des Bundesministeriums für Bildung und Forschung finanziert.

Lektorat:
Maurice Lahde

Umschlaggestaltung:
D.B. Berlin

Fotonachweis:
Umschlag: Standfoto aus HIMMEL OHNE STERNE (D 1955)
Beta Film / Deutsches Filminstitut, Frankfurt-KINEOS Sammlung
Innenteil: Siehe Seite 223
© Photographs: original copyright holders

Alle Rechte vorbehalten
© 2020 by Bertz + Fischer GbR, Berlin
Wrangelstr. 67, 10997 Berlin
Printing: Standartų spaustuvė,
www.standart.lt, Vilnius, Litauen
ISBN 978-3-86505-264-3

Inhalt

Einleitung 9

Spielfilm und Geschichte 24
Poetik und Semiotik 24
Geschichtsfilm 34
Authentizitätsgefühl 39

Audio-Visual History 46
Visual History 46
Audio History 50
Geschichte als Audio-Vision 52

Film/Geschichte/Erfahrung 57
Phänomenologie des Films 57
Historische Erfahrung 64
Filmerfahrung und Geschichte 70

Modellieren und Wahrnehmen 82
Figuration und Illusion 83
Raum, Zeit und filmische Welt 91
Von der Mise-en-scène zur Mise-en-histoire 110

Erleben und Empfinden 123
Stimmung und Atmosphäre 124
Immersionserfahrungen 137
Imaginative Empathie 146

Erfahren und Erinnern 156
Film/Körper/Gedächtnis 157
Prosthetic Postmemory 169
Reminiszenztrigger 175

Aneignen und Refigurieren 182
Inkorporierende Aneignung 183
Genre-Konfigurationen 189
Schluss: Refiguration des Geschichtsbewusstseins 199

Filmografie 205
Bibliografie 207
Index 220
Fotonachweis 223

*So we beat on,
boats against the current,
borne back ceaselessly
into the past.*
F. Scott Fitzgerald

Einleitung

Ein Stacheldrahtzaun, Warnschilder und Schlagbäume, dazu dramatische Musik und ein allwissendes Voice-over, das die historische Situation in eine Geschichte einbettet. Wir erfahren von der Fabrikarbeiterin Anna Kaminski (Eva Kotthaus) aus Broditz in Thüringen und dem Grenzpolizisten Carl Altmann (Erik Schumann) aus Oberfeldkirch in Oberfranken. Es ist das Jahr 1952, und zwischen den beiden Liebenden liegt die innerdeutsche Grenze. Langsame Schwenks erwecken die zu Beginn noch nahezu unbewegten Einstellungen zum Leben. Zuletzt füllt sich die Szenerie mit Figuren: Flüchtlinge, die sich an einem Grenzfluss durch das Dickicht kämpfen.

In unserer Wahrnehmung von Helmut Käutners Film HIMMEL OHNE STERNE (1955) konstruieren wir aus Bewegtbild, Ton und Text ein Raum-Zeit-Gefüge, das die Geschichte der deutschen Teilung erfahrbar macht. Die audiovisuelle Figuration des Vergangenen wird für uns zum Gegenwartserlebnis. Vorstellungen von Geschichte werden in die Form und Ästhetik der filmischen Welt eingeschrieben, noch bevor die Figurenhandlung beginnt. Anders ausgedrückt: Ikonische Bilder der Grenze und der Kommentar des Voice-overs lokalisieren die Handlung in einem historischen Setting, das durch Landschaft, Kostüme und Ausstattung, aber auch durch den Duktus und das Verhalten der Filmfiguren ausdifferenziert wird. Repräsentation und Konstruktion von Geschichte treffen in der filmischen Erzeugung von Bild- und Tonräumen aufeinander. Der Film erschafft auf diese Weise einen fluiden Geschichtsraum, den wir synästhetisch (mit-)erleben können. Das hierbei entstehende Gemisch aus Geschichtsmodellierung und Fiktion erzeugt einen Sog, der uns förmlich in die Welt des Films hineinzieht. Der Fluss der Montage, die Musik und der subjektivierte Blick des Kamera-Auges erleichtern die Immersion. All diese Operationen versetzen uns in »eine körperlich geistige Nähe zum Filmgeschehen«.[1] Eine solche Sphäre einer filmisch modellierten und verkörpert erfahrenen historischen Welt werde ich fortan als *Histosphere* bezeichnen. Der Wortstamm ›Histo‹ verweist hierbei nicht nur auf populäre Geschichtsvorstellungen, sondern zugleich

---

1 Vgl. zum Begriff der Immersion: Christiane Voss: Fiktionale Immersion. In: montage AV, Jg. 17, 2/2008, S. 71.

Einleitung

auf die besondere körperliche Dimension: Im phänomenologischen Raum zwischen audiovisuellen Figurationen und Geschichtserfahrung fungiert die Histosphäre – ganz im Sinne der *Histologie* – als ein innerviertes Gewebe, das die semiotischen Bedeutungspotenziale der filmischen Vergangenheitskonstruktion als sinnlich-körperliche Reize vermittelt.[2] Diese Praxis der Histosphäre soll im Folgenden einer ›Vivisektion‹, einem forschenden Eingriff am lebendigen Organismus, unterzogen werden.

Verheißungsvoll deutet die Erzählstimme in HIMMEL OHNE STERNE die Hoffnung der Flüchtlinge auf ein Leben in Freiheit an. Während der repetitive Charakter der Filmmusik die angespannte Atmosphäre unterstreicht, fokussiert eine Großaufnahme Annas aufmerksamen Blick. Die Situation spitzt sich noch weiter zu, als der Schleuser die Flüchtlinge an zwei Grenzsoldaten verrät, woraufhin ein älterer Herr einen tödlichen Herzinfarkt erleidet. Die parallel dazu montierte dramatische Zufahrt auf Annas Gesicht verstärkt den Eindruck des subjektiven Erlebens und erzeugt eine identifikatorische Nähe zur Hauptfigur. Zu sich steigernden Streicherklängen ergreift Anna die Initiative und springt in den Fluss. Einer der Vopos schießt auf sie – doch sie kann sich verletzt ans andere Ufer retten. Indem sie unser audiovisuelles Erleben mit unserer imaginativen Empathie verbindet, macht die Sequenz die Unerträglichkeit der deutschen Teilung für uns erfahrbar. Hierbei werden auch unsere eigenen Erinnerungen aktiviert, sei es an andere Filme oder persönliche Erlebnisse. Die mit solchen Assoziationen einhergehenden Geschichtsvorstellungen sind wiederum eng mit unserer individuellen Biografie verknüpft.[3] Der historische Spielfilm – im Folgenden der *Geschichtsfilm*[4] – stellt somit einen dynamischen Prozess dar, der Geschichte als Vergegenwärtigung des Vergangenen zur Sinnbildung in der Jetztzeit ausweist. Der allgemeinen Annahme, der Geschichtsfilm konstituiere sich durch die filmische Repräsentation von Geschichte, stelle ich die These entgegen, dass weniger die Repräsentation als die audiovisuelle *Modellierung* und *Figuration* einer historischen Welt ein unmittelbares *Erfahren* von Geschichte ermöglicht. Bedingung für den Geschichtsfilm wäre somit das Vorhandensein einer Histosphäre.

---

2 Für diesen Hinweis danke ich Hannah Schoch, Universität Zürich.
3 Grundlage hierfür ist ein Verständnis von Kunsterfahrung als relationaler Prozess zwischen Gegenstand und Betrachter. Vgl. Bernhard Groß: Die Filme sind unter uns. Zur Geschichtlichkeit des frühen deutschen Nachkriegskinos: Trümmer-, Genre-, Dokumentarfilm. Berlin 2015, S. 58.
4 Die Definitionen des Geschichtsfilms reichen von einer offenen Konzeption historisch-referenzieller Zuordnungen bis hin zu restriktiveren semiologischen und diskursiven Bedingungen. Vgl. hierzu den Abschnitt *Geschichtsfilm* im folgenden Kapitel.

Obgleich die Grenze zwischen fiktionalen und nonfiktionalen Filmformen in der theoretischen Betrachtung durchlässiger geworden ist: Eine Unterscheidung zwischen Spielfilm und Dokumentarfilm kann durchaus produktiv sein. Gegen die Bemühung der aktuellen Diskurse, ontologische Grabenkämpfe aus der Theoriebildung auszuklammern, soll zwar kein Einwand erhoben werden; dennoch werde ich die Histosphere in meiner Studie vornehmlich als Bestandteil und Phänomen des Geschichts-*Spielfilms* untersuchen. Dass spezifische Ausprägungen des Phänomens auch in dokumentarischen und anderen nonfiktionalen Formen des Films zu finden sind, wird hierbei implizit berücksichtigt, bedürfte aber meines Erachtens noch weiterer Aufmerksamkeit und lässt sich nicht en passant formulieren.

Trotz der wirkungsvollen immersiven Potenziale ermöglicht der Geschichtsfilm keine allumfassende Illusion. Die Gegenwärtigkeit des Film-Erlebnisses ist unvollständig, sie macht die Vergangenheit zwar sinnlich erfahrbar – aber nicht veränderbar. Damit erinnert die Zuschauerperspektive an die des »Engels der Geschichte« in Walter Benjamins Anmerkungen zu Paul Klees Bild *Angelus Novus*: Rückwärts in die Zukunft stürzend, blickt dieser Engel mit Entsetzen auf die Trümmer der Vergangenheit, die sich vor seinen Augen übereinander türmen.[5] Der »Sturm des Fortschritts« treibt ihn hierbei unablässig weiter und ist so stark, dass er seine Flügel nicht mehr schließen kann. Das Medium Film scheint hingegen die Dimensionen des Raums und der Zeit vollständig zu beherrschen. Geschichtsfilme können folglich – so meine Annahme – genau das vollbringen, was Benjamin dem Engel der Geschichte noch abspricht: Sie können »verweilen, die Toten

---

5 »Es gibt ein Bild von Klee, das Angelus Novus heißt. Ein Engel ist darauf dargestellt, der aussieht, als wäre er im Begriff, sich von etwas zu entfernen, worauf er starrt. Seine Augen sind aufgerissen, sein Mund steht offen und seine Flügel sind ausgespannt. Der Engel der Geschichte muß so aussehen. Er hat das Antlitz der Vergangenheit zugewendet. Wo eine Kette von Begebenheiten vor *uns* erscheint, da sieht *er* eine einzige Katastrophe, die unablässig Trümmer auf Trümmer häuft und sie ihm vor die Füße schleudert. Er möchte wohl verweilen, die Toten wecken und das Zerschlagene zusammenfügen. Aber ein Sturm weht vom Paradiese her, der sich in seinen Flügeln verfangen hat und so stark ist, daß der Engel sie nicht mehr schließen kann. Dieser Sturm treibt ihn unaufhaltsam in die Zukunft, der er den Rücken kehrt, während der Trümmerhaufen vor ihm zum Himmel wächst. Das, was wir den Fortschritt nennen, ist *dieser* Sturm.« Walter Benjamin: Über den Begriff der Geschichte (1942). In: W.B.: Gesammelte Schriften. Bd. 1.2. Frankfurt/Main 1974, S. 697–698. Im Nachwort meiner Dissertation zu den *neuen Kriegen* im Film verweise ich bereits auf die Bedeutung des Mediums als Agent der Geschichte. Vgl. Rasmus Greiner: Die neuen Kriege im Film. Jugoslawien – Zentralafrika – Irak – Afghanistan. Marburg 2012, S. 468–469.

Einleitung

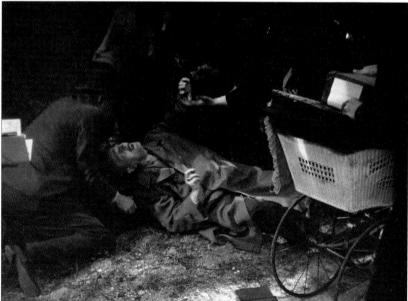

Subjektiviertes Erleben und identifikatorische Nähe ...

Einleitung

... in HIMMEL OHNE STERNE

wecken und das Zerschlagene zusammenfügen«[6]. Überträgt man Benjamins Überlegungen auf die Histosphäre, dann ist diese also imstande, die Bewegungsrichtung durch die Zeit zu verändern: Im Geschichtsfilm entfernen wir uns nicht mehr von der Vergangenheit, sondern bewegen uns auf sie zu, durchdringen sie und werden von ihr mitgerissen. Mehr noch, wir können uns umwenden und aus der Perspektive der filmisch fingierten Vergangenheit in eine imaginäre Zukunft blicken.[7] Unser historisches Wissen wird hierbei durch unser immersives Erleben der Histosphäre (zumindest zeitweise) überlagert. Zwar *wissen* wir auch während der Sichtung von HIMMEL OHNE STERNE, dass Deutschland am 3. Oktober 1990 wiedervereinigt wurde. Doch gleichzeitig *erleben* wir die Realität der Histosphäre, in der die deutsche Teilung noch lange nicht überwunden ist. Film transformiert die Vergangenheit zu einem Möglichkeitsraum. In seinem *Baedeker der Seele* schreibt Béla Balázs: »Siehst du nicht auch die vielen abzweigenden Wege, die du auch hättest gehen können, die wir hätten gehen können, wenn nicht ein Zufall uns geschoben hätte? Sie alle gehören zu unserer Vergangenheit.«[8] Balázs entwirft in seinen Ausführungen ein Konzept von Vergangenheit, das auch die nicht eingetretenen Optionen und Eventualitäten einschließt. Diese Überlegungen lassen sich auch auf das Verhältnis zwischen Film und Geschichte übertragen. Die besondere Leistung des Films bestünde dann darin, die abzweigenden, die unbeschrittenen Wege der Vergangenheit begehbar oder, besser gesagt, erfahrbar zu machen. Dieser Möglichkeitsraum manifestiert sich jedoch nicht nur in der filmischen Modellierung kontrafaktischer oder alternativer Geschichte, sondern auch in der spielerischen Suspendierung unseres historischen Gedächtnisses. Unser Wissen, welchen Gang die Geschichte wirklich genommen hat, tritt während des Filmerlebnisses in den Hintergrund und weicht einem Eindruck von Kontingenz. Die Histosphäre gibt dem Zufall eine zweite Chance. – Bis

---

6 Benjamin 1974, a.a.O., S. 697.
7 Vgl. hierzu: Thomas Elsaesser: Der Vergangenheit ihre Zukunft lassen. In: Delia González de Reufels / Rasmus Greiner / Winfried Pauleit (Hg.): Film und Geschichte. Produktion und Erfahrung von Geschichte durch Bewegtbild und Ton. Berlin 2015, S. 11–25. Vgl. ebenso Elsaessers Überlegungen zu einer »Poetik der Fehlleistungen«, deren poetologische Formen »sich mit den Konsequenzen katastrophaler Fehlentscheidungen auseinandersetzen und dies auf eine Weise tun, die den handelnden Figuren ihre Beweggründe lässt, ohne sie sofort in das (negative) Licht der nun im Nachhinein als ›falsch‹ erkannten Entscheidung zu rücken.« Thomas Elsaesser: Diagonale Erinnerung. Geschichte als Palimpsest in STERNE. In: Hermann Kappelhoff / Bernhard Groß / Daniel Illger: Demokratisierung der Wahrnehmung. Das westeuropäische Nachkriegskino. Berlin 2010, S. 96.
8 Béla Balázs: Ein Baedeker der Seele. Und andere Feuilletons. Berlin 2002, S. 56.

zuletzt halten wir es für möglich, befürchten oder hoffen, dass es *diesmal* vielleicht anders kommt.

Unsere Vorstellungen von Geschichte werden aber auch von der Gegenwart beeinflusst: »Die Geschichte ist Gegenstand einer Konstruktion, deren Ort nicht die homogene und leere Zeit, sondern die von Jetztzeit erfüllte bildet«, so Benjamin.[9] Auch der Geschichtsfilm kann sich hiervon nicht lossagen. Die Histosphere ist immer ein Produkt ihrer Zeit, der Produktionszeit des Films. Somit gleicht sie einem »Tigersprung ins Vergangene«, der das Aktuelle aufspürt, »wo immer es sich im Dickicht des Einst bewegt«.[10] Die Produktionszeit schreibt sich förmlich in die audiovisuell modellierte historische Zeit ein. Um dieser Doppelbödigkeit der Histosphere auf den Grund zu gehen, muss auch der Einfluss des Films auf unsere Wahrnehmung von Welt diskutiert werden. Bereits Siegfried Kracauer betont die Tendenz des Films, das »Gewebe des täglichen Lebens« zu entfalten und damit »unsere materielle Umwelt nicht nur zu würdigen, sondern überall hin auszudehnen«.[11] Filme machten demnach »aus der Welt virtuell unser Zuhause«.[12] Béla Balázs zielt in eine ähnliche Richtung. Seiner Ansicht nach lehrt uns der Film, die »visuelle Partitur des vielstimmigen Lebens« zu lesen.[13]

Um die Vertrautheit mit der Welt, wie sie Kracauer und Balázs beschrieben haben, herzustellen, modelliert der Film audiovisuelle Lebenswelten.[14] Im Geschichtsfilm sind diese Konstruktionen Teil der Histosphere. Mitunter können in einem einzigen Film sogar mehrere Lebenswelten miteinander konkurrieren. So auch in HIMMEL OHNE STERNE, dessen Histosphere sich aus zwei Lebenswelten zusammensetzt – der der jungen BRD und der der jungen DDR. Anna wechselt zwischen diesen beiden Lebenswelten hin und her, ohne in einer wirklich heimisch zu werden: Ihr Sohn Jochen (Rainer Stang) wohnt bei den Schwiegereltern im Westen, ihre gebrechlichen Großeltern jenseits der Grenze im Osten. Schließlich findet sie gemeinsam mit Carl einen verlassenen Bahnhof im Niemandsland; einen *anderen Ort*, an dem sich

---

9 Benjamin 1974, a.a.O., S. 701.
10 Ebenda.
11 Siegfried Kracauer: Theorie des Films. Die Errettung der äußeren Wirklichkeit (1964). Frankfurt/Main 2015, S. 394.
12 Ebenda.
13 Béla Balázs: Der Film. Werden und Wesen einer neuen Kunst. Wien 1961, S. 53.
14 Zum Begriff »Lebenswelt« in ihrer vorwissenschaftlichen Erfahrbarkeit vgl.: Alfred Schütz / Thomas Luckmann: Strukturen der Lebenswelt. Frankfurt/Main 1979; sowie: Edmund Husserl: Phänomenologie der Lebenswelt. Ausgewählte Texte 11. Stuttgart 1986.

die beiden nahe sein können.[15] Für eine begrenzte Zeit überlagern sich ihre Lebenswelten. Der Film beinhaltet somit auch ein flüchtiges utopisches Moment, das die Wiedervereinigung Deutschlands modellhaft vorwegnimmt. In einer solchen Lesart ermöglicht HIMMEL OHNE STERNE eine »Misch- und Mittelerfahrung« und kennzeichnet so den schmalen Grat zwischen Utopie und Heterotopie, wie ihn Michel Foucault mithilfe seiner Spiegelmetapher beschreibt.[16] Diese Interpretation lässt sich auch auf den Geschichtsfilm im Allgemeinen übertragen: Begreifen wir die Histosphäre als eine filmische Figuration, die historische Welten audiovisuell modelliert und erfahrbar macht, dann oszilliert die Zuschauerwahrnehmung zwischen einer nach Objektivität strebenden Betrachtung und einem immersiven Erlebnis. Einerseits lassen wir uns als Zuschauer auf die filmische Darstellung einer möglichen Welt ein, andererseits vergleichen wir sie unablässig mit dem Bild, das wir uns selbst von der Wirklichkeit machen. Dieses Bild wiederum hängt von unseren Erfahrungen und Erinnerungen ab, die ihrerseits Filme und audiovisuelle Medien einschließen.[17]

Gängige Fiktionstheorien, die sich auf die Semantik möglicher Welten stützen, gehen von einer Vorstellung des Universums als *Weltenkon-*

---

15 Vgl. Michel Foucault: Andere Räume. In: Karlheinz Barck u.a. (Hg.): Aisthesis. Wahrnehmung heute oder Perspektiven einer anderen Ästhetik. Leipzig 1992, S. 39. Foucault kommt an anderer Stelle ganz konkret aufs Kino zu sprechen: »ein merkwürdiger viereckiger Saal, in dessen Hintergrund man einen zweidimensionalen Schirm einen dreidimensionalen Raum sich projizieren sieht.« Ebenda, S. 42.
16 Dazu Michel Foucault: »Der Spiegel ist nämlich eine Utopie, sofern er ein Ort ohne Ort ist. Im Spiegel sehe ich mich da, wo ich nicht bin: in einem unwirklichen Raum, der sich virtuell hinter der Oberfläche auftut; ich bin dort, wo ich nicht bin, eine Art Schatten, der mir meine eigene Sichtbarkeit gibt, der mich mich erblicken lässt, wo ich abwesend bin: Utopie des Spiegels. Aber der Spiegel ist auch eine Heterotopie, insofern er wirklich existiert und insofern er mich auf den Platz zurückschickt, den ich wirklich einnehme; vom Spiegel aus entdecke ich mich als abwesend auf dem Platz, wo ich bin, da ich mich dort sehe; von diesem Blick aus, der sich auf mich richtet, und aus der Tiefe dieses virtuellen Raumes hinter dem Glas kehre ich zu mir zurück und beginne meine Augen wieder auf mich zu richten und mich da wieder einzufinden, wo ich bin. Der Spiegel funktioniert als eine Heterotopie in dem Sinn, dass er den Platz, den ich einnehme, während ich mich im Glas erblicke, ganz wirklich macht und mit dem ganzen Umraum verbindet, und dass er ihn zugleich ganz unwirklich macht, da er nur über den virtuellen Punkt dort wahrzunehmen ist.« Ebenda, S. 39.
17 Margrit Tröhler weist darauf hin, dass auch die wirkliche Welt »nur eine mögliche, ›möblierte‹ und reduzierte Welt darstellt und immer eine *Konstruktion* ist« – allerdings »als referenzielle Bezugswelt dennoch einen besonderen Status« genieße. Margrit Tröhler: Von Weltenkonstellationen und Textgebäuden. Fiktion – Nichtfiktion – Narration in Spiel- und Dokumentarfilm. In: montage AV, Jg. 11, 2/2002, S. 17.

stellation aus. Wie die Filmwissenschaftlerin Margrit Tröhler herausstellt, könne man sich diese »wie ein Sonnensystem vorstellen oder wie einen Seifenblasenball, der aus mehreren aneinander haftenden Kammern besteht«.[18] Die Histosphere eines Films lässt sich als eine dieser Kammern verstehen. Zwar bildet sie eine in sich geschlossene Sphäre (*sphere*), die eine mögliche historische Welt modelliert. Sie steht aber auch mit einer unbegrenzten Anzahl anderer Kammern – darunter weitere filmische Histospheres – in direktem Kontakt. Die Wände zwischen den einzelnen Kammern sind durchlässige Membranen, wodurch sich ein dynamischer reziproker Austausch ergibt.[19] Entsprechend kann auch die Kinoleinwand als eine solche Membran zwischen zwei Welten verstanden werden.[20] Siegfried Kracauers Kritik an der Begrenztheit des im Historienfilm präsentierten Kosmos lässt sich auf diese Weise aushebeln.[21] Als Teil einer Weltenkonstellation weist die Histosphere immer über sich selbst hinaus und beeinflusst unsere Vorstellungen von Geschichte im komplexen Zusammenwirken mit anderen möglichen Welten und medialen Realitätserfahrungen.

Mit der Digitalisierung hat die Mediatisierung der Wahrnehmung zusätzlich an Intensität gewonnen. »[W]ir sind Teil einer *Kultur beweglicher Bilder* und leben Kino- und Elektronik-Leben«, konstatiert die amerikanische Film- und Medienwissenschaftlerin Vivian Sobchack bereits 1988 und schlägt den Begriff einer »*Technosphäre*« vor, die uns umgibt und unsere Lebenswelt entscheidend prägt.[22] Seither durchdringen audiovisuelle Technologien und Medien unser tägliches Leben mit stetig wachsender Intensität. So ist anzunehmen, dass filmische Histospheres heute umso leichter akzeptiert und intuitiv erfahren werden können.

---

18 Ebenda, S. 15.
19 Hier können auch Analogien zum Konzept der Semiosphäre festgestellt werden, semiotische Räume, die Jurij M. Lotman zufolge eine jede Sprache umgeben und in permanentem Austausch zu anderen Semiosphären stehen. Jurij M. Lotman: Die Innenwelt des Denkens. Eine semiotische Theorie der Kultur. Berlin 2010, S. 190. Vgl. dazu auch das folgende Kapitel *Spielfilm und Geschichte*.
20 Hier lassen sich abermals Parallelen zu Foucaults Heterotopien ziehen, die »ein System von Öffnungen und Schließungen« voraussetzen, »das sie gleichzeitig isoliert und durchdringlich macht«. Vgl. Foucault 1992, a.a.O., S. 44.
21 Kracauer 2015, a.a.O., S. 116.
22 Vivian Sobchack: The Scene of the Screen. Beitrag zu einer Phänomenologie der ›Gegenwärtigkeit‹ im Film und in den elektronischen Medien. In: Hans Ulrich Gumbrecht / K. Ludwig Pfeiffer (Hg.): Materialität der Kommunikation. Frankfurt/Main 1988, S. 416, 424. (Hervorhebungen in Zitaten sind stets aus dem Original übernommen.)

Einleitung

Die Histosphere – so werde ich in den folgenden Kapiteln darlegen – ist weit mehr als nur eine modellhafte Repräsentation einer historischen Zeit. Als immersiver Erfahrungsraum adressiert sie nicht nur unseren Seh- und Hörsinn, sondern vereinnahmt uns als Ganzes. Das Konzept von Geschichtserfahrung durch Filmerfahrung schließt damit an Vivian Sobchacks Arbeit zur Phänomenologie des Films an.[23] Sobchack beschreibt den Film selbst als eine verkörperte Erfahrung, die durch das synästhetische Zusammenwirken von Bewegtbild und Ton die Sinne des Zuschauersubjektes in ihrer Gesamtheit anspricht. Den Film beschreibt sie als körperliches In-der-Welt-Sein, das nicht nur einen Sinn *hat*, sondern Sinn als präreflexive, direkte Erfahrung selbst *herstellt*.[24] Der Schlüssel für dieses Verständnis liegt in der Annahme, der Film besitze einen filmischen Körper. Ebenso wie Sobchack den Film als sichtbares Objekt begreift, als eine Welt aus Filmbildern, unterstreicht sie, dass er zugleich ein Subjekt sei, das selbst auf eine Welt blicke.[25] In Abgrenzung zur Fotografie, die ebenfalls »Welt zu Sichtbarem« objektiviert, markiert der Film für Sobchack »einen qualitativen Sprung, der darin liegt, dass seine Materialität nicht nur die Welt als Gegenstand für sich in Anspruch nimmt, sondern auch auf ihre eigene – sozusagen ›körperliche‹ Beweglichkeit, Intentionalität, Subjektivität verweist«.[26]

Der Geschichtsfilm kann im Anschluss an diese phänomenologischen Überlegungen als Erfahrungsraum verstanden werden, in dem wir als Zuschauer eine spezifische – und kulturell codierte – Form zeitlicher Existenz mitkonstruieren und durchspielen.[27] Geschichte wird im Modus eines Filmerlebnisses erfahrbar gemacht und adressiert auf der Grundlage synästhetischer Wahrnehmung den gesamten Zuschauerkörper. Wir sehen und hören die filmische Figuration einer historischen Welt nicht nur, sondern sie umgibt uns vollständig, und wir glauben sie körperlich zu spüren. Zwar

---

23 Vivian Sobchack: The Address of the Eye. A Phenomenology of Film Experience. Princeton 1992.
24 Ebenda, S. 4–6.
25 »That is, in terms of its performance, it is as much a *viewing subject* as it is also a *visible* and *viewed object*.« Ebenda, S. 21–22. Und: »Seeing is an act performed by both the film (which sees a world as visible images) and the viewer (who sees the film's visible images both as a world and the seeing of a world).« Ebenda, S. 56.
26 Sobchack 1988, a.a.O., S. 421.
27 Vgl. hierzu: »an *experiential field* in which human beings pretheoretically construct and play out a particular–and culturally encoded–form of *temporal existence*.« Vivian Sobchack: »Surge and Splendor«: A Phenomenology of the Hollywood Historical Epic (1990). In: Barry Keith Grant (Hg.): Film Genre Reader III. Austin 2007, S. 300.

sind wir uns darüber bewusst, dass das auf diese Weise erzeugte Erleben von Geschichte auf der Perzeption einer audiovisuellen Konstruktion, der Histosphere, beruht. Dennoch korrespondiert die filmische Erfahrung von Welt eng mit unserer Alltagswahrnehmung und erweitert diese um außerfilmisch unzugängliche Sphären der Vergangenheit.

Die filmgeschichtliche Entwicklung der Histosphere hängt eng mit dem sich wandelnden Verhältnis von Film und Geschichte zusammen. Bereits 1896 filmte Max Skladanowsky seinen Bruder Eugen in der Rolle des preußischen Königs Friedrich des Großen. Knapp 20 Jahre später ließen David Wark Griffiths ebenso filmästhetisch wegweisende wie umstrittene Werke THE BIRTH OF A NATION (Die Geburt einer Nation; 1915) und INTOLERANCE (Intoleranz; 1916) das immense Potenzial des Geschichtsfilms als komplexe Vergegenwärtigung des Vergangenen aufscheinen. Griffiths aufwendige Produktionen leiteten das Zeitalter des Monumentalfilms ein. In der zweiten Hälfte des 20. Jahrhunderts wiederum etablierten Strömungen wie der italienische Neorealismus, die Nouvelle Vague und der Neue Deutsche Film ein Kulturverständnis, das das damalige amerikanische Genrekino als Teil einer Erneuerung begriff.[28] Auch das Verhältnis von Film und Geschichte wurde durch die hiermit verbundene Demokratisierung der Wahrnehmung entscheidend verändert. Die auf avantgardistischen Montagekonzepten beruhende Mobilisierung der Massen wurde durch die subjektivierte Ansprache des einzelnen Zuschauersubjektes abgelöst. Aus der damit verknüpften Perspektive einer neuen, auf egalitärer Demokratie gegründeten Gesellschaft wird die ästhetische Erfahrungsform des Kinos nunmehr als »Möglichkeit einer adäquaten Welterfahrung des Individuums« verstanden.[29] Diese Formulierung bestimmt bereits in Grundzügen den Begriff Histosphere: Die Betrachtung und Adaption des subjektiven filmischen Blicks auf eine historische Welt macht Geschichte für uns individuell erfahrbar. Nicht mehr nur die räumliche Bewegung als die Keimzelle des filmischen Bildes, sondern auch die Wahrnehmung und Erkundung der Zeit wird zum Gegenstand filmischen Schaffens.[30] Für den Geschichtsfilm bedeutet dies eine – zumindest teilweise realisierte – Abkehr von der bloßen Repräsen-

---

28 Hermann Kappelhoff: Realismus. Das Kino und die Politik des Ästhetischen. Berlin 2008, S. 56–57.
29 Ebenda.
30 Vgl. hierzu den Diskurs um Gilles Deleuzes »Bewegungs-Bild« und »Zeit-Bild« – Als Letzteres bezeichnet Deleuze das filmische Bild seit der Nachkriegszeit, das eine direkte Erkundung der Zeit ermögliche. Gilles Deleuze: Das Bewegungs-Bild. Kino 1. Frankfurt/Main 1989. Und: G.D.: Das Zeit-Bild. Kino 2. Frankfurt/Main 2005.

tation historischer Ereignisse hin zu einer Phänomenologie der Wahrnehmung filmisch modellierter historischer Zeiten.

Die filmischen Erneuerungsbewegungen seit den 1950er Jahren schufen jedoch nicht nur neuartige Zugänge zur Geschichte, sondern bestimmten auch das Verhältnis von Bild und Ton neu. Die essayistischen Geschichtsspielfilme der Nouvelle Vague trugen dazu bei, hinsichtlich der historischen Relevanz des Filmtons ein Umdenken einzuleiten. Der Regisseur und Filmtheoretiker Éric Rohmer bezeichnete Alain Resnais' HIROSHIMA MON AMOUR (1959) gar als »den ersten modernen Tonfilm«[31]. In einem eng mit den Filmbildern und den übrigen Elementen des Tons verwobenen Dialog zwischen einer französischen Schauspielerin und einem jungen Mann aus Hiroshima werden persönliche Erinnerungsdiskurse eröffnet, mit historischen Ereignissen abgeglichen und auf ihre Tauglichkeit als Element der Historiografie überprüft. Diese Hinwendung zum Filmton muss sich auch in der wissenschaftlichen Grundierung des Geschichtsfilms niederschlagen. Während in der bisherigen Forschung zu Film und Geschichte der Fokus überwiegend auf der Visualität lag, gehe ich in meinen Überlegungen zur Histosphäre auch explizit auf die *Audio History des Films*[32] ein. Die Berücksichtigung der auditiven Ebene und ihres vielgestaltigen Zusammenwirkens mit dem Bewegtbild bildet die Grundlage, um eine Position der *Audio-Visual History* zu formulieren. Die aufwendigen Produktionen seit Beginn der 1990er Jahre[33] verbinden wiederum die subjektivierte Zuschauererfahrung mit einem multiimmersiven Ansatz. Sie verknüpfen das audiovisuelle Erlebnis mit Strategien der imaginativen Empathie und machen Geschichte so zu einer verkörperten Erfah-

---

31 »[T]he first modern film of sound cinema«; zitiert nach: Kent Jones: Hiroshima mon amour: Time Indefinite. The Criterion DVD Collection (2003). www.criterion.com/current/posts/291-hiroshima-mon-amour-time-indefinite [30.1.2020].
32 Zur *Audio History des Films* vgl.: »Das Ziel einer solchen *Audio History des Films* ist es, auszuloten, wie der Filmton Geschichte auditiv generiert, modelliert und erfahrbar macht. Hierbei sind sowohl die ästhetische Dimension und ihr Potenzial zur Hervorbringung von Geschichte relevant als auch die materielle, technische und kulturelle Dimension der Filmtonproduktion im Hinblick auf geschichtliche Modellierungen. Schließlich sind auch die Diskurse zur Rezeption des Filmtons unter Berücksichtigung empirischer Zuschauerstudien und im Hinblick auf die Deutung von Geschichte von großer Bedeutung.« Winfried Pauleit / Rasmus Greiner / Mattias Frey: Audio History des Films. Sonic Icons – Auditive Histosphäre – Authentizitätsgefühl. Berlin 2018, S. 10.
33 Hier sei vor allem auf die beiden amerikanischen Produktionen SCHINDLER'S LIST (Schindlers Liste; 1993; R: Steven Spielberg) und FORREST GUMP (1994; R: Robert Zemeckis) verwiesen, die einen wahren Geschichtsfilm-Boom auslösten.

rung, in der sich die Wahrnehmung von Bild und Ton synästhetisch auf den gesamten Zuschauerkörper ausdehnt.

Um die Dimensionen der Histosphere genauer ergründen zu können, werde ich ausgewählte Filmsequenzen analysieren, die als Ausgangspunkt und Veranschaulichung meiner Thesen fungieren. Die Studie konzentriert sich hierbei vor allem auf drei Produktionen: erstens Helmut Käutners Film HIMMEL OHNE STERNE, in dem die damals noch junge Geschichte der deutschen Teilung vergegenwärtigt wird; zweitens Jutta Brückners autobiografisch inspiriertes Werk HUNGERJAHRE (1980), das eine Jugend im kleinbürgerlichen Mief der Wirtschaftswunderjahre nachzeichnet; sowie drittens Sven Bohses TV-Dreiteiler KU'DAMM 56 (2016), in dem eine Berliner Tanzschule zum Zentrum existenzieller Konflikte um die Verdrängung der NS-Zeit sowie um weibliche Selbstbestimmung wird. Aus der Perspektive und vor dem Horizont ihrer eigenen Zeit entwerfen die drei Filme spezifische Histospheres der 1950er Jahre. Zwischen den Schatten der Vergangenheit, nationaler Konsolidierung und wirtschaftlichem Aufbruch bestimmen Topoi wie Kriegsheimkehrer, die Kollektivschuldfrage, die deutsche Teilung und das Wirtschaftswunder die historischen Bezugspunkte. Angelehnt an Walter Benjamins »Engel der Geschichte«, der, den Blick auf die Vergangenheit gerichtet, fortwährend in die Zukunft stürzt, stammen die drei Filmbeispiele jeweils aus einer anderen Produktionszeit: 1955, 1980, 2016. Die historischen Koordinaten, die die Perspektive auf die Welt der 1950er Jahre bestimmen, differieren hierbei stark. Je nachdem, ob die Histosphere mit einem Abstand von drei (HIMMEL OHNE STERNE), 25 (HUNGERJAHRE) oder gar 60 Jahren (KU'DAMM 56) zur Gegenwart der Handlung entworfen wurde, wirken andere politische, gesellschaftliche und kulturelle Aspekte und Konstellationen auf ihre Konstruktion ein. HIMMEL OHNE STERNE wird hierbei durch dieselben Diskurse beeinflusst, die sich auch in Filmen wie GRÜN IST DIE HEIDE (1951; R: Hans Deppe), DIE GROSSE VERSUCHUNG (1952; R: Rolf Hansen), WIR WUNDERKINDER (1958; R: Kurt Hoffmann) und DAS MÄDCHEN ROSEMARIE (1958; R: Rolf Thiele) finden. Der Schock der deutschen Teilung ist noch relativ frisch, und auch die Integration von Vertriebenen und Kriegsheimkehrern hinterlässt ihre Spuren. Auch ästhetisch ist Käutners Film mit seiner sorgfältigen Kadrage, der orchestralen Filmmusik und der linearen Inszenierung des melodramatischen Plots noch stark am klassischen deutschen Unterhaltungsfilm angelehnt. Ein Vierteljahrhundert später haben sich die Vorzeichen verändert. Seit dem politischen Kino des Neuen Deutschen Films werden sowohl historische Lesarten infrage gestellt als auch gesellschaftliche Fehlentwicklungen kritisiert. Mit einem pessimistischen Blick auf die Wirtschaftswunderjahre behandelt Jutta Brückners Film HUNGERJAHRE einen zentralen Diskurs dieser Zeit, der beispielsweise auch Rainer Werner Fassbinder in seiner BRD-Trilogie[34] umtreibt. Die dokumentarische Übernähe, multiperspektivische Stilmittel wie mehrstimmige Voice-overs und die essayistische Einbindung von Archivmaterial greifen hierbei die experimentellen ästhetischen Ansätze der später 1970er Jahre auf. Der TV-Dreiteiler KU'DAMM 56 fungiert schließlich als prototypisches Beispiel für multiimmersive Erlebnisfilme seit den 1990er Jahren. Die Darstellung familiärer Konflikte um die Wiedereingliederung traumatisierter Spätheimkehrer weist Parallelen zu Sönke Wortmanns Kassenerfolg DAS WUNDER VON BERN (2003) und Oskar Roehlers QUELLEN DES LEBENS (2013) auf. Das Aufeinanderprallen von Rock-'n-'Roll-Jugend und reaktionärer Kriegsteilnehmergeneration erinnert an die ebenfalls von Roehler inszenierte Komödie LULU & JIMI (2009). Die juristische Aufarbeitung der NS-Verbrechen, die in einigen im selben Zeitraum produzierten Filmen über den hessischen Generalstaatsanwalt Fritz Bauer eine wichtige Rolle spielt, wird im ausgewählten Beispiel nicht thematisiert.[35] Allerdings fanden die von Bauer vorbereiteten Auschwitz-Prozesse auch erst im Jahr 1959 – drei Jahre nach der Handlung von KU'DAMM 56 – statt. Vor dem Hintergrund der durch diese Auswahl aufgespannten filmhistorischen Bandbreite lassen sich Differenzen herausarbeiten, die Aufschluss über die Geschichte der Histosphere geben.

Mit meinen Überlegungen in diesem Buch entwerfe ich eine Theorie der Histosphere und versuche diese sowohl für filmwissenschaftliche als auch interdisziplinäre Diskurse anschlussfähig zu machen. Die zentrale These besteht in der Annahme, dass der Geschichtsfilm eine audiovisuelle Geschichtsfiguration modelliert und diese im Modus eines Erlebnisses erfahrbar macht. In drei grundlegenden Kapiteln werden zunächst der Forschungsstand, allgemeine Befunde zum Verhältnis von Film und Geschichte sowie erste Verknüpfungen mit theoretischen Positionen der Phänomenologie formuliert. Meine Vorgehensweise spiegelt die Beobachtung wider, dass sich konstruktivistische und phänomenologische Modelle in der Filmwissenschaft der letzten 90 Jahre nicht nur regelmäßig abgewechselt haben, sondern auch dialektisch aufeinander bezogen sind.[36] Um die entsprechenden Facetten einer

---

34 In der Reihenfolge der BRD-Trilogie: DIE EHE DER MARIA BRAUN (1979), DIE SEHNSUCHT DER VERONIKA VOSS (1982), LOLA (1981).
35 IM LABYRINTH DES SCHWEIGENS (2004; R: Giulio Ricciarelli), DER STAAT GEGEN FRITZ BAUER (2015; R: Lars Kraume), DIE AKTE GENERAL (2016; R: Stephan Wagner).
36 Vgl. Thomas Elsaesser / Malte Hagener: Filmtheorie. Zur Einführung. Hamburg 2007, S. 164–165.

Theorie der Histosphere beleuchten zu können, gruppiere ich die Überlegungen in den darauffolgenden Kapiteln um die Begriffspaare »Modellieren und Wahrnehmen«, »Erleben und Empfinden«, »Erfahren und Erinnern« sowie »Aneignen und Refigurieren«. Vor dem Hintergrund der audiovisuell-perzeptiven und historiografisch-kulturellen Gesamtkonstellation werden ausgehend von diesen Praktiken auch die funktionalen Dimensionen der Histosphere berücksichtigt, die sich in den anknüpfenden Untersuchungen zur räumlichen und zeitlichen Organisation des Geschichtsfilms, zu Stimmung und Atmosphäre, zu Immersion und Empathie, zu Körper und Gedächtnis sowie zu Genre und Geschichtsbewusstsein ausdifferenzieren.

Spielfilm und Geschichte

In der Filmtheorie ist die Vorstellung von einer zeichenhaften Repräsentation der Vergangenheit tief verwurzelt.[1] Meine Überlegungen zu den Grundlagen der Histosphere greifen daher im ersten Teil dieses Kapitels auf ein klassisches semiologisches Modell zurück, wonach das ästhetisch-narrative Gefüge eines Films auf der spezifischen Anordnung zeichenhafter Elemente beruht. Dabei ziehe ich Parallelen zu geschichtswissenschaftlichen Debatten, die eine Neubewertung des Spielfilms als Medium der Geschichtsschreibung sowie zur Herausbildung von Geschichtsvorstellungen erst ermöglichten. Im zweiten Teil des Kapitels diskutiere ich theoretische Positionen, die Spielfilm und Geschichte in ein Verhältnis zueinander setzen. Aufbauend auf die eingangs angestellten semiologischen und poetologischen Überlegungen schließe ich auf ein Spielfilmgenre, das sich über ein referenzielles Verhältnis zu historischen Ereignissen, Personen und Lebenswelten definiert. Der Geschichtsfilm – so werde ich zeigen – konstituiert sich in einer spezifischen Konstellation ästhetisch-narrativer Operationen. In einem Aushandlungsprozess zwischen Filmemachern, Filmen und Zuschauern werden Konzepte der Glaubwürdigkeit und Authentizität entwickelt und beständig transformiert. Dass hierbei weniger eine unumstößliche Faktentreue als die Erzeugung eines Authentizitätsgefühls im Mittelpunkt steht, führe ich im dritten Abschnitt aus. Neben einer Bestandsaufnahme im Arbeitsgebiet Film und Geschichte zielt das Kapitel darauf, eine Begrifflichkeit zu entwickeln, mit der sich der konzeptuelle Kern des Geschichtsfilms beschreiben lässt.

Poetik und Semiotik

Ein hoher Stacheldrahtzaun, Schilder mit der Aufschrift »Zonengrenze«, Schlagbäume und Brachlandflächen – die Montagefolge am Anfang von Helmut Käutners HIMMEL OHNE STERNE kann als narrative Organisation von Zeichen verstanden werden. Zeichen, die auf historische Begebenheiten

---

[1] Vgl. Gertrud Koch: Nachstellungen. Film und historischer Moment. In: Eva Hohenberger / Judith Keilbach (Hg.): Die Gegenwart der Vergangenheit. Dokumentarfilm, Fernsehen und Geschichte. Berlin 2003, S. 226.

und deren Anordnung in Raum und Zeit verweisen. Trotz aller notwendigen Einschränkungen und epistemologischen Grenzen[2] kann die Semiologie folglich zu einer Kartografie der Histosphere beitragen.

Aus einer semiologischen Perspektive betrachtet, steht die Histosphere in einem engen Verhältnis zu Jurij M. Lotmans ›Semiosphäre‹. Ausgehend von Vladimir Vernadskijs Konzept der Biosphäre schlägt der russische Zeichentheoretiker das Modell eines semiotischen Raums vor, der »zugleich Ergebnis und Voraussetzung der Entwicklung der Kultur« sei.[3] Eine jede ›Sprache‹ – hierzu zählt Lotman auch explizit den kinematografischen Ausdruck – werde durch eine Semiosphäre umhüllt, mit der sie in enger Wechselwirkung stehe.[4] Die Semiosphäre einer ›Sprache‹ sei wiederum umgeben von anderen Semiosphären, die sich jeweils immer auf den gesamten semiotischen Raum einer Kultur bezögen.[5] Geschichte und Spielfilm, so meine Annahme, sind in diesem semiotischen Gefüge eng miteinander verwoben. Diese Verbindung besteht seit der Erfindung des Bewegtbildes – was nicht nur Folgen für unser Geschichts-, sondern auch für unser Filmverständnis hat. Die filmische Projektion gleicht einer Vergegenwärtigung des Vergangenen, die nach der Filmwissenschaftlerin Gertrud Koch aus der »unhintergehbaren Aufzeichnungsfunktion der Kamera« und der »diegetischen Funktion des bewegten Bildes« gespeist wird. Dieser Prozess kann – unabhängig davon, ob er dem Dokumentar- oder dem Spielfilm zugeordnet wird – unter sowohl dokumentarischen als auch inszenatorischen und spielerischen Aspekten gesehen werden.[6] Zwar plädiert Koch nicht für eine Aufhebung der Unterscheidung von Dokumentar- und Spielfilm, sie legt jedoch nahe, dass das Verhältnis zwischen Film und Geschichte von dieser Kategorisierung weitgehend unabhängig ist.[7]

Die Abgrenzung von Fiktion und Nichtfiktion in ihrer heutigen Form ist noch relativ jung. Weder die Antike noch das Mittelalter kannten eine

---

2 Bereits Roland Barthes konstatierte in seinen programmatischen Überlegungen zur Semiotik, dass es nicht möglich sei, »den Film als ein rein semiologisches Feld zu behandeln«, da er »sich nicht auf eine Grammatik der Zeichen reduzieren« lasse. Vgl. Roland Barthes: Das Problem der Bedeutung im Film (1960). In: montage AV, Jg. 24, 1/2015, S. 37.
3 Jurij M. Lotman: Die Innenwelt des Denkens. Eine semiotische Theorie der Kultur. Berlin 2010, S. 163–165.
4 Ebenda.
5 Ebenda, S. 165.
6 Vgl. Koch 2003, a.a.O., S. 226.
7 Vgl. Bernhard Groß: Die Filme sind unter uns. Zur Geschichtlichkeit des frühen deutschen Nachkriegskinos: Trümmer-, Genre-, Dokumentarfilm. Berlin 2015, S. 53.

▌ Spielfilm und Geschichte

Narrative Organisation von Zeichen ...

Poetik und Semiotik

... in HIMMEL OHNE STERNE

■ Spielfilm und Geschichte

scharfe Trennung zwischen Dichtung und Geschichtsschreibung.[8] Erst nach den schöpfungsästhetischen Grundsätzen der Romantik wurde die Sphäre des Poetischen als das »Wunderbare«, das »Ideal« und die »Phantasie« eines erfinderischen Dichtergeists definiert.[9] Dennoch bleiben Geschichtsschreibung und Dichtkunst durch die »narrative Organisation der Elemente in einem kompositorischen Zusammenhang« miteinander verbunden.[10] Fiktionale wie nichtfiktionale Elemente werden im Modus der Erzählung miteinander verschmolzen. Hayden Whites geschichtstheoretische Texte knüpfen daran an. Im Zuge der linguistischen Wende[11] gehen sie davon aus, dass die Geschichtsschreibung durch unbewusste sprachliche Wahrnehmungsmuster strukturiert wird. Ein Historiker stelle »Sinn her, indem er disparates ›Rohmaterial‹ (Personen, Handlungen, Ereignisse etc.) zu einer sinnmachenden Erzählung synthetisiert«.[12] In seinem Buch *Metahistory* versucht White, »die Rhetoriken und Genres der Geschichtsschreibung und -philosophie des 19. Jahrhunderts zu rekonstruieren, das heißt, Geschichtsschreibung nach den Regeln literarischer und rhetorischer Muster zu unterscheiden«.[13] White verbindet die Geschichtsschreibung mit Verfahren der Literatur – und stellt damit den Objektivismus der Geschichtswissenschaft infrage.[14] Der Filmwissenschaftler Bernhard Groß erkennt darin »die konstruktivistische Annahme, dass auch die Geschichtswissenschaft nicht um die Medialität ihrer Gegenstände herumkommt, das heißt die Fakten nicht vor ihrer Darstellung existieren bzw. erfahrbar werden, sondern selbst ein Produkt der Darstellung sind«.[15] Damit kann auch der fiktionale Film zu einem Ausdrucksmittel der Geschichte werden. Wenn jedoch die Erfahrbarkeit der Fakten notwendig an ihre Medialität geknüpft ist, dann kristallisiert

---

8 Vgl. Margrit Tröhler: Filmische Authentizität. Mögliche Wirklichkeiten zwischen Fiktion und Dokumentation. In: montage AV, Jg. 13, 2/2004, S. 157.
9 Vgl. Dietrich Scheunemann: »Fiktionen – auch aus dokumentarischem Material«. Von Konstruktionen der Geschichte in Literatur und Film seit den sechziger Jahren. In: Hartmut Eggert / Ulrich Profitlich / Klaus R. Scherpe (Hg.): Geschichte als Literatur: Formen und Grenzen der Repräsentation von Vergangenheit. Stuttgart 1990, S. 296 f. Sowie Tröhler 2004, a.a.O., S. 157.
10 Tröhler 2004, a.a.O., S. 157.
11 Zur linguistischen Wende vgl. Georg G. Iggers: Die kulturelle und die linguistische Wende. In: G.G.I.: Geschichtswissenschaft im 20. Jahrhundert. Göttingen 2007.
12 Vgl. Axel Rüths Darstellung von Hayden Whites Thesen zu Geschichte und Narration: Axel Rüth: Erzählte Geschichte. Narrative Strukturen in der französischen *Annales*-Geschichtsschreibung. Berlin, New York 2005, S. 18.
13 Vgl. Groß 2015, a.a.O., S. 55.
14 Ebenda.
15 Ebenda.

sich diese als entscheidender Faktor eines Differenzverhältnisses heraus. Eine an White angeschlossene Gleichsetzung von geschriebener Geschichte und Geschichtsfilm erweist sich dementsprechend als dysfunktional. Wenn beispielsweise die Filmwissenschaftlerin Eleftheria Thanouli argumentiert, Geschichtsfilme seien im Grunde vergrößerte Miniaturen der geschriebenen Geschichte, dann mag diese These auf die von ihr untersuchte Ebene der Narration zutreffen, stößt jedoch in einer phänomenologisch fundierten Theorie der medialen Geschichtserfahrung an ihre Grenzen.[16] Im Folgenden werde ich herausarbeiten, dass filmische und geschriebene Geschichte weniger in einer Ähnlichkeitsbeziehung als in einem referenziellen Verhältnis zueinander stehen, in dem sie sich gegenseitig ergänzen.

Hayden Whites Annahme, dass Geschichtsschreibung notwendigerweise narrativ sein muss[17], schärft auch den Blick für filmische Formen des Geschichte-Erzählens. Die zeichenhaften visuellen Darstellungen der innerdeutschen Grenze am Anfang von HIMMEL OHNE STERNE werden zusammen mit der dramatischen orchestralen Filmmusik und einem erklärenden Voice-over-Kommentar zu einer sinnstiftenden Erzählung montiert. Wie ein Historiker wählt der Film aus den unzählbaren Vorfällen der Vergangenheit bestimmte Elemente aus und erschafft auf dieser Grundlage eine historische Erzählung. Die am Anfang von HIMMEL OHNE STERNE in einer bestimmten Reihenfolge und Konstellation angeordneten visuellen Eindrücke werden mithilfe der Montage und einer kontinuitätsstiftenden Tonspur miteinander verknüpft. Nicht nur die bloße Existenz der innerdeutschen Grenze, auch deren Ursprung aus »Zwietracht und Hass« wird vom Voice-over – durchaus pathetisch – hergeleitet. Es gilt, was der Historiker Siegfried Mattl zur Geschichtsschreibung im Allgemeinen anmerkt:

> »Erst die Einbettung in Serien und Ketten von Ereignissen, mithin in ein Denken nach der Logik von Ursache und Wirkung, führt zu Geschichte im modernen Sinn: zur regulativen Idee von verstehbaren – und in weiterer Folge ›notwendigen‹ – Entwicklungsprozessen als Erkenntnisgegenstand der Historiografie.«[18]

---

16 Vgl. Eleftheria Thanouli: History and Film. A Tale of Two Disciplines. New York, London 2019, S. 98.
17 Vgl. Hayden White: Das Problem der Erzählung in der modernen Geschichtstheorie. In: Pietro Rossi (Hg.): Theorie der modernen Geschichtsschreibung. Frankfurt/Main 1987, S. 57–106.
18 Siegfried Mattl: Populare Erinnerung. Zur Nahbeziehung von Film und Geschichte. In: Nach dem Film, No 15: Das Unsichtbare Kino (2017). https://nachdemfilm.de/issues/text/populare-erinnerung [22.11.2019].

Für den Geschichtsfilm heißt das, dass die narrative Logik zwangsläufig über die eigenen Grenzen hinausweisen muss. Um als historisch wahrgenommen zu werden, bezieht sie sich auf andere Geschichtserzählungen, die unsere Vorstellungen von der betreffenden historischen Zeit geprägt haben. Semiologisch betrachtet sind die an diesem Prozess beteiligten zeichenhaften Elemente des Films in Relation zur Geschichte *Signifikanten des Signifikanten*[19]; sie sind narrativ organisierte zeichenhafte Verweise auf andere narrativ organisierte zeichenhafte Verweise, die sich wiederum auf das Signifikat – die Vergangenheit – beziehen. Die tatsächliche historische Wirklichkeit bleibt jedoch zwangsläufig imaginär, schließlich können Filme und andere Formen der Geschichtsschreibung lediglich repräsentativ auf die Vergangenheit verweisen, sie aber nicht ›zurückholen‹ oder abbilden. Wie das Medium Film im Allgemeinen produziert auch der Geschichtsfilm Bedeutung im Prozess der Signifikation. Das filmische Signifikat ist dabei »grundsätzlich konzeptuellen Charakters, es ist eine *Idee*; es existiert als Konzept im Gedächtnis des Zuschauers und wird vom Signifikanten lediglich aktualisiert«.[20] Diese Konstellation lässt sich auch auf die historische Referenzialität übertragen. Durch die systematische Anordnung audiovisueller Zeichen zu einer Histosphäre wird im Geschichtsfilm die Vorstellung einer »vergangenen Welt« ermöglicht.[21] Um ein solches Sinngebilde zu erzeugen, ist jedoch ein komplexer Aushandlungsprozess zwischen Film und Zuschauer nötig. Gertrud Koch gibt zu bedenken, dass gerade die artifizielle Gemachtheit des zeichenhaften Kosmos uns in einen Geschichtsfilm eintauchen lässt:

> »Nun könnte man meinen, dass es gerade der konkretistische Zug der Ausstattung ist, das Kulissenhafte der gemalten und gesägten Dekorationen, der permanent dem Zuschauer signalisiert, dass es sich um eine erdachte Geschichte handelt. Stattdessen scheint das Gegenteil der Fall zu sein: Je zeichenhafter und geschlossener der ästhetische Kosmos aus Zeichen besteht, die den Betrachter umfangen, umso eher verfällt er dem Mythos.«[22]

---

19 Der Film wäre damit analog zur Schrift zu betrachten, die – Jacques Derrida zufolge – als Signifikant des Signifikanten die Sprache förmlich *begreife* und ihren eigentlichen Sinn in der Metaphorizität habe. Vgl. Jacques Derrida: Grammatologie. in: Dieter Mersch (Hg.): Zeichen über Zeichen. Texte zur Semiotik von Charles Sanders Peirce bis zu Umberto Eco und Jacques Derrida. München 1998, S. 275.
20 Barthes 2015, a.a.O., S. 42.
21 Vgl. Koch 2003, a.a.O., S. 225.
22 Ebenda. Der Mythos ist hierbei im Sinne von Roland Barthes' Definition »ein sekun-

Nicht also die Fakten- oder die naturalistische Realitätstreue, sondern die Homogenität und Konsistenz des zeichenhaften Kosmos bestimmen die Glaubwürdigkeit und das immersive Potenzial der Histosphäre.[23]

Um der Verbindung zwischen filmischen Zeichen und Geschichtsvorstellungen noch dichter auf die Spur zu kommen, lohnt sich ein Blick auf die frühe Filmtheorie von Béla Balázs. In seinen Gedanken zur Physiognomie betont der frühe Filmtheoretiker explizit die auf Gestaltung basierende ästhetische Beschaffenheit des Films, die er von einem bloßen Abbildrealismus abgrenzt.[24] Die physiognomische Betrachtungsweise eröffnet für Balázs eine neue Dimension des Kinos, in der der Film uns mithilfe von ästhetischen Gestaltungsmitteln (wie zum Beispiel der Großaufnahme) die Welt zu eigen macht.[25] Dieser Ansatz ist zwar noch stark von einem poetologischen Filmverständnis beeinflusst[26], zugleich schafft Balázs jedoch auf einer semiologischen Ebene die theoretische Grundlage für eine Histosphäre, die historische Welten nicht nur repräsentiert, sondern sie erst hervorbringt, sie konstruiert und gestaltet. Dass sein Ansatz noch immer für ein besseres Verständnis der Histosphäre produktiv sein kann, zeigt eine Sequenz aus HIMMEL OHNE STERNE. Als Anna nach dem illegalen Grenzübertritt die Wohnung ihrer Schwiegereltern betritt, folgt die Kamera ihrem Blick. An der Wand hängt das Porträt eines jungen Mannes in Wehrmachtsuniform. Das Eiserne Kreuz, Kunstblumen und Trauerflor am Bilderrahmen zeigen an, dass hier offenbar dem gefallenen Sohn, Annas Ehemann, gedacht wird. Wir hören das Dröhnen eines Motors, und die Fotografie beginnt zu vibrieren. Fast droht sie herunterzufallen. Im Gegenschuss sehen wir Anna, die kurz innehält und sich dann abwendet. – Der Bombenkrieg, Tod und Zerstörung – so eine mögliche Assoziation, die diese audiovisuelle Metapher zutage fördert. Wie in Balázs' Überlegungen zur Physiognomie des Films werden emotionale Eindrücke mithilfe von audiovisuellen Figurationen vermittelt,

---

däres semiologisches System«; eine Aussage und unbewusste kollektive Bedeutung. Vgl. Roland Barthes' Essay »Der Mythos heute« in: R.B.: Mythen des Alltags. Berlin 2012, S. 258.
23 Gertrud Koch folgert daraus, dass »[e]ine Welt, die ganz und gar durch Zeichen konstituiert wird«, eine mythische Welt sei und damit mythische Geschichtsbilder hervorbrächte. Vgl. Koch 2003, a.a.O., S. 226.
24 Vgl. Béla Balázs: Der sichtbare Mensch oder die Kultur des Films (1924). Frankfurt/Main 2004, S. 57.
25 Matthias Hein: Zu einer Theorie des Erlebens bei Béla Balázs. Würzburg 2011, S. 158.
26 Vgl. beispielsweise: »Die versteckte Linienführung, die Physiognomie der Einstellungen, aktiviert in unserem Bewusstsein vorhandene Assoziationen und lässt Gefühle und Stimmungen hochsteigen, genauso, wie Metaphern der Dichtung.« Béla Balázs: Der Film. Werden und Wesen einer neuen Kunst. Wien 1961, S. 109.

Audiovisuelle Kriegsmetapher ...

die die filmische Welt selbst zum affektiven Ausdrucksmittel machen. Was jedoch beim deutschen Publikum der 1950er Jahre noch Erinnerungen an eigene Erlebnisse wecken konnte, wird für heutige Zuschauer nur über den Umweg anderer audiovisueller oder schriftlicher Darstellungen verständlich. Filmische Zeichen unterliegen folglich einer »Evolution«[27]. Welche Referenzen des zeichenhaften historischen Kosmos tatsächlich wahrgenommen werden, hängt von der individuellen Geschichtserfahrung und dem Wissen der Zuschauer ab.

Der Zugriff des Films auf die Vergangenheit lässt sich auch im Sinne von Jacques Rancières Geschichtsphilosophie fassen. Die Histosphere entspräche dann einer spezifischen Poetik des Geschichtlichen, die den Film von anderen Künsten trennt.[28] Das poetische Verhältnis zur Vergangenheit mobilisiert Rancière zufolge eine »geschichtsbildende Kraft«, die es dem Film ermöglicht, Geschichte mitzuschreiben. Nach dieser Lesart verwirklicht sich

---

27 Vgl. Barthes 2015, a.a.O., S. 38.
28 Vgl. Jacques Rancière: Die Geschichtlichkeit des Films. In: Hohenberger/Keilbach 2003, a.a.O., S. 230–246.

Poetik und Semiotik

... in HIMMEL OHNE STERNE

im Film das ästhetische Programm der Romantik, »die Versöhnung von Gefühl und Verstand, des Einzelnen mit dem Allgemeinen, von Subjektivität und Gemeinschaft«.[29] Die Histosphere nutzt dieses Potenzial des Mediums für die audiovisuelle Modellierung einer historischen Welt. Zwar ist auch der Film ein Produkt des späten 19. Jahrhunderts, die moderne filmische Poetik des Geschichtlichen geht jedoch über das Denken der Romantik hinaus. Ähnlich wie die historiografischen Texte aus der zweiten Hälfte des 20. Jahrhunderts, die ihr Vorgehen explizit machen und hierdurch über eine kritische Selbstreflexivität verfügen, hält uns die filmische Darstellung von Geschichte dazu an, über unsere eigenen Geschichtsvorstellungen nachzudenken.[30] Dieses Potenzial ist bereits in der filmischen Sicht auf die Welt angelegt. Béla Balázs Theorie, die sich hier abermals heranziehen lässt, ist Matthias Hein zufolge unmittelbar an die Vorstellung gekoppelt, »den Zugriff auf die Welt vermittels der Kamera zu ›er-weitern‹«. Das Kino ermög-

---

29 Vgl. Groß 2015, a.a.O., S. 65.
30 Vgl. »A cinematographic reading of history presents the historian with the problem of his own reading of the past.« Marc Ferro: Cinema and History. Detroit 1992, S. 19–20.

licht hierdurch nicht nur, wie Hein fortfährt, »eine bewusstere Haltung zur Umwelt«[31]. Im Falle des Geschichtsfilms schafft es auch ein relationales, reflexives Bewusstsein für das Verhältnis von Geschichte und Gegenwart. Das Spannungsfeld zwischen unmittelbarer, immersiver Teilnahme an der historischen Welt des Films und der Evolution der verwendeten filmischen Zeichen hält die dargestellte historische Epoche in unserer Wahrnehmung labil und offen. Wenn wir uns heute die eingangs beschriebene Sequenz aus HIMMEL OHNE STERNE ansehen, ergibt sich eine Sedimentierung historischer Schichten. Nicht nur die Gegenwart der Handlung, sondern auch deren Vergangenheit – die Zeit des Zweiten Weltkriegs – sowie die historische Evidenz der filmischen Darstellungskonventionen Mitte der 1950er Jahre bilden den zeichenhaften Kosmos dieser Histosphäre, deren Darstellungen des Historischen und deren eigene Historizität sich in Abhängigkeit unseres Sinneserlebens konstituieren.

Geschichtsfilm

Ein großer Saal hinter gläsernen Flügeltüren, eine Theke mit Barhockern, eine Vitrine – in fast monochromen Bildern wird in der Anfangssequenz von KU'DAMM 56 die Empfangshalle der Tanzschule *Galant* modelliert. Voluminöse Klangflächen kreieren dabei eine entrückte Atmosphäre. Eine junge Frau tritt ins Bild, erwartungsvoll öffnet sie einen Karton und holt neue Sportschuhe hervor. Schon fliegt sie durch die Luft, von ihrem Tanzpartner umhergewirbelt. – Im Film kann auch »das intimste menschliche Geschehen […] eine Folge und Spiegelung großer historischer Ereignisse sein«, sagt Béla Balázs.[32] So auch am Anfang von Sven Bohses Fernsehfilm. Nicht eine weltpolitische Entscheidung, sondern Monika Schöllacks Teilnahme an der »1. Berliner Rock-'n'-Roll-Meisterschaft« wird zum Fokus des Geschichtserlebnisses.

Folgt man dem Filmwissenschaftler Jonathan Stubbs, dann reicht diese historisch-referenzielle Zuordnung bereits aus, um KU'DAMM 56 als Geschichtsfilm zu klassifizieren. Stubbs entwickelt hierfür ein sehr offenes Konzept. Für ihn sind alle Filme Geschichtsfilme, die sich mit Geschichte befassen oder zumindest ein repräsentatives oder reflexives Verhältnis zur Vergangenheit konstruieren.[33] Der Historiker Pierre Sorlin bevorzugt eine

---

31 Hein 2011, a.a.O., S. 12.
32 Balázs 1961, a.a.O., S. 280.
33 Jonathan Stubbs: Historical Film. A Critical Introduction. New York 2013, S. 19.

restriktivere, semiologische Herangehensweise und schlägt vor, die Genrezugehörigkeit von bestimmten Zeichen abhängig zu machen, die es uns ermöglichen, die Handlung in einer historischen Zeit zu verorten.[34] Solche Zeichen sind in KU'DAMM 56 beispielsweise das Interieur der Tanzschule und die Kostüme der Figuren. Sorlin unterstreicht, dass es dem historischen Film weniger um eine akkurate Reproduktion der Vergangenheit als um die Herstellung von Relationen gehe.[35] Auch für Robert Burgoyne liegt ein konstitutives Merkmal des Geschichtsfilms darin, die Vergangenheit in einen Dialog mit der Gegenwart zu bringen.[36] In Abgrenzung zum Kostümfilm setzt Burgoyne zudem voraus, dass die Handlung auf dokumentierbaren historischen Begebenheiten beruht.[37] Robert Rosenstone wiederum macht für den Geschichtsfilm zur weiteren Bedingung, dass dieser sich mit einem größeren historischen Diskurs überschneidet, ihn kommentieren und ihm etwas hinzufügen müsse.[38]

All diese Ansätze setzen voraus, dass Film Geschichte repräsentieren kann. Der Medienwissenschaftler André Wendler gibt dagegen zu bedenken, dass Geschichtsfilme nicht einfach ›die Geschichte‹ aufrufen, referenzieren, sie zitieren oder sich auf sie beziehen könnten. Sie müssten vielmehr »Schnittstellen schaffen, mit denen das komplexe Dispositiv ›Geschichtsfilm‹ an das nicht weniger komplexe Medienbündel ›Geschichte‹ andocken kann«.[39] Die Grundlage für das, was Robert Burgoyne als filmisches Reenactment historischer Zeiten beschreibt,[40] ist somit – um meine Eingangsthese zu wiederholen – weniger die *Repräsentation* als die audiovisuelle *Modellierung* und *Figuration* einer historischen Welt, die wiederum ein unmittelbares *Erfahren* von Geschichte ermöglicht. Zur Definition des Genres ›Geschichtsfilm‹ schlage ich daher vor, dass die Histosphäre als Kern des »kommunikativen Vertrags«[41] zwischen Filmemacher, Film und Zuschauer

---

34 Vgl. Pierre Sorlin: The Film in History. Restaging the Past. Oxford 1980, S. 20.
35 Ebenda, S. 21.
36 Robert Burgoyne: The Hollywood Historical Film. Malden MA (u.a.) 2008, S. 11.
37 Ebenda, S. 3–4.
38 »Robert A. Rosenstone has distinguished the historical film from the costume drama by insisting that the former intersects with, comments upon, and adds something to the larger discourse of history.« Robert A. Rosenstone / Constantin Parvulescu (Hg.): A Companion to the Historical Film. Malden MA (u.a.) 2013, S. 1.
39 André Wendler: Anachronismen. Historiografie und Kino. Paderborn 2014, S. 19.
40 Vgl. Burgoyne 2008, a.a.O., S. 11.
41 Die Definition eines Genres als kommunikativer Vertrag geht zurück auf Francesco Casetti. Vgl. Francesco Casetti: Filmgenres, Verständigungsvorgänge und kommunikativer Vertrag. In: montage AV, Jg. 10, 2/2001, S. 155–173.

Personalisiertes Geschichtserleben ...

fungiert. Als ästhetisch-narrative Konstruktion bestimmt sie nicht nur das Verhältnis des Films zur Geschichte, sondern bildet zudem ein formales Kriterium, das den Geschichtsfilm von anderen Genres unterscheidbar macht.

Die Bedeutung des Geschichtsfilms für unsere Vorstellungen von der Vergangenheit wird allgemein hoch eingeschätzt. Gertrud Koch bezeichnet den Film als mächtige soziale Institution, »über die sowohl durch *dokumentarische* wie durch *fiktionale* Inszenierungen Imagines geschaffen werden, die ganz sicher von mentalitätsgeschichtlicher Bedeutung sind, zumindest in

Geschichtsfilm

... in KU'DAMM 56

dem Sinne, in dem sich Mentalitätsgeschichte über Formen und Gehalte des sozialen Gedächtnisses greifen lässt«.[42] Simon Rothöhler geht noch weiter. Für ihn stellen Filme »selbst historisches Wissen her und bereit, das außerhalb filmästhetischer Vermittlung (so) nicht zu haben wäre«.[43] Den Schlüs-

---

42 Koch 2003, a.a.O., S. 219.
43 Simon Rothöhler: Amateur der Weltgeschichte. Historiographische Praktiken im Kino der Gegenwart. Zürich 2011, S. 9.

sel für diesen Vorgang sieht er im Amateurstatus des Mediums, der sich auf dem Feld der Ästhetik manifestiere.[44] In der Tat lassen sich Form und Inhalt, Audiovision und Geschichtsvorstellungen nicht voneinander trennen. Die Histosphere ist nicht nur ein Werkzeug oder ein Medium zur Vermittlung von Geschichte, sie muss erfahren werden. Anders ausgedrückt: Die Histosphere bietet einen eigenständigen Modus des historischen Denkens.[45] Dabei interagiert sie immer auch mit der Zeit, in der der Film gedreht wurde.[46] Wenn wir in KU'DAMM 56 gemeinsam mit Monika Schöllack (Sonja Gerhardt) in die 1950er Jahre reisen, dann erleben wir eine subjektivierte, aus Bildern und Tönen zusammengesetzte Figuration einer historischen Welt aus der Perspektive von 2016. Die Lesarten und Vorstellungen von Geschichte, die wir daraus ableiten können, sind somit auch abhängig vom historischen Horizont, vor dem die Histosphere konstruiert wurde.

Das besondere Verhältnis zur Vergangenheit macht den Geschichtsfilm aber auch zum Ziel von Kritik. Siegfried Kracauer etwa moniert, dass das Medium Film der dargestellten Vergangenheit einen anachronistischen Ausdruck verleihe, indem es ihr seine moderne Ästhetik aufzwinge.[47] Umgekehrt, so erläutert Gertrud Koch, seien die ästhetischen Mittel des Films »sosehr der modernen Wahrnehmung von Zeit und Raum, von Zerrissenheit und Diskontinuität verpflichtet«, dass sie »nur um den Preis filmästhetischer Regression« in ein historisches Darstellungskonzept eingeschmolzen werden könnten.[48] Der Geschichtsfilm könne demnach seine Wirkung nur dann entfalten, wenn er die Historizität seiner eigenen Wahrnehmung verleugne.[49] Allerdings zielt Kracauer mit seiner Kritik, wie bereits in der Einleitung erwähnt, vor allem auf weiter zurückliegende Vergangenheiten, in denen das Medium Film noch nicht existierte. Dieser Einwand kann also eher als eine generelle Kritik an Geschichtsschreibung als solcher verstanden werden: Es läge somit nahe, ihn auch auf aktuelle historiografische Publikationen auszuweiten, deren Darstellungspraktiken während der von ihnen thematisierten historischen Zeit – analog zum Beispiel des Films – noch nicht vollständig entwickelt waren. Ebenso unspezifisch bleibt Benjamin

---

44 Ebenda, S. 10.
45 »[A] mode of historical thought«; vgl. Robert A. Rosenstone: The History Film as a Mode of Historical Thought. In: Rosenstone/Parvulescu 2013, a.a.O., S. 71–87.
46 Koch 2003, a.a.O., S. 226.
47 Vgl. Siegfried Kracauer: Der historische Film. In: S.K.: Kino. Essays, Studien, Glossen zum Film. Hg. von Karsten Witte. Frankfurt/Main 1974, S. 43–45.
48 Koch 2003, a.a.O., S. 225.
49 Ebenda.

Moldenhauers »Unbehagen an Filmen, die von der historischen Vergangenheit erzählen und dabei in den Bahnen des Genrekinos verbleiben«.[50] Zwar geht Moldenhauer anders als die Apparatus-Theorien[51] nicht von einer direkten Manipulation des Zuschauers aus, sein Unbehagen speist sich jedoch aus gängigen Vorbehalten, mit denen auch andere Filmgenres zu kämpfen haben. Während verallgemeinernde Kritikpunkte wie eine »schablonenhafte Figurenkonstruktion« und eine »unreflektierte Empathie-Evokation«[52] für einzelne Filme durchaus zutreffen können, werden sie einer Vielzahl anderer Beispiele nicht gerecht. Vielmehr ermöglicht hier die Histosphere eine differenzierte Aushandlung historischer Bedeutung auf der Grundlage von Filmerfahrung – bezieht dabei also den Zuschauer und die Zuschauerin als aktiv mitdenkende Subjekte ein. Filme wie HIMMEL OHNE STERNE, HUNGERJAHRE und KU'DAMM 56 knüpfen an zahlreiche historische Diskurse der 1950er Jahre an, sei es die Aufarbeitung der NS-Zeit, die deutsche Teilung oder auch der Kampf um Gleichberechtigung der Geschlechter. Zwar nehmen sie alle eine empathiegeleitete Perspektive ein, die weitgehend an die Filmfiguren gebunden ist; gerade die immersive, emotionale Vereinnahmung des Zuschauersubjekts stellt jedoch sicher, dass die thematisierten historischen Diskurse auch über die Zeit der Sichtung hinaus ihre Wirkung entfalten können.

Authentizitätsgefühl

Ein Bootsanleger. Dahinter ein flaches Gebäude, vielleicht ein Café; dazwischen Bäume und weiß eingedeckte Tische, über die eine Lichterkette gespannt ist. Mit dieser zeitlosen Szenerie in kontrastreichem Schwarz-Weiß beginnt Jutta Brückners Film HUNGERJAHRE. Im Voice-over reflektiert eine Ich-Erzählerin mit ruhiger Stimme über ihr Leben. Dazu erklingen lang gezogene Tonfolgen. Nach einem Schnitt blicken wir auf ein Ruderboot, neben dem eine leere Getränkedose im Wasser schwimmt. »Und ich zwang mich, mich zu erinnern« – das Voice-over nimmt uns mit auf eine Zeitreise. Bildfüllend wird die Fensterfront eines großen Wohnblocks abgeschwenkt. Gleichzeitig verändert sich die Stimme der Sprecherin, die nun – deutlich

---

50 Benjamin Moldenhauer: Die Lücken, die das Bild uns lässt. Geschichte, Gewalt und Reflexivität in THE ACT OF KILLING und L'IMAGE MANQUANTE. In: Heinz-Peter Preußer (Hg.): Gewalt im Bild. Ein interdisziplinärer Diskurs. Marburg 2018, S. 391.
51 Zur Apparatus-Theorie vgl. Philip Rosen (Hg.): Narrative, Apparatus, Ideology. A Film Theory Reader. New York 1986.
52 Ebenda.

▌ Spielfilm und Geschichte

Filmische Zeitreise ...

verjüngt – mit sanfter Betonung aus einem Buch vorträgt. Eine Einblendung lokalisiert die Handlung im Jahr 1953.

Filmische Vergangenheitsdarstellungen, die uns ein »glaubhaftes Geschichtserlebnis« bieten können, empfinden wir als authentisch.[53] Mattias Frey schlägt daher vor, von einem »Authentizitätsgefühl« – der »Empfindung einer medial vermittelten, vermeintlich erfolgreichen Historizität« – zu sprechen.[54] Als integraler Bestandteil der Histosphere verweist die narrative Schichtung der Zeitebenen in HUNGERJAHRE demzufolge nicht nur auf deren Konstruktionsweise, sondern vermittelt ebenso einen Eindruck von Authentizität. Die Erzählstimme, der beobachtende Gestus der Kamera, das Schwarz-Weiß des Filmmaterials und die Einblendung der Jahreszahl dienen als Beglaubigungsstrategien und begünstigen eine spezifische dokumentarisierende Rezeptionshaltung.[55]

---

53 Vgl. Mattias Frey: Authentizitätsgefühl. Sprache und Dialekt im Geschichtsfilm. In: Winfried Pauleit / Rasmus Greiner / M.F.: Audio History des Films. Sonic Icons – Auditive Histosphäre – Authentizitätsgefühl. Berlin 2018, S. 126.
54 Ebenda.
55 Vgl. hierzu Roger Odins Vorschlag einer »dokumentarisierenden Lektüre«, die nicht durch die Realität des Dargestellten, sondern die »präsupponierte Realität des Enunziators«

Authentizitätsgefühl

... in HUNGERJAHRE

Die Histosphere kombiniert die hierfür verantwortlichen audiovisuellen Operationen mit dem »Realitätseffekt«[56] des Films. Wenn wir gemeinsam mit der

---

initiiert wird. Roger Odin: Dokumentarischer Film – dokumentarisierende Lektüre. In: Eva Hohenberger (Hg.): Bilder des Wirklichen. Texte zur Theorie des Dokumentarfilms. Berlin 1998, S. 286–303.

56 Dazu Roland Barthes: »Das Barometer bei Flaubert, das Pförtchen bei Michelet sagen am Ende nichts anderes als eben dies: ›wir sind das Reale‹. Was damit signifiziert wird, ist die Kategorie des ›Realen‹ (und nicht seine kontingenten Inhalte); anders gesagt, die Aussparung eben des Signifikats zugunsten des bloßen Referenten wird zum Signifikanten gerade des Realismus. Und heraus kommt ein ›Real(itäts)effekt‹ als Fundierung jenes uneingestandenen Wahrscheinlichen, das die Ästhetik aller geläufigen Werke der Moderne bildet.« Roland Barthes: Der Real(itäts)effekt. In: Nach dem Film No 2: show reality / reality shows (2000). http://geschichte.nachdemfilm.de/content/der-realitaetseffekt [26.11.2019]. Siegfried Kracauer verortet im filmischen Bild einen »Realitätscharakter«, auf den der Zuschauer unmittelbar reagieren muss: »Erstens registriert der Film physische Realität um ihrer selbst willen. Und gepackt vom Realitätscharakter der Bilder auf der Leinwand, kann der Zuschauer nicht umhin, auf sie so zu reagieren, wie er auf die materiellen Aspekte der Natur im Rohzustand reagieren würde, die durch diese fotografischen Bilder reproduziert werden. Sie sprechen ein Sinnesvermögen an. Es ist, als ob sie ihn durch ihre bloße Gegenwart dazu drängten, sich unreflektiert ihre unbestimmbaren und oft

Das Auto als Statusobjekt in HUNGERJAHRE

Protagonistin in die Zeit ihrer Jugend reisen, haben wir das Gefühl, nicht mit einer medialen Repräsentation, sondern mit der Vergangenheit selbst in Kontakt zu treten. Um diese Wirkung zu erzielen, kommen audiovisuelle Details – etwa der Architektur, der Ausstattung und des Kostüms – zum Einsatz, die die Histosphäre als historische Welt ausweisen.[57] Vincent Bisson führt hierfür den Begriff »historical signifiers« ein.[58] Als solche können Habitus und Duktus der Figuren ebenso fungieren wie das dargestellte soziale Milieu, die kulturelle Praxis sowie Medien und deren Inhalte. Besonders wirksam sind hier ikonische »historical signifiers«, die eng mit einer bestimmten Zeit verknüpft sind oder

---

amorphen Formen zu assimilieren.« Siegfried Kracauer: Theorie des Films. Die Errettung der äußeren Wirklichkeit (1964). Frankfurt/Main 2015, S. 216.
57 Mattias Frey spricht unter Berücksichtigung von Jonathan Stubbs und Vivian Sobchack gar von einer »qualitative[n] und quantitative[n] Überladung« an Details, die die Historizität belegen sollen und auf die immer wieder verwiesen wird, »sowohl im Text als auch in extratextuellen Diskursen«. Vgl. Frey 2018, a.a.O., S. 133–134.
58 Vincent Bisson: Historical Film Reception. Mediated Legends. In: Kathryn Anne Morey (Hg.): Bringing History to Life through Film. The Art of Cinematic Storytelling. Lanham MD 2014, S. 139.

sogar mit ihr gleichgesetzt werden. In HUNGERJAHRE etwa betont eine lange Nahaufnahme, in der die junge Ursula (Sylvia Ulrich) und ihre Eltern (Britta Pohland und Claus Jurichs) geflissentlich das neue Auto der Familie polieren, die hohe Bedeutung dieses Statusobjektes. Das Fahrzeug, ein Opel Rekord Olympia, lässt sich mit seinen zahlreichen Chromteilen und voluminösen Formen, die sich an amerikanischen Vorbildern wie dem Chevrolet Bel Air orientieren, leicht Anfang der 1950er Jahre verorten.

Eine weitere Strategie, ein Authentizitätsgefühl zu erzeugen, ist die Praxis, historische Filmaufnahmen in die fiktionale Handlung einzumontieren. Ebensolchen Sequenzen haftet immer auch Roland Barthes' fototheoretischer Begriff des »Es-ist-so-gewesen« an.[59] In HUNGERJAHRE wird beispielsweise das Verbot der KPD am 17. August 1956 durch Archivaufnahmen der Zusammenstöße zwischen Demonstranten und Polizei dargestellt. Ein Voice-over der zurückblickenden Erzählerin bindet die Sequenz in die fiktionale Handlung der Histosphere ein. Dennoch sind wir uns durchaus im Klaren, dass die Bilder und Töne – wir hören im Anschluss an das Voice-over eine Rede des damaligen Bundesinnenministers Gerhard Schröder (CDU) – einmal einem anderen Zweck gedient haben. Die Filmwissenschaftlerin Jaimie Baron bezeichnet diese Wirkung als »archive effect«.[60] Ihren Untersuchungen zufolge evoziert die Verwendung von Archivmaterial ein Gefühl der unmittelbaren Präsenz von Geschichte und weckt das Verlangen, mit der Vergangenheit in direkten, affektiven Kontakt zu treten.[61] Der »archive effect« nutzt folglich unsere Sehnsucht nach der Vergangenheit, kann nostalgische Regungen wecken.[62] Allerdings handele es sich hierbei, wie Baron betont, lediglich um eine potenzielle, keine zwangsläufige Wirkung: Der »archive effect« hänge von der Interaktion zwischen Film und Zuschauer ab.[63] Was eine besondere Nähe zur Vergangenheit verspreche, könne genauso gut auch als künstlicher Einschub oder Unterbrechung wahrgenommen werden. Gertrud Koch führt diese heterogene Wirkung des Archivmaterials auf dessen Unangepasstheit zurück:

---

[59] Roland Barthes: Die helle Kammer. Bemerkungen zur Photographie. Frankfurt/Main 2016, S. 87.
[60] Zwar hat Jaimie Baron hier vor allem »Aneignungsfilme« (*appropriation films*) im Blick, die sich aus Archivmaterial und Found Footage speisen, der Begriff »archive effect« lässt sich aber auch auf die Verwendung von Archivmaterial im Spielfilm übertragen. Jaimie Baron: The Archive Effect. Found Footage and the Audiovisual Experience of History. London 2014.
[61] »[A] sense of the ›presence‹ of history«; »our desire for an affective encounter with the past that cannot be reduced to desire for its meaning«. Ebenda, S. 13.
[62] Ebenda.
[63] Ebenda, S. 174.

❙ Spielfilm und Geschichte

Verwendung von Archivaufnahmen ...

»Für wirklich hält der Filmbetrachter vor allem das, was den Eindruck von Wirklichkeit macht, für wenig eindrucksvoll wird dagegen gehalten, was diesem Illusionscharakter des Mediums nicht entspricht, sondern ihn irritiert. Insofern sind die historischen Aufnahmen nicht unbedingt die, die selbst Geschichte machen, das Bild der Geschichte prägen.«[64]

Im Zusammenspiel mit dem aus filmischen Figurationen modellierten, immersiv erlebten Raum-Zeit-Gefüge der Histosphere entwickelt das Archivmaterial einen hybriden Charakter. Durch die Einbindung in das audiovisuelle Geflecht des Films und dessen narrative Logik kann es mit ihm verschmelzen. Zugleich bleibt es bis zu einem gewissen Grad ein Fremdkörper, der das immersive Erleben unter Umständen sogar stören kann. In HUNGERJAHRE fehlt den Archivaufnahmen vor allem eines, um dem »Illusionscharakter des Mediums« gerecht zu werden: Ton. Die stummen Bilder sind lediglich mit der Rede des Bundesinnenministers unterlegt. Die Sequenz hat den Charakter eines dokumentarischen Zwischenspiels, bei dem die immersiv er-

---

64 Koch 2003, a.a.O., S. 223.

Authentizitätsgefühl

... in HUNGERJAHRE

lebbare historische Welt angehalten wird. Dennoch stärkt die Einbindung des Archivmaterials das Authentizitätsgefühl. Durch den »archive effect« scheint die Geschichte direkt greifbar zu sein. Die Aufnahmen tragen so zu einem »glaubhaften Geschichtserlebnis«[65] bei. Dieses Spannungsverhältnis zwischen historischen Filmbildern und den fiktionalen Elementen der Histosphere macht vor allem eines deutlich: Das Authentizitätsgefühl im Geschichtsfilm ist im Grunde ein doppeltes – das des glaubhaften Erlebnisses und das der glaubhaften historischen Referenzialität, zwei Faktoren, die in einem reziproken Verhältnis zueinander stehen.

---

65 Vgl. Frey 2018, a.a.O., S. 126.

Audio-Visual History

Die Histosphere macht Geschichte in einem komplexen Zusammenspiel aus visuellen und auditiven Elementen sinnlich und kognitiv erfahrbar. Sie lässt sich also nicht auf ein einfaches Reiz-Reaktions-Schema reduzieren. Durch die gleichzeitige Verwendung verschiedener Sinneskanäle erzeugt der Geschichtsfilm vielmehr einen synästhetischen Wirklichkeitseffekt, der sich nicht in seine einzelnen Bestandteile auseinanderdividieren lässt. Dennoch scheint die Auseinandersetzung mit einschlägigen Theorien der visuellen und der auditiven Geschichtsschreibung insofern geboten, als die Histosphere die jeweiligen Ontologien in sich aufnimmt und weiterentwickelt. Im ersten Teil des Kapitels skizziere ich die Ansätze des noch verhältnismäßig jungen Forschungsfeldes der *Visual History* und ergänze diese um Überlegungen zum filmischen Bewegungsbild. Die Histosphere – so meine These – erschafft nicht nur disparate Bilder, sondern eine visuelle Sphäre, in der Geschichte zum Leben erweckt wird. Die Erforschung einer auditiven Geschichtsschreibung steht hingegen noch ganz am Anfang. Besonders der Filmton ist erst seit relativ kurzer Zeit Gegenstand weitergehender Untersuchungen. Im zweiten Teil des Kapitels umreiße ich daher die Konturen einer *Audio History* des Films und frage nach Ästhetik und Funktionsweise des Filmtons als gleichberechtigter Ausdrucksebene der Histosphere. Diese beiden Aspekte werden im dritten Teil des Kapitels zusammengeführt: Im Wahrnehmungsmodus der *Audiovision* modellieren Filmbild und Filmton ein in sich konsistentes, synästhetisch erfahrbares Raum-Zeit-Gefüge, das sich referenziell auf die Vergangenheit bezieht. Durch die Verschmelzung des Visuellen mit dem Auditiven – so schlage ich vor – wird der Geschichtsfilm nicht nur als Entwurf einer historischen Welt, sondern auch als eigene Wahrnehmungsform ausgestaltet. Insofern erweist sich die Histosphere als bedeutend mehr denn die bloße Summe ihrer visuellen und auditiven Bestandteile, nämlich als ein spezifisch filmischer Zugang zur Geschichte, der über die singulären Ansätze der Visual History und der Audio History weit hinausreicht.

Visual History

Es ist die Fotografie eines Soldaten, die am Anfang von HIMMEL OHNE STERNE eine weitere historische Ebene hinzufügt. Die filmische Gegenwart wird um eine persönliche Vergangenheit erweitert. Die Wehrmachtsuniform, der Trauerflor, Annas wehmütiger Blick, das Foto und seine Einbindung in die filmische Welt erzählen eine Geschichte, die die Rolle des Individuums im größeren historischen Kontext des Zweiten Weltkriegs hervorhebt.

Zwar stehen in der Geschichtswissenschaft nach wie vor schriftliche Quellen und Darstellungen im Mittelpunkt des Interesses, der »iconic turn« weckte jedoch das Bewusstsein, dass auch die Bildlichkeit das Potenzial besitzt, Wirklichkeit zu konstituieren. Seit Ende der 1990er Jahre kam eine wachsende Zahl an Historikern zu der Einsicht, dass »Bilder, ob als Film, Fotografie oder Plakat, einen spezifischen Bedeutungsrahmen konstituieren, innerhalb dessen Menschen Geschichte wahrnehmen und sozialen Sinn konstruieren«.[1] Unter dem Begriff ›Visual History‹ subsummiert der Historiker Gerhard Paul die besondere Bedeutung der Bildmedien für die Produktion, Vermittlung und das allgemeine Verständnis von Geschichte. Neben der Analyse von Bildern als Quellen unterscheidet er die Arbeitsbereiche »Bilder als Medien« der Geschichtsschreibung, die Bildverwendung und Generierung eigener Realitäten in »Bilderpraxen« sowie die Untersuchung von Produktions- und Distributionsbedingungen durch »Bild-Agenten und Bildakteure«.[2] Die Beschäftigung mit dem Visuellen gewinnt besonders in den Bereichen Neuere Geschichte und Zeitgeschichte an Bedeutung, sieht sich jedoch nach wie vor mit Vorbehalten konfrontiert. André Wendler führt die in Teilen der Disziplin noch immer vorherrschende Reserviertheit gegenüber Bildern auf zwei bisher noch nicht abschließend geklärte Probleme zurück:

> »Einerseits geht es um die Frage, ob und inwiefern Bilder als Quellen und Dokumente fungieren können und zweitens, welche Erkenntnisse und welches historiografische Wissen in Bildern aufgefunden werden können und mit welchen Methoden dieses Wissen entsprechend freigesetzt oder erkannt werden muss.«[3]

Die methodischen Unsicherheiten verstärken sich noch bei der Untersuchung bewegter Bilder.[4] Im Zentrum der Visual History stehen vor allem Fotografien. Diese können leicht archiviert und unter kontrollierten Bedingungen

---

1 Gerhard Paul: Von der historischen Bildkunde zur Visual History. Eine Einführung. In: G.P. (Hg.): Visual History. Ein Studienbuch. Göttingen 2006, S. 29.
2 Gerhard Paul: Vom Bild her denken. Visual History 2.0.1.6. In: G.P. / Jürgen Danyel / Annette Vowinckel (Hg.): Arbeit am Bild. Visual History als Praxis. Göttingen 2017, S. 15–74.
3 André Wendler: Anachronismen. Historiografie und Kino. Paderborn 2014, S. 86.
4 Ebenda.

analysiert werden. Den Quellenwert dokumentarischer Aufnahmen ausgenommen, spielt der Film hingegen nur eine untergeordnete Rolle für die Geschichtswissenschaft. Dabei unternahm bereits Siegfried Kracauer in seinem Buch *From Caligari to Hitler* (1947)[5] den Versuch einer filmischen Geschichtsschreibung, die die Aufarbeitung des Nationalsozialismus ausgehend vom Film der Weimarer Republik anstrebt. Neben solchen ideologiekritischen Potenzialen bieten Filme auch eine dynamische Formensprache, die sich auf die Gestalt und Wahrnehmung von Geschichte auswirkt. Die Definition des filmischen Bewegungsbildes[6] als sinnhaftes Konstrukt sich wandelnder Bildräume bezieht immer auch die Dynamiken eines rezipierenden Körpers mit ein. Die Visual History muss sich dieser Herausforderung stellen.

In diesem Zusammenhang benennt Gerhard Paul noch ein weiteres Potenzial des Films, dem »[e]her selten« aus historiografischer Sicht nachgegangen worden sei, nämlich das besondere Vermögen »des bewegten Bildes, [...] Menschen aktuell oder im Nachhinein an Ereignissen teilhaben zu lassen: seiner Fähigkeit zur Immersion«.[7] Der Schlüssel zur theoretischen Ergründung dieses Aspektes liegt – so meine These – im Modell der Histosphere. Das Soldatenbild in HIMMEL OHNE STERNE macht deutlich, wie wirkungsvoll visuelle Eindrücke mit Geschichtlichkeit aufgeladen werden können, sobald sie auf einer emotional-immersiven Ebene in die Rezeption der Figurenhandlung eingebunden werden. Die vermeintliche Historizität – das Foto ist schwarz-weiß und zeigt einen Wehrmachtssoldaten – bedarf hierbei keiner genaueren Bestimmung. Es entwickelt eine symbolische Bedeutung für den Zweiten Weltkrieg, den es für einen kurzen Moment im Setting der 1950er Jahre aufscheinen lässt. Mehr noch, die unbewegte Fotografie wird in die Kadrage und die Montage der filmischen Bilder eingebunden und auf diese Weise als Teil der Histosphere erfahrbar gemacht. Die Filmtechnologie »belebt« das vormals statische Bild, sie formt seine »Sichtbarkeit und Wahrhaftigkeit in grundlegender – nicht nur in gradueller – Weise um«.[8] Die fil-

---

5 Siegfried Kracauer: From Caligari to Hitler. A Psychological History of the German Film. New York 1947.
6 Hermann Kappelhoff versteht unter dem Bewegungsbild »das sinnhafte Konstrukt dynamisch sich wandelnder Bildräume [...], das erst aus der Interaktion zwischen rezipierenden Medienkonsumenten und audiovisuellem Bewegtbild hervorgeht«. Hermann Kappelhoff: Kognition und Reflexion. Zur Theorie filmischen Denkens. Berlin 2018, S. 37.
7 Paul 2017, a.a.O., S. 57–62.
8 Vivian Sobchack: The Scene of the Screen. Beitrag zu einer Phänomenologie der ›Gegenwärtigkeit‹ im Film und in den elektronischen Medien. In: Hans Ulrich Gumbrecht / K. Ludwig Pfeiffer (Hg.): Materialität der Kommunikation. Frankfurt/Main 1988, S. 420.

Das Soldatenbild in HIMMEL OHNE STERNE

mische Dynamisierung wird hierbei durch eine ganz konkrete Bewegung vor der Kamera ergänzt. Das Bild an der Wand beginnt zu vibrieren und weckt in Kombination mit Annas schmerzvollem Blick Assoziationen zum Bombenkrieg. Die konkrete referenzielle Ebene der Fotografie wird durch die Einbindung in die Histosphere entscheidend erweitert. Nicht nur das Motiv des Bildes, sondern auch seine Bedeutung für die Filmfigur in der filmischen Gegenwart der 1950er Jahre wird virulent. Die Histosphere erzeugt demzufolge nicht nur einen sichtbaren historischen Kosmos, sondern stellt auch Relationen zwischen verschiedenen historischen Zeiten her.

Audio History

Betrachten wir ausschließlich das Filmbild, wirkt die Bewegung des Soldatenporträts am Anfang von HIMMEL OHNE STERNE wie ein unerklärliches Mysterium. Erst der Ton verrät uns die Quelle der Erschütterung: Ein lautes Brummen deutet auf einen großen Lastwagen hin. Doch das Geräusch weckt auch Assoziationen zum Dröhnen der Bomber, die die deutschen Städte im Zweiten Weltkrieg in Schutt und Asche legten.

Die Geschichte und das geschichtsmodellierende Potenzial von Tönen und Klängen stellen noch immer ein neues Forschungsfeld dar. Einen ersten Vorstoß seitens der Geschichtswissenschaft wagte Gerhard Paul, der mit der Visual History bereits einen Paradigmenwechsel von der Dominanz der Schrift zu einer Dominanz der Bilder proklamiert hatte. Im umfangreichen Band *Sound des Jahrhunderts* (2013)[9] versammelt er gemeinsam mit Ralph Schock Texte zur Medien- und Kulturgeschichte des Tons, zur Klanggeschichte des Politischen und zur erinnerungsgeschichtlichen Relevanz des Auditiven im 20. Jahrhundert. Wie bereits in der Visual History wird allerdings auch hier die Spezifik des Films weitgehend ausgeklammert. In der Filmwissenschaft wiederum verstärkte sich seit den 1980er Jahren das Interesse am Auditiven, das als eigene Bedeutungsebene einen Mehrwert hervorbringt.[10] Weitere Untersuchungen fokussierten das Sound Design sowie die Ästhetik und Bedeutung von Filmgeräuschen.[11] Die Studie *Audio History*

---

9 Gerhard Paul / Ralph Schock (Hg.): Der Sound des Jahrhunderts. Geräusche, Töne, Stimmen 1889 bis heute. Bonn 2013.
10 Vgl. Michel Chion: La voix au cinema. Paris 1982; M.C.: Le son au cinema. Paris 1985; M.C.: Audio-Vision. Ton und Bild im Kino. Berlin 2012; Rick Altman (Hg.): Sound Theory / Sound Practice. New York 1992; Volko Kamensky / Julian Rohrhuber (Hg.): Ton. Texte zur Akustik im Dokumentarfilm. Berlin 2013.
11 Vgl. Barbara Flückiger: Sound Design: Die virtuelle Klangwelt des Films. Marburg 2012;

des Films setzt hier an und erschließt ein Forschungsgebiet, das als fehlendes Bindeglied zwischen den Ansätzen der Filmwissenschaft, der *Sound Studies* und der Geschichtswissenschaft fungiert.[12] Die Untersuchung zielt darauf, »auszuloten, wie der Filmton Geschichte auditiv generiert, modelliert und erfahrbar macht«.[13] Hierbei werden sowohl die ästhetische Dimension und ihr Potenzial zur Hervorbringung von Geschichte als auch die materielle, technische und kulturelle Dimension der Filmtonproduktion im Hinblick auf geschichtliche Modellierungen und Figurationen untersucht. Dies zeigt sich auch exemplarisch am Anfang von KU'DAMM 56: Langgezogene Tonfolgen und Halleffekte erzeugen hier eine entrückte Atmosphäre, die dazu beiträgt, die Handlung in der Vergangenheit zu verorten. Wir sehen die Räumlichkeiten der Tanzschule. Monika tritt ins Bild und packt ihre neuen Sportschuhe aus. Während ein Sprecher die »erste Berliner Rock-'n'-Roll-Meisterschaft« anmoderiert und damit eine konkrete historische Zuordnung vornimmt, erzeugen die einsetzenden perkussiven Rhythmen und der Jubel des Publikums eine erwartungsvolle Spannung. Monika stürmt in die gut gefüllte Veranstaltungshalle, in der sich bereits erste Tanzpaare aufstellen. Auf der Bühne im Hintergrund macht sich die Band bereit. Eine Großaufnahme der ersten Gitarrenriffs synchronisiert Bild und Ton und erweckt den Klang der Rockmusik der 1950er Jahre zum Leben. Doch als Monika von ihrem Tanzpartner in die Höhe katapultiert wird, unterstreichen sphärische Klangflächen die Besonderheit dieses Moments, der hierdurch zu einem historischen Ereignis stilisiert wird. Die *Audio History des Films* hebt hervor, dass Geschichte im Film nicht nur durch affektintensiv erlebte Filmbilder, sondern auch durch eine synästhetische Kombination mit der auditiven Ebene erfahrbar gemacht wird. Hierbei wird an Vivian Sobchacks phänomenologischen Ansatz angeknüpft, den Film als verkörperte Erfahrung zu beschreiben, die implizit auch die auditiven Sinneskanäle anspricht.[14] Auf einer narrativen Ebene strukturiert der Filmton wiederum das filmische Erzählen von Geschichte durch Kontinuitäten und Brüche, Verknüpfungen und Oppositio-

---

Frieder Butzmann / Jean Martin: Filmgeräusch: Wahrnehmungsfelder eines Mediums. Hofheim 2012.
12 Vgl. Winfried Pauleit / Rasmus Greiner / Mattias Frey: Audio History des Films. Sonic Icons – Auditive Histosphäre – Authentizitätsgefühl. Berlin 2018; sowie: Rasmus Greiner / Winfried Pauleit: Nach dem Film No 14: Audio History. www.nachdemfilm.de/issues/no-14-audio-history [27.11.2019].
13 Pauleit/Greiner/Frey 2018, a.a.O., S. 12.
14 Vgl. Vivian Sobchack: The Address of the Eye. A Phenomenology of Film Experience. Princeton 1992, S. 4.

Synchronisation von Bild und Ton in KU'DAMM 56

nen. Gleichzeitig bestimmen auditive Reize maßgeblich die Stimmung einer Filmsequenz, indem sie bei den Zuschauern emotionale Reaktionen auf dargestellte historische Ereignisse und Situationen hervorrufen.[15] Hierbei trägt die *instant credibility* des Filmtons zur Erzeugung eines Authentizitätsgefühls[16] bei, während das Sound Design den historischen Kosmos gestaltet, organisiert und strukturiert.

Geschichte als Audio-Vision

Das Rattern und Quietschen einer U-Bahn. Die Stimme eines jungen Mannes (Trystan Pütter) trägt ausgelassen einen Zeitungsartikel über ein Konzert von Elvis Presley vor. Die Rede ist von Massenhysterie, Begeisterung, allgemeiner Erregung. Wir hören, wie ein Mitreisender mittleren Alters seinen Unmut über diese Performance äußert, doch die Lesung wird fortgesetzt. Eine

---

15 Michel Chion begreift den Filmton als subtiles Mittel emotionaler und semantischer Manipulation, das direkten Einfluss auf die Physiologie und Wahrnehmung des Rezipienten hat. Vgl. Chion 2012, a.a.O., S. 38; sowie: Rasmus Greiner: Auditive Histosphäre. Sound Design und Geschichte. In: Pauleit/Greiner/Frey 2018, a.a.O., S. 86.
16 Roland Barthes' fototheoretischer Begriff des »Es-ist-so-gewesen« kann hier meines Erachtens auch auf den Filmton übertragen werden, dem (oft fälschlicherweise) eine direkte indexikalische Verbindung zur Wirklichkeit unterstellt wird. Vgl. Roland Barthes: Die helle Kammer. Bemerkungen zur Photographie. Frankfurt/Main 2016, S. 86 ff.

Lautsprecherdurchsage kündigt die nächste Haltestelle an. Schritte, der junge Mann flirtet im Vorbeigehen mit zwei jungen Frauen, die ihm leicht amüsiert antworten. Gleichzeitig gehen die ruhigen Klavierakzente der Filmmusik in drängende Klangflächen über. Plötzlich ertönt ein lautes Rauschen. – Das sind die Informationen, die uns die Tonspur liefert. Aber war das wirklich alles? Noch einmal von vorne, diesmal mit Bild: eine Fahrt in der U-Bahn. Ein junger Mann trägt aus einem Zeitungsartikel vor und zieht den Unmut eines älteren Herren auf sich. Doch dessen Begleitung, eine freundliche alte Dame mit Hut, lächelt verschmitzt. Währenddessen tastet sich eine junge Frau mit traurigen Augen und einem Koffer in der Hand durch den Waggon. Niemand nimmt Notiz von ihr. Nur der junge Mann scheint sie zu bemerken. Vor einem der Ausstiege hält sie inne und betrachtet einen handschriftlich adressierten Brief: »Frau Caterina Schöllack«. Dann holt sie tief Luft und öffnet bei voller Fahrt die Schiebetüren. – Was wie zwei verschiedene Filme wirkt, ist beide Male dieselbe Sequenz aus KU'DAMM 56. Einmal liegt der Fokus der Wahrnehmung auf dem Ton und einmal auf dem Bild. Doch erst beides zusammen, die freudige Erregtheit in der Stimme des jungen Mannes und der niedergeschlagene Ausdruck der jungen Frau, entwickelt im Wechselspiel der Blicke und der Montage, der sich zuspitzenden Dringlichkeit der Musik und der Interaktion der Figuren einen immersiven Sog, der im Höhepunkt der Sequenz mündet: Monika versucht nicht weniger als in den Tod zu springen, Freddy Donath hält sie fest. Filmbild und Filmton sind hierbei nicht voneinander zu trennen, selbst wenn sie zur selben Zeit verschiedene Geschichten erzählen. Mehr noch, die eine Wahrnehmung beeinflusst die andere: »Man ›sieht‹ nicht das Gleiche, wenn man gleichzeitig hört; man ›hört‹ nicht das Gleiche, wenn man gleichzeitig sieht«, erklärt der Filmtheoretiker und Komponist Michel Chion.[17] Folglich spricht er von einer »Audio-Vision«, der Verschmelzung von Bild und Ton, die der Wahrnehmung eine Serie von Eindrücken, Gefühlen und Bedeutungen hinzufügt.[18] Diesen Effekt nennt Chion »valeur ajouté«, einen zusätzlichen Wert »sensorieller, informativer, semantischer, narrativer, struktureller oder expressiver« Natur, der den Ton auf das Bild projiziert. Im Zusammenwirken der beiden Wahrnehmungsebenen entsteht so ein Eindruck, der im Bild oder Ton für sich genommen nicht nachweisbar ist.[19] Auch die Histosphere kann infolgedessen als eine audiovisuelle Wahrnehmungsform verstanden werden, deren immersiver Kern im spezifisch filmischen Ver-

---

17 Chion 2012, a.a.O., S. 11.
18 Ebenda, S. 172.
19 Ebenda, S. 173.

U-Bahn-Fahrt …

hältnis von Bild und Ton liegt. Beinahe euphorisch beschreibt Freddy in der beschriebenen Sequenz die Tumulte und den Exzess auf dem Elvis-Konzert. Monika wirkt hingegen in sich gekehrt und beinahe apathisch. Doch als sie die Türen öffnet und wir sehen können, wie schnell die U-Bahn durch den dunklen Tunnel rast, wird der vormals verborgene innere Aufruhr sichtbar. Tatsächlich kann die U-Bahn in dieser Sequenz als selbstreflexive Metapher für das Medium Film interpretiert werden: An den emotionalen Bruchstellen, an denen sich das Gefühl eruptiv einen Weg nach außen bahnt, verweist

... und Suizidversuch in KU'DAMM 56

der audiovisuelle Exzess auf die dahinterliegende Apparatur, die ihn hervorbringt. Monika Schöllacks Suizidversuch überschreitet die Grenzen der Narration. Durch die geöffneten Türen sehen wir die Außenwelt wie einen Filmstreifen an uns vorbeijagen, und wir begreifen, dass wir uns gemeinsam mit der Filmfigur auf eine Reise in die Vergangenheit begeben.

Der Historiker Thomas Lindenberger fordert in seinem Aufsatz *Vergangenes Hören und Sehen* (2004)[20] die Aufwertung der Audiovision zum gleichberechtigten historischen Forschungsgegenstand:

»Die heutigen ›Mitlebenden‹ müssen auch als ›Mithörende‹ und ›Mitsehende‹ konzipiert werden, um ihre Erfahrungen und Erzählungen angemessen deuten zu können. Ihre Lebenswelt war und ist bestimmt von der alltäglichen Gegenwart der Audiovision, ihre Erfahrung von Wirklichkeit auch vermittelt über die Klänge von Schallplatte und Radio, die Fotos in den Illustrierten, die bewegten (Ton-)Bilder in Wochenschauen, Spielfilmen und Fernsehen.«[21]

Die Allgegenwart der Audiovision impliziert im Umkehrschluss, dass auch die Geschichtsschreibung einen gültigen Ausdruck für diese Form der Weltwahrnehmung finden muss. Die Histosphere hat das Potenzial, diesen Platz einzunehmen. Filmbild und Filmton modellieren historische Welten, die wir an unseren vorangegangenen (Medien-)Wahrnehmungen messen und die mit unseren bisherigen Geschichtsvorstellungen interferieren und sie transformieren. Doch auch die Wahrnehmung der Histosphere selbst ist subjektiven Faktoren unterworfen. Bereits im Moment der Rezeption werden die filmischen Bilder und Töne mit visuellen und auditiven Assoziationen ergänzt oder sogar von diesen überlagert.[22] Im Prozess der filmischen Vergegenwärtigung von Vergangenheit ist die Histosphere demzufolge nicht nur eine synästhetisch erfahrbare Figuration einer historischen Welt, sondern auch eine *Arena für Verständigungen*[23], in der Geschichtsvorstellungen erst ausgehandelt werden.

---

20 Thomas Lindenberger: Vergangenes Hören und Sehen. Zeitgeschichte und ihre Herausforderung durch die audiovisuellen Medien. In: Zeithistorische Forschungen, Jg. 1, 1/2004, S. 72–85. www.zeithistorische-forschungen.de/16126041-Lindenberger-1-2004 [27.11.2019].
21 Ebenda.
22 Vgl. Sven Kramer: Neuere Aneignungen von dokumentarischem Filmmaterial aus der Zeit der Shoah. In: Delia González de Reufels / Rasmus Greiner / Winfried Pauleit (Hg.): Film und Geschichte. Produktion und Erfahrung von Geschichte durch Bewegtbild und Ton. Berlin 2015, S. 32.
23 Angela Keppler und Martin Seel verwenden den Begriff als Grundlage für ihre Definition von Filmgenres. Indem die Histosphere als ebensolche »Arena für Verständigungen« fungiert und im Spannungsfeld zwischen Film und Zuschauer Bedeutung generiert, kann sie als genrekonstituierendes Element für das Filmgenre Geschichtsfilm angesehen werden. Vgl. Angela Keppler / Martin Seel: Über den Status filmischer Genres. In: montage AV, Jg. 11, 2/2002, S. 65.

Film/Geschichte/Erfahrung

Histospheres modellieren historische Welten, die wir als Zuschauer nicht nur audiovisuell wahrnehmen, sondern sinnlich-körperlich erleben können. In diesem Kapitel werde ich zeigen, welche Wechselwirkungen und Überschneidungen sich zwischen Filmerfahrung und historischer Erfahrung ergeben. Der Begriff der Filmerfahrung ist seinerseits eng verbunden mit phänomenologischen Ansätzen, die ich im ersten Teil des Kapitels vorstelle und auf den Geschichtsfilm übertrage. Im Zentrum der Untersuchung stehen Konzepte der verkörperten Filmwahrnehmung, die den Eindruck erwecken, uns mit der historischen Welt des Films in Berührung zu bringen. Dieser imaginierte Kontakt mit der Geschichte weist Ähnlichkeiten zu Frank R. Ankersmits Überlegungen zur historischen Erfahrung auf, der ich mich im zweiten Teil des Kapitels widme.[1] Auf der Grundlage dieses Ansatzes entwickle ich Anknüpfungspunkte zu Vivian Sobchacks Phänomenologie des Films.[2] Die Reflexionen zur Verbindung der beiden Erfahrungskonzepte von Film und Geschichte werden im dritten Teil des Kapitels vertieft und in weiteren sowohl filmwissenschaftlichen als auch geschichtswissenschaftlichen Theorien verankert. Der Abschnitt zielt somit auf eine Synthese der bisherigen theoriegeleiteten Untersuchungen und entwirft ein Konzept der Histosphäre, in dem die sinnlichen und kognitiven Wahrnehmungen zu einer umfassenden filmischen Geschichtserfahrung verschmelzen.

Phänomenologie des Films

Die Angst vor Verletzung und Tod, das tiefe Wasser des Flusses und die dramatische Musik am Anfang von HIMMEL OHNE STERNE. Bäume und ein Bootsanleger, friedliches Vogelgezwitscher und die ruhige Stimme der Erzählerin in HUNGERJAHRE. Freude und gespannte Erwartung, Tanz und Jubel in den ersten Minuten von KU'DAMM 56. – Wir *fühlen* die Histosphäre, noch bevor

---

1 Frank R. Ankersmit: Die historische Erfahrung. Berlin 2012, S. 19.
2 Vgl. Vivian Sobchack: The Address of the Eye. A Phenomenology of Film Experience. Princeton 1992.

wir sie *verstehen*; sie ist intuitiv erfahrbar. Um diese Form der Filmerfahrung genauer untersuchen zu können, erweist sich insbesondere die Theorie der Phänomenologie als geeignete methodische Grundierung. So können die konstruktivistischen und semiologischen Methoden der Filmtheorie zwar erklären, wie mithilfe audiovisueller Verfahren ein historisches Raum-Zeit-Gefüge modelliert wird. Die *intuitive Erfahrbarkeit* der Histosphere kann hiermit jedoch nicht gänzlich entschlüsselt werden. Die existenzielle Phänomenologie des Philosophen Maurice Merleau-Ponty und deren Projektion auf den Film durch Vivian Sobchack bieten ein Erklärungsmodell, das auf dem Wechselverhältnis zwischen lebendigem Körper und gelebter Welt basiert.[3] Unter diesen phänomenologischen Rahmenbedingungen erscheint die Figuration einer historischen Welt im Geschichtsfilm in einem neuen Licht.

Der Filmwissenschaftler Thomas Morsch beschreibt das Konzept der verkörperten Wahrnehmung, das für Vivian Sobchacks phänomenologische Überlegungen zentral ist, wie folgt:

»Der Film macht nicht nur eine Welt sichtbar, sondern zugleich die Sicht auf diese Welt. Er ermöglicht als einziges Medium einen Zugang zu dem, was uns sonst verschlossen bleibt: der verkörperten Wahrnehmung eines anderen als uns selbst. Jeder kann zwar sehen, dass ein anderer ebenfalls etwas sieht, aber dieses Sehen selbst können wir nicht sehen.«[4]

Bei Sobchack selbst heißt es wiederum: »Ein Film ist ein Akt des Sehens, der sich selbst sichtbar macht, ein Akt des Hörens, der sich selbst Gehör verschafft, sowie ein Akt physischer und gedanklicher Bewegung, der sich reflexiv fühlen und verstehen lässt«.[5] In ihren Überlegungen geht sie von zwei Ebenen der Wahrnehmung aus: Die primären Strukturen des Films gründen sich als systematische kommunikative Kompetenz auf bewusste Erfahrung, während die sekundären Strukturen als Ideologie, Rhetorik und Poetik eine systematische Verzerrung hervorbringen.[6] Sobchacks Ansatz bietet eine Er-

---

3 Sobchack zufolge verwendet Merleau-Ponty für das Wechselverhältnis zwischen lebendigem Körper und gelebter Welt den Begriff »être-au-monde«, der die Präsenz gegenüber der Welt mit dem Lebendigsein in der Welt verknüpft. Ebenda, S. 38.
4 Thomas Morsch: Filmische Erfahrung im Spannungsfeld zwischen Körper, Sinnlichkeit und Ästhetik. In: montage AV, Jg. 19, 1/2010, S. 58.
5 »A film is an act of seeing that makes itself seen, an act of hearing that makes itself heard, an act of physical and reflective movement that makes itself reflexively felt and understood.« Sobchack 1992, a.a.O., S. 3, 4.
6 Ebenda, S. 8.

gänzung und einen Gegenentwurf zu den gängigen Verfahren der Filmanalyse. Anstatt die »ungezügelte Bedeutung« des Films in einzelne Codes zu abstrahieren, macht sie sich für die These stark, dass der Film kraft seines eigenen Seins Sinn erzeuge.[7] Der sinnliche und bedeutsame Ausdruck von Erfahrung wird für den Zuschauer selbst zur Erfahrung.

Die Verfahren der konstruktivistischen Filmanalyse mit ihren kleinteiligen Vorgehensweisen führen demnach nicht nur zu einer Verkürzung, sondern auch zu einem Missverständnis: Sie analysieren den Film ausgehend von seiner Herstellung und seiner Gestaltung; sie machen ihn theoretisch beschreibbar. Die Phänomenologie hingegen beschreibt Wahrnehmung als ein ganzheitliches Erlebnis, das einen präreflexiven, umfassenden Eindruck hervorruft. Auch das Modell der Histosphäre basiert auf einem solchen Verständnis von ganzheitlicher Welterfahrung. Der Fluss, die Flucht und die Schüsse (HIMMEL OHNE STERNE); die ruhige Idylle am See (HUNGERJAHRE); die Dynamik des Tanzes und der Rhythmus der Musik (KU'DAMM 56): Audio-Vision und Bewegung formen eine elementare Erfahrung, die den sekundären, stärker abstrahierten Bedeutungen vorausgeht und diese vorzeichnet.[8] Die audiovisuellen Figurationen präfigurieren somit die historische Signifikanz der Histosphäre, die sich jedoch erst im Prozess der Rezeption als solche manifestiert – seien es die zerrissenen Familien infolge der deutschen Teilung in HIMMEL OHNE STERNE, der Alltag des Kleinbürgers zur Zeit des Wirtschaftswunders in HUNGERJAHRE oder der Kampf um Selbstbestimmung einer jungen Frau in KU'DAMM 56. Der Ursprung der Histosphäre liegt somit in der sinnlichen Wahrnehmung. Bereits Siegfried Kracauer vertrat die These, »dass Filmbilder ungleich anderen Arten von Bildern vorwiegend die Sinne des Zuschauers affizieren und ihn so zunächst physiologisch beanspruchen, bevor er in der Lage ist, seinen Intellekt einzusetzen«.[9] Die Phänomenologie des Films knüpft an diesen Befund an. Während Vivian Sobchack die verkörperte Wahrnehmung als ästhetischen Kern des Mediums beschreibt, geht Steven Shaviro von einem wahrnehmenden Körper des Zuschauers aus, der im Kino eine reale sinnliche Erfahrung macht.[10] Beide Ansätze können als Teil eines Paradigmenwechsels gedeutet werden, »der

---

7 Ebenda, S. 12.
8 Ebenda.
9 Siegfried Kracauer: Theorie des Films. Die Errettung der äußeren Wirklichkeit (1964). Frankfurt/Main 2015, S. 216.
10 Vgl. Thomas Morsch: Medienästhetik des Films. Verkörperte Wahrnehmung und ästhetische Erfahrung im Kino. München, Paderborn 2011, S. 174, 186.

sich mit der Etablierung des Körpers als Fokus filmtheoretischer Interessen verbindet«.[11] Sinn und Bedeutung, so erläutert Thomas Morsch, seien demnach dem sinnlichen Material immanent und würden der verkörperten Wahrnehmung nicht erst durch »intellektuelle Überformung« hinzugefügt.[12] Im Anschluss an die phänomenologischen Theorien Maurice Merleau-Pontys sei »die Körperlichkeit des Rezipienten als produktive Kraft ästhetischer Erfahrung zu verstehen«.[13] Das Somatische konstituiere demnach »eine in sich bereits sinnhafte Form der Erfahrung«, ein »fleischliches Verstehen«, das sich nicht durch einen kognitiven Begriff des Verstehens ersetzen lässt.[14] Die verkörperte Wahrnehmung ruft in uns nicht nur affektive somatische Reaktionen wie Lust und Ekel hervor, sondern nutzt unseren Körper »als das ›allgemeine Medium‹ , in dem sich Wahrnehmung vollzieht und durch das Erfahrung und Bedeutung vermittelt werden«.[15] Ein wesentlicher Aspekt der Filmerfahrung besteht folglich im »*körperliche[n] Verstehen* der filmischen Materialität«.[16] So verweist der Film als verkörperte Wahrnehmung zwar auf unsere alltägliche Wahrnehmung von Welt, unterscheidet sich aber materiell von ihr. Diese Differenz wird insbesondere bei den haptischen, olfatorischen und gustatorischen Qualitäten der filmischen Welt erkennbar, die sich erst über den – wenngleich unbewussten – Umweg unserer synästhetischen Wahrnehmung von Filmbild und Filmton einstellen.

Ausgehend von diesem Konzept kreist Vivian Sobchacks *Phänomenologie des Films* um ein doppeltes Verständnis von Sehen und Angesehen-Werden.[17] Der Film selbst ›sieht‹ eine Welt aus sichtbaren Bildern. Als Zuschauer nehmen wir diese Filmbilder zugleich als filmische Welt wie als intentionalen Blick auf diese Welt wahr.[18] Der Film konstruiert, wie Thomas Morsch

---

11 Ebenda, S. 7.
12 Ebenda, S. 168.
13 Ebenda, S. 170.
14 Ebenda, S. 173.
15 Ebenda, S. 170.
16 Ebenda, S. 173.
17 Der Begriff des Sehens muss hierbei als Synonym für die Wahrnehmung des Films verstanden werden, die auch die auditive Ebene miteinschließt.
18 Vgl. Sobchack 1992, a.a.O., S. 56. Hierfür ließe sich auch Niklas Luhmanns Begriff des Beobachtens zweiter Ordnung, das Beobachten von Beobachtungen, dienlich machen. Luhmann konstatiert zu Recht, dass man für den Fall der Kunst »ein Kunstwerk im Hinblick auf die in ihm festgelegten Beobachtungen beobachten kann, ohne deswegen auch den Künstler zu beobachten«. Stattdessen genüge es zu erkennen, »dass es sich um ein hergestelltes und nicht um ein natürliches Objekt handelt«. Für eine Theorie der Histo-

schreibt, »eine sichtbare visuelle Beziehung zwischen einem verkörperten Auge und der sinnlichen Welt und vermittelt diese Beziehung in der Form filmischen Ausdrucks als Erfahrung für den Zuschauer«.[19] Allerdings seien die Intentionalität des Films und die des Zuschauers nicht identisch; die perzeptive Praxis des Films werde *wie* die meinige, nicht aber *als* die meinige verstanden.[20] Sowohl Thomas Morsch als auch Anke Zechner untermauern diese Differenzbildung mit einem Vergleich zwischen Film und Fotografie: Film macht demnach nicht nur einen Gegenstand und einen Blick darauf sichtbar, sondern bringt dieses Verhältnis in eine Form des Ausdrucks, die, so Morsch, »seine spezifische kommunikative Charakteristik und aisthetische Struktur« bestimme.[21] Anke Zechner betont wiederum, dass der Film in Abgrenzung zum fixierten, repräsentierenden Bild der Fotografie nicht als Objekt wahrgenommen werde, »sondern als die Erfahrung von Welt durch ein anonymes intentionales Subjekt, das sich ›eine *Darstellung* der objektiven Welt *vorstellt*‹«.[22] Dieser Zusammenhang wird etwa am Beispiel des Soldatenporträts deutlich, das am Anfang von HIMMEL OHNE STERNE in der Wohnung der Schwiegereltern hängt: Nicht die Fotografie als historische Quelle – als das Bild eines Weltkriegssoldaten –, sondern die Wahrnehmung durch den Film – der intentionale filmische Blick, der sich hier mit dem Blick der Hauptfigur überlagert – macht Geschichte erfahrbar. Wir sehen nicht nur die vermeintlich historische Fotografie, sondern erfahren zugleich etwas über die filmische Perspektive auf die Verarbeitung des Zweiten Weltkriegs Mitte der 1950er Jahre. Und das Bild verweist noch auf etwas anderes: Die klassische Filmtheorie beschreibt ein produktives Verhältnis von *cadre* und *cache*, das auf eine ästhetische Gestaltung des bewegten Bildes als gerahmten Ausschnitt zielt und hierbei ein relatives Off erzeugt. Vivian Sobchack vollzieht auch an dieser Stelle eine Differenzbildung zwischen dem Blick des Films und dem Blick des Zuschauers. Folglich vermag *uns* das Filmbild wie ein geometrischer Ausschnitt in der Dunkelheit erscheinen, der den Blick auf die Wahrnehmung einer Welt freigibt. Doch für die Sicht des Films selbst existieren kei-

---

sphere bedeutet dies, dass der intentionale Blick des Films folglich nicht mit dem intentionalen Blick der Filmemacher zu verwechseln ist. Vgl. Niklas Luhmann: Die Kunst und die Gesellschaft. Frankfurt/Main 1995, S. 95.
19 Vgl. Morsch 2011, a.a.O., S. 183–184.
20 Ebenda, S. 178.
21 Ebenda.
22 Vgl. Anke Zechner: Die Sinne im Kino. Eine Theorie der Filmwahrnehmung. Frankfurt/Main 2013, S. 49.

ne Bildgrenzen.[23] Der Film blickt auf eine unbegrenzte, in sich konsistente Welt. Je mehr wir folglich die filmische Wahrnehmung zu unserer eigenen machen, desto stärker verschwimmt der Kader, bis er sich gänzlich im Horizont einer offenen Welt auflöst.

Den gemeinsamen Akt des Sehens von Film und Zuschauer, der jeder Filmerfahrung zugrunde liegt, bezeichnet Vivian Sobchack auch als »address of the eye«.[24] Die *Adressierung des Auges* impliziert ein verkörpertes, verortetes Sein und eine materielle Welt, die nur wahrgenommen werden kann, wenn das sehende und selbst sichtbare Subjekt über einen eigenen Körper verfügt. Dieser Körper des Films ähnelt in seinen sensoriellen Fähigkeiten dem des Zuschauers.[25] Wie sich der menschliche Körper nicht auf seine physiologischen und anatomischen Merkmale reduzieren lässt, so besteht auch der Körper des Films nicht ausschließlich aus diskreten apparativen Mechanismen, sondern ist Teil einer komplexen Phänomenologie.[26] Die inkarnierte Sicht des Films können wir intentional durchleben und leiblich erfahren – als würden wir Informationen unseres eigenen Körpers wahrnehmen.[27] Doch auch wenn die Wahrnehmung des Films und die unsere weitgehend übereinstimmen, sind wir uns, wie Sobchack betont, während der Filmsichtung durchaus darüber im Klaren, die Wahrnehmung eines anderen Subjektes als Teil unserer eigenen Wahrnehmung zu durchleben.[28] Für die Histosphere bedeutet dies, dass der Film die fingierte historische Welt sensoriell wahrnimmt, um sie für den Zuschauer als Wahrnehmung einer historischen Welt erfahrbar zu machen. Hierzu evoziert der Film den Eindruck der materiellen Verbundenheit mit dieser Welt. Zwar ist der Körper des Films laut Sobchack unsichtbar und geschlechtslos[29], dennoch

---

23 Vgl. Sobchack 1992, a.a.O., S. 131.
24 Ebenda, S. 23.
25 Vivian Sobchack macht hier auf Parallelen in der jeweiligen Entwicklungsgeschichte aufmerksam: Analog zur Genese der Kamerabewegung erlangt der Mensch, noch bevor er sprechen oder sich fortbewegen kann, die Kontrolle über die Bewegung seines Kopfes und damit seines Blickes. Vgl. ebenda, S. 253.
26 Ebenda, S. 169.
27 Ebenda, S. 138–140
28 Ebenda.
29 Ebenda, S. 162. Vivian Sobchack beschreibt den Körper des Films als geschlechtslos und ohne körperliche Merkmale (Hautfarbe, Figur, Alter etc.). Allerdings kann die perzeptive Wahrnehmung dieses Körpers durchaus geschlechtsspezifisch oder durch Kategorien wie *class* und *race* geprägt sein. Vgl. dazu Katharina Lindner: Questions of Embodied Difference: Film and Queer Phenomenology. In: NECSUS Autumn 2012 ›Tangibility‹. https://necsus-ejms.org/questions-of-embodied-difference-film-and-queer-phenomenology/ [28.11.2019].

verfügt er über eine körperliche Präsenz, die sich in audiovisuellen Handlungen, einer bestimmten Haltung und einem intentionalen Stil äußert.[30] Im Umkehrschluss prägen die audiovisuellen Verfahren zur Gestaltung der Histosphere die Präsenz des filmischen Körpers, der hierdurch zu einem historischen Körper wird. Wenn sich also bei der Sichtung von Geschichtsfilmen ein diffuses Gefühl der Geschichtlichkeit einstellt, ist dies nicht nur auf die historische Welt, die der Film uns präsentiert, sondern auch auf unsere viszerale Verbundenheit mit dem wahrnehmenden Körper des Films zurückzuführen. Das verkörperte filmische Subjekt vermittelt nicht nur den perzeptiven Eindruck eines In-der-Welt-Seins, sondern ist selbst wiederum durch ebenjene audiovisuelle Verfahren geprägt, die die wahrgenommene historische Welt modellieren. Die filmische Wahrnehmung von Welt ist überdies hochgradig subjektiv. Der Film entwirft immer auch eine persönliche Geschichte, die das Medium per se mit einer subjektivierten Geschichtlichkeit auflädt. Mit den Worten Vivian Sobchacks ermöglicht uns die Filmerfahrung die Erkundung einer Welt im Modus einer sich selbst schreibenden »Autobiographie«.[31] Sobchack zufolge erleben wir die filmische Perzeption in unserer gegenwärtigen Wahrnehmung als visuellen, kinetischen und gestischen Diskurs, als direkten und unverzüglichen Ausdruck eines gegenwärtigen In-der-Welt-Seins.[32] Die als Histosphere modellierte historische Welt wird als Wahrnehmung eines Anderen erfahrbar gemacht, durch dessen Augen wir sehen und mit dessen Ohren wir hören. Jenseits von der Identifikation mit Filmfiguren entsteht so eine identifikatorische Nähe zum Subjekt und Körper des Films.

Vivian Sobchacks Phänomenologie des Films kann aber auch das temporale Konzept der Histosphere besser greifbar machen. Die Gegenwart der filmischen Wahrnehmung ist durch technische und stilistische Spuren in ihrer Produktionszeit verankert. Folglich durchleben wir in HIMMEL OHNE STERNE die frühen 1950er Jahre auf der perzeptiven Grundlage eines filmischen Körpers aus fast derselben Zeit. In HUNGERJAHRE basieren die Darstellung und Perzeption hingegen auf der Grundlage eines filmischen Körpers aus den 1980er Jahren, während der filmische Körper in KU'DAMM 56 aus den 2010er Jahren stammt. Technische und filmgestalterische Entwicklungen können ebenso wie kulturelle und politische Faktoren die individuelle Wahrnehmung und damit auch die Gestalt des filmischen Körpers beein-

---

30 Ebenda, S. 133, 138.
31 Ebenda, S. 216–217.
32 Ebenda.

flussen. Als Zuschauer müssen wir uns nicht bewusst in die Perspektive eines Subjektes zur Produktionszeit des Films hineinversetzen, sondern eignen uns präreflexiv die spezifische Perzeption des zeitgenössischen filmischen Subjektes an. Zugleich ist das, was für den Film und den Zuschauer in Form von »Bildern« sichtbar wird, immer das Ergebnis eines Auswahlverfahrens. Vor dem Hintergrund von Kultur und Geschichte wählt der Film aus, welche Anteile der filmischen Welt sichtbar werden und welche unsichtbar bleiben.[33] Das, was wir sehen, hat einen Prozess der Organisation und Strukturierung durchlaufen, der in unserem Blick und dem des Films bereits angelegt ist und eine bestimmte Intention gegenüber der Welt widerspiegelt.[34] Die Histospheres in HIMMEL OHNE STERNE, HUNGERJAHRE und KU'DAMM 56 sind mitnichten die bloße Repräsentation oder gar Abbildung einer vergangenen Zeit. Im filmischen Blick auf die audiovisuellen Figurationen manifestiert sich die Historizität des filmischen Körpers und lagert sich damit auch in unserer Filmerfahrung ab.

Historische Erfahrung

Die Sequenz in HIMMEL OHNE STERNE, in der Anna das Soldatenporträt in der Wohnung ihrer Schwiegereltern betrachtet, kann dazu beitragen, uns einen ersten Eindruck vom Konzept der historischen Erfahrung zu verschaffen. Die Protagonistin wird von der Präsenz der Fotografie förmlich überrumpelt und hält für einen Moment inne. Zwar legt die Inszenierung nahe, dass vor allem der gewaltsame Verlust des Ehemannes diese Reaktion hervorruft, zugleich zeigt die Sequenz aber auch ein Phänomen, das der Geschichtsphilosoph Frank R. Ankersmit als ›authentischen Kontakt‹ mit der Vergangenheit beschreibt.[35] Für Anna verschwimmt durch das Foto die Grenze zwischen ästhetischer und historischer Erfahrung, und die Zeitschicht ihrer Gegenwart tritt mit einer anderen, früheren Zeitschicht in Kontakt. Ein solches Phänomen, das hier als Folge eines Traumas dargestellt wird, kann – so meine These – auch durch unsere Wahrnehmung eines Films ausgelöst werden.

---

33 Vivian Sobchack zufolge umfasst das Sehen als besondere Form des Erfassens und Ausdrückens einer Welt sowohl das Sichtbare als auch das Unsichtbare, und zwar stets aus der Perspektive eines verkörperten, situativen Bedingungen unterworfenen sowie selbst sehenden Subjektes, sei es der Filmemacher, der Film, der Betrachter oder auch der Filmtheoretiker. Ebenda, S. 287–288.
34 Ebenda, S. 132.
35 Ankersmit 2012, a.a.O., S. 19.

Nicht nur in der Filmwissenschaft, auch in der Geschichtswissenschaft wird dem Erfahrungsbegriff seit Anfang der 1990er Jahre vermehrt Aufmerksamkeit geschenkt. Hier wie dort handelt es sich zumindest partiell um eine Reaktion auf die linguistische Wende. Der »Überbetonung der Autonomie sprachlicher Gegenstandskonstitution und Bedeutungsproduktion« wird ein sinnlich-körperliches und zugleich pränarratives Konzept der Erfahrung entgegengesetzt.[36] Die Geschichtswissenschaft, die sich genuin als Erfahrungswissenschaft versteht, findet auf diese Weise zu ihren Wurzeln zurück.[37] Dennoch bleiben einige nicht zu vernachlässigende Verbindungslinien zur Sprache bestehen. Zwar konstatiert Frank R. Ankersmit, dass der Narrativismus der historischen Erfahrung grundsätzlich feindlich gesinnt sei[38], an anderer Stelle hebt er jedoch das Potenzial der Sprache hervor, von der Erzählung auf die vorsprachliche Erfahrung zurückzuschließen.[39] Dieser vermeintliche Widerspruch lässt sich mit der Kategorie der Ästhetik auflösen. Wenn Ankersmit die Erfahrbarkeit von Geschichte etwa mithilfe historischer Textfragmente beschreibt, geht er von einem performativen Akt, dem Erleben des historischen Text-Artefaktes aus. Die damit verbundene ästhetische Erfahrung geht mithin über die Potenziale des zeichenhaften linguistischen Codes hinaus und ähnelt in vielerlei Hinsicht dem in den folgenden Kapiteln skizzierten Konzept der historischen Erfahrung durch Filmerfahrung.[40]

Während Jörn Rüsen unter historischer Erfahrung die »Erfahrung von Zeitdifferenz, [...] von der eigenen und der anderen Zeit«[41] versteht, geht Ankersmits Konzept noch darüber hinaus. Im Zentrum seiner Überlegungen zur historischen Erfahrung steht der überraschende subjektive Eindruck, mit der Vergangenheit in direkten Kontakt zu treten. Unter Rückgriff auf

---

36 Thiemo Breyer / Daniel Creutz: Historische Erfahrung. Ein phänomenologisches Schichtenmodell. In: T.B./D.C. (Hg.): Erfahrung und Geschichte. Historische Sinnbildung im Pränarrativen. Berlin 2010, S. 333.
37 Thiemo Breyer und Daniel Creutz sprechen aus diesem Grund von einer »Renaissance« bzw. einer »Rückkehr« des Erfahrungsbegriffs, der im Selbstverständnis der Disziplin zu keinem Zeitpunkt gänzlich verschwunden war und nur temporär hinter den literarischen Status der Geschichtsschreibung zurückgetreten sei. Ebenda.
38 Ankersmit 2012, a.a.O., S. 8.
39 Frank R. Ankersmit: Sprache und historische Erfahrung. In: Klaus E. Müller / Jörn Rüsen (Hg.): Historische Sinnbildung. Problemstellungen, Zeitkonzepte, Wahrnehmungshorizonte, Darstellungsstrategien. Hamburg 1997, S. 388.
40 Ankersmit selbst betont die große Ähnlichkeit zwischen ästhetischer und historischer Erfahrung. Vgl. ebenda.
41 Jörn Rüsen: Historik. Theorie der Geschichtswissenschaft. Köln 2013, S. 38.

▌ Film/Geschichte/Erfahrung

eine These des Kulturhistorikers Johan Huizinga betont Ankersmit, dass dieser Kontakt immer »mit einer absoluten Überzeugung von Echtheit und Wahrheit« einhergehe.[42] Ferner seien bei Huizinga ausschließlich relativ unbedeutende Objekte Ursache für historische Erfahrungen[43], ein weiterer Unterschied zur politischen Geschichtsschreibung. Die historische Erfahrung löse einen einzelnen Aspekt aus dem breiteren Kontext der Vergangenheit und bewirke für den Historiker zugleich eine Dekontextualisierung seiner eigenen Existenz.[44] Die Bereitschaft, den Kontext sowohl auf Subjekt- als auch auf Objektseite zu opfern, sei demnach »die Voraussetzung für die Intimität der Begegnung zwischen Objekt und Subjekt in der historischen Erfahrung.«[45] Als singuläres Ereignis könne die historische Erfahrung überdies nicht wiederholt oder nach Belieben hervorgerufen werden; »sie ›überkommt‹ den Historiker und lässt sich nicht erzwingen«.[46] Nachdrücklich verwendet Ankersmit den Begriff der »Überrumplung« und unterstreicht damit das plötzliche und unbeabsichtigte Eintreten der historischen Erfahrung, die seines Erachtens von der Macht des Objektes ausgeht.[47] So entstehe der Eindruck, »*als ob* jeder zeitliche Abstand zwischen dem Heute und der Vergangenheit für einen kurzen Moment verschwinde«.[48] Dieser »Wegfall der Zeitdimensionen«[49] stellt nach Ankersmit das wichtigste Merkmal der historischen Erfahrung dar, den Eindruck eines direkten und unmittelbaren Kontaktes mit der Vergangenheit.[50] Eine Erklärung für dieses Phäno-

---

42 Ankersmit 2012, a.a.O., S. 16–17.
43 Ebenda, S. 17.
44 Ebenda, S. 17–18.
45 Ebenda.
46 Ebenda.
47 Ebenda, S. 20–21.
48 Ebenda. S. 21.
49 Zur Parallelisierung der historischen Erfahrung mit Kants Kategorie des Erhabenen führt Ankersmit aus: »Huizingas und Meineckes Vorschlag, die historische Erfahrung aus dem ›Wegfall der Zeitdimensionen‹ zu erklären, lässt sich ausgezeichnet mit Kants Vorstellung des Erhabenen in Übereinstimmung bringen. Denn die noumenale Welt, zu der das Erhabene Zutritt verschafft – ich erinnere an Kants Beispiel der Raumerfahrung des Petersdoms– »ist eine Welt, die noch nicht durch ›Anschauungsformen‹ von Raum und Zeit strukturiert ist, und dieser ›Wegfall der Zeitdimension‹ weist in dieselbe Richtung. […] In beiden Fällen gibt es eine Erfahrung, die uns überrumpelt, und ihr Einsetzen ist die Erfahrung einer Realität, die sich mit ungekannter Direktheit und Unmittelbarkeit anbietet. In beiden Fällen hat die jeweilige Erfahrung eher den Charakter eines Erleidens (›pathos‹) der Wirklichkeit als den einer Kodifizierung der Erfahrung in Begriffen des bereits Bekannten, sei es Sprache, Theorie, Diskurs, Wirkungsgeschichte, Kategorien des Verstandes usw.« Ebenda, S. 56.
50 Ebenda, S. 19.

men sieht er in der »Erkenntnis, dass die historische Erfahrung – obwohl sie von einem Objekt stimuliert ist, das uns in der Erfahrung gegeben ist – zugleich auch den Charakter einer Selbsterfahrung« annehme.[51] Anders ausgedrückt: Unter der Voraussetzung eines Eindrucks von Authentizität ermöglicht uns die historische Erfahrung, nicht nur der Welt, sondern auch des eigenen Selbst gewahr zu werden. Am Beispiel perspektivischer Unstimmigkeiten in einem Gemälde von Guardi entwickelt Ankersmit die Annahme, die Besonderheit der historischen Erfahrung liege in einer ›unwahrscheinlichen Wahrscheinlichkeit‹, »die sich nicht *trotz*, sondern gerade *dank* ihrer Unwahrscheinlichkeit zu Wahrscheinlichkeit transformieren kann«.[52] Gerade die artifizielle Umformung von konventionellen Seherfahrungen bewirkt demzufolge einen Eindruck des Authentischen. Dieser Punkt wird bei der Untersuchung des Verhältnisses von historischer Erfahrung und Filmerfahrung noch von Bedeutung sein.

Eine grundsätzliche Analogie zur Phänomenologie des Films stellt die körperliche Dimension der historischen Erfahrung dar. Ankersmit betont, dass im Moment dieser Erfahrung die Illusion erzeugt werde, die Vergangenheit physisch berühren zu können.[53] Gestützt auf Aristoteles' Erkenntnistheorie und Maurice Merleau-Pontys Konzept des »tastenden Sehens« ordnet er der historischen Erfahrung den Sinneskanal des Tastsinns zu.[54] Hierunter versteht er nicht nur die haptische Wahrnehmung der physischen Welt, sondern auch eine gleichzeitig einsetzende Form der Selbsterfahrung.[55] Das »tastende Sehen« mache in der historischen Erfahrung nicht nur die Vergangenheit, sondern auch unsere eigene verkörperte Existenz

---

51 Die Kombination aus Selbsterfahrung und historischer Erfahrung im Modus des Authentischen beschreibt Ankersmit als »Kontiguität« und sieht darin eine weitere Parallele zu Kants Begriff des Erhabenen. Ebenda, S. 56.
52 Ebenda, S. 43.
53 Hierbei beruft sich Ankersmit auf Jo Tollebeek und Tom Verschaffel, die konstatieren, die historische Erfahrung mache die Vergangenheit »*tastbar* und sichtbar«, sowie abermals auf Johan Huizinga, der die historische Erfahrung als »die Berührung mit dem Wesen der Dinge« beschreibt. Vgl. ebenda, S. 71; Jo Tollebeek / Tom Verschaffel: De vreugden van Houssaye. Apologie van de historische interesse. Amsterdam 1992, S. 18; Johan Huizinga: Verzamelde werken 2. Nederland. Haarlem 1950, S. 56.
54 So stimme »die Direktheit und Unmittelbarkeit der historischen Erfahrung der Vergangenheit [...] mit den (von Aristoteles beschriebenen) Eigenschaften der Art und Weise überein, wie wir die Wirklichkeit dank des Tastsinns erfahren«. Vgl. Ankersmit 2012, a.a.O., S. 63–68; Aristoteles: Über die Seele. Hamburg 1995; Maurice Merleau-Ponty: Le visible et l'invisible. Paris 1964, S. 173.
55 Ebenda.

spürbar.[56] Charakteristisch für den Tastsinn seien folglich Unmittelbarkeit, Erfahrung durch Selbsterfahrung und Kontiguität von Objekt und Subjekt.[57] Den verschiedenen Zugängen zur Geschichte ordnet Ankersmit daraufhin einzelne menschliche Sinne zu: Die historische Erfahrung gleiche einem »*Berührt*werden von der Vergangenheit«[58], während der historische Text sich anschicke, die Vergangenheit zu beherrschen und zu strukturieren. Ankersmit ordnet Letzterem daher die Metapher des Sehens zu.[59] Die historische Debatte zeuge wiederum von der Relativität aller historischen Einsicht und wird von ihm daher mit der Metapher des Hörens verbunden.[60] Diese Zuordnungen verdeutlichen, dass Ankersmit sowohl den historischen Text als auch die historische Debatte nicht gegen die historische Erfahrung ausspielen möchte.[61] Mit der metaphorischen Aufteilung in verschiedene Sinneskanäle beschreibt er stattdessen einen vielgestaltigen wechselseitigen Austausch: Geschichtliche Einsicht wird im Modus der Selbsterfahrung synästhetisch erzeugt.[62] Im Grunde scheint hier bereits die besondere Anschlussfähigkeit an das Medium Film auf, das ebenjene Sinneskanäle des Sehens und des Hörens miteinander kombiniert, um körperlich erfahrbare Welten zu generieren.

Ankersmits Ansatz wurde in weiteren Arbeiten kritisiert wie ergänzt. Thiemo Breyer und Daniel Creutz wollen in ihren Überlegungen vor allem das Verhältnis von Erfahrung und Bedeutung bestimmen. Auf dieser Grundlage schlagen sie vor, »als eigentlich bedeutungskonfigurierende Instanz der in der historischen Erfahrung angelegten Sinnstrukturen die *Erzählung*« einzusetzen.[63] Folgerichtig kritisieren die beiden Autoren an Ankersmits Konzept, es verenge den aktiv erforschenden Sinn der Erfahrung semantisch zu einem passiv-rezeptiven Sinn des Erlebnisses.[64] Für Breyer und Creutz wohnt Erfahrung stattdessen immer auch der Charakter einer Stellungnahme inne, ein inhärentes selbstreflexives Moment.[65] Hierbei

---

56 Ebenda, S. 68.
57 Ebenda, S. 98.
58 Ebenda, S. 74.
59 Ebenda.
60 Ebenda.
61 Ebenda.
62 Ebenda.
63 Breyer/Creutz 2010, a.a.O., S. 334–335. Die Autoren sind sich aber bewusst, dass Erfahrung nie ganz in die Erzählung ein- und in ihr aufgeht und umgekehrt die Versprachlichung von Erfahrung einen Überschuss an Kategorialität besitzt. Vgl. ebenda, S. 342.
64 Ebenda, S. 349.
65 Ebenda, S. 350.

stellt sich jedoch das Problem, dass die Autoren historische Erfahrung ausschließlich in einer funktionalisierten Form, nämlich zur Erzeugung von Sinngehalten, diskutieren.[66] Breyer und Creutz sind folglich für Ankersmits Konzept sinnlich-körperlich gebundener Erfahrung eher unempfänglich. Die Annahme, Erfahrung sei prinzipiell erzählbar, eröffnet hingegen ein weitergehendes narratives Verständnis, das auf der »strukturierende[n] Funktion der Erzählung unter Gesichtspunkten der Zeitlichkeit, Relevanz und Zusammengehörigkeit zu einer konfigurierten Darstellungseinheit« basiert.[67] Den Kern dieses Ansatzes bildet ein Modell geschichteter historischer Erfahrung, das nicht nur den kurzfristigen ereignishaften Moment, sondern auch mittelfristig habitualisierte und sozialisierte sowie langfristig ausgeformte biologisch-anthropologische Erfahrungsgehalte umfasst.[68] Wenn Breyer und Creutz im Folgenden ganz dezidiert von einer Geschichtserzählung und der hierdurch evozierten Geschichtserfahrung ausgehen, so kann dies auch für den Spielfilm produktiv gemacht werden, der den Zuschauer sowohl sinnlich-ästhetisch als auch narrativ adressiert.[69]

---

66 Vgl. vor allem den Verweis auf die Überlegungen von Jörn Rüsen. Ebenda, S. 339–340.
67 Ebenda, S. 342. Allerdings schränken Breyer und Creutz ein, dass nicht jede Form der Erfahrung in gleichem Maße ein Erzählbedürfnis induziere noch in gleicher Weise in eine Erzählung überführt werden könne.
68 Die drei temporal gekennzeichneten Schichten der historischen Erfahrung definieren Breyer und Creutz wie folgt: »(1) Charakteristisch für das Erfahrung-*Machen* auf der ersten Stufe (Kurzfristigkeit) sind die Qualitäten der Novität, Singularität, Irreversibilität, Unwiederholbarkeit der Erfahrung und des Überraschungsmomentes, welches das jeweils so Erfahrene einleitet. (2) Die zweite Schicht (Mittelfristigkeit) involviert im Sinne des Erfahrung-*Habens* bzw. der Erfahrenheit solche Erfahrungsgehalte, die sich im Prozess der Sozialisierung, in der Übernahme kultureller Vorgaben und generationeller Erfahrungsmuster sowie in der Habitualisierung von Verhaltens- und Denkformen konstituieren und die den Deutungshintergrund für die auf der ersten Stufe zu verarbeitenden Ereignisse bilden. (3) Schließlich gehen auf der dritten Schicht (Langfristigkeit) Elemente in die Erfahrung ein, die individuelle und generationelle Konstellationen im Erfahrungshaushalt transzendieren, da sie mit der biologisch-anthropologischen Grundausstattung des Menschen einerseits und mit der natürlich gegebenen Umwelt andererseits zu tun haben, die sich nur bedingt und äußerst langsam kulturell überformen lassen.« Ebenda, S. 355.
69 Während handlungsbezogene Erfahrungen in Breyers und Creutz' Schichtenmodell vor allem auf der ersten Stufe (Kurzfristigkeit) verortet werden können, lassen sich filmische Stilmittel in der Darstellung von Geschichte der zweiten Stufe der Erfahrung (Mittelfristigkeit) zuordnen. Die Ausführungen der Autoren hierzu kommen fast einer Beschreibung von Genrekonventionen gleich: »Auf der *zweiten* Erfahrungsschicht siedeln sich solche Erfahrungsbestände an, die mit verfestigender Wiederholung, ›mittelfristige[n] Erfahrungsstabilisierungen‹ und der Akkumulierung von Erfahrungen zu tun haben, die sich gegenseitig bestätigen oder auch korrigieren können, und somit ebenfalls einem,

Filmerfahrung und Geschichte

Der epistemologische Paradigmenwechsel von der Moderne zur Postmoderne in den 1980er Jahren machte den Weg frei für die Auseinandersetzung mit der Subjektivierung geschichtlicher Prozesse.[70] Bernhard Groß nimmt an, dass die Frage nach dem Verhältnis des Einzelnen zur Geschichte ohne das Verständnis des Films, wie es sich nach 1945 entwickelt hat, nicht denkbar sei.[71] In der Tat entwickelte sich das Hollywoodkino seit der Nachkriegszeit zu einer Form der adäquaten Welterfahrung in der modernen Lebenswelt. »Das populäre Genrekino konnte einstehen für die Idee einer neuen, auf egalitärer Demokratie gegründeten Gesellschaft«, resümiert der Filmwissenschaftler Hermann Kappelhoff.[72] Das Kinopublikum fungiere nicht mehr als Repräsentant einer neuen kollektiven Existenzweise, sondern werde als eine Ansammlung anonymer Individuen angesprochen.[73] Die Phänomenologie des Films reagiert auf diesen Prozess der Demokratisierung und Individualisierung, sie versteht das filmische Bild als ein physisch-sinnliches In-der-Welt-Sein.[74] Die Histosphere bietet auf dieser Grundlage eine Innenansicht historischer Welten. Der von Simon Rothöhler postulierte Status des Geschichtsfilms und seiner Macher als Amateurhistoriker[75] kann folglich auf den Filmzuschauer ausgeweitet werden. Mehr noch: Der Film fungiert als entäußerter Gedächtnisprozess eines individuellen, nicht eines kulturellen Gedächtnisses.[76] Denkt man dies im Sinne der Phänomenologie weiter, entwickelt sich die individuelle Erfahrung des Geschichtlichen nicht nur durch die Entäußerung des Gedächtnisprozesses, der in den Film

---

wenn auch selten plötzlichen, Erfahrungswandel unterliegen, der neue Erfahrungsqualitäten mit sich bringt.« Ebenda, S. 356.
70 Vgl. Bernhard Groß: Die Filme sind unter uns. Zur Geschichtlichkeit des frühen deutschen Nachkriegskinos: Trümmer-, Genre-, Dokumentarfilm. Berlin 2015, S. 58.
71 Ebenda.
72 Hermann Kappelhoff: Realismus. Das Kino und die Politik des Ästhetischen. Berlin 2008, S. 55.
73 Ebenda.
74 Vgl. Ebenda, S. 61.
75 Simon Rothöhler lokalisiert den Geschichtsfilm außerhalb der institutionalisierten Geschichtswissenschaft und sieht darin einen innovativen Zugang zur Geschichte: »Im Off der Institutionen erzeugtes Wissen ist das Produkt einer unprofessionellen Neugier und darüber hinaus ein epistemischer Modus, der offizielle Vorgehensweisen implizit konterkariert, in Frage stellt, in bestimmten Fällen sogar: revisionsbedürftig erscheinen lässt.« Simon Rothöhler: Amateur der Weltgeschichte. Historiographische Praktiken im Kino der Gegenwart. Zürich 2011, S. 8.
76 Vgl. Groß 2015, a.a.O., S. 68.

migriert, sondern auch durch dessen leibliche Wiederaneignung im Prozess der Filmerfahrung.

Dementsprechend führt das Ende von HIMMEL OHNE STERNE vor Augen, dass Filmerfahrung und historische Erfahrung auf einem ähnlichen Prinzip beruhen: Als der verlassene Bahnhof im Niemandsland den Grenzbefestigungen weichen muss, beschließen Anna und Carl, gemeinsam mit den Großeltern in den Westen zu fliehen. Doch der Plan misslingt. Die Grenzposten der NVA erschießen Carl; Anna wird von einer Kugel der zurückfeuernden westdeutschen Grenzpolizei getroffen. Während die Hunde der Patrouillen einen blutigen Stellvertreterkrieg ausfechten, liegen die beiden Getöteten ganz nah beieinander. Fast berühren sich ihre Hände. Doch nicht der Anblick der Opfer, sondern der kontrastreich ausgeleuchtete, plastisch hervortretende Schotter, auf dem sie liegen, führt zu einem Moment des schockhaften Erlebens. Die hiermit einhergehende sinnliche Erfahrung entspricht erstaunlich präzise Anke Zechners Schilderung einer Sequenz aus Antonionis L'ECLISSE (Liebe 1962; 1962): »Die Wahrnehmung richtet sich auf die Strukturen der Oberflächen und wird über die subjektive innere Zeit an das Gedächtnis geknüpft. Assoziationen tauchen unmittelbar aus dem Gedächtnis empor. Befremdung, aber auch Ähnlichkeit ›blitzt auf‹.«[77] Bereits Walter Benjamin setzte sich wiederholt mit diesem Moment »blitzhafter Erkenntnis«[78] auseinander. Im Hinblick auf die »schockhafte[...] Rezeptionsästhetik des Kinos«[79] ergibt sich eine interessante, von Benjamin selbst nicht weiter thematisierte Analogie zwischen Filmwahrnehmung und historischer Erkenntnis. Die Vergangenheit sei nur im *Vorbeihuschen* festzuhalten, und zwar ausschließlich »als Bild, das auf Nimmerwiedersehen im Augenblick seiner Erkennbarkeit eben aufblitzt«.[80] Ein Schockmoment stoppe hierbei den Lauf des Denkens und bringe ein dialektisches Bild hervor; eine Monade, in der ein Spiegel des gesamten Weltentwurfs liege.[81] Christa Blümlinger schließt daraus folgerichtig:

»Mit Walter Benjamin (und gleichermaßen wider seine Vorbehalte gegen den Film als Massenkunst) ließe sich behaupten, dass keine Kunst in der Form wie

---

77 Zechner 2013, a.a.O., S. 15.
78 Walter Benjamin: Über den Begriff der Geschichte (1942). In: W.B.: Gesammelte Schriften. Bd. 1.2. Frankfurt/Main 1974, S. 695.
79 Andreas Jacke: Traumpassagen. Eine Filmtheorie mit Walter Benjamin. Würzburg 2013, S. 79.
80 Benjamin 1974, a.a.O., S. 695.
81 Vgl. Jacke 2013, a.a.O., S. 80; sowie Benjamin 1974, a.a.O., S. 703.

Die Todessequenz ...

Filmerfahrung und Geschichte

... in HIMMEL OHNE STERNE

die Filmkunst das Vergangene historisch zu artikulieren vermag, weil in der Flüchtigkeit des filmischen Bildes eine spezifische Möglichkeit der Erfahrung und des Denkens angelegt ist.«[82]

Walter Benjamins Begriff des Schocks weist hierbei eine wichtige Parallele zu Frank R. Ankersmits Begriff der »Überrumplung«[83] auf. So entspricht Ankersmits Annahme, dass wir den Moment der historischen Erfahrung ganz im aristotelischen Sinne »erleiden« müssten, Benjamins These, die durch den Schock ausgelöste Überforderung der Reizabwehr könne auch eine traumatische Wirkung haben.[84] Dies lässt sich auch auf die schockhafte Rezeptionsästhetik des Films übertragen, weshalb für die historische Erfahrung im Geschichtsfilm ganz besonders gilt: »Vergangenes historisch artikulieren heißt nicht, es erkennen, ›wie es denn eigentlich gewesen ist‹. Es heißt, sich einer Erinnerung bemächtigen, wie sie im Augenblick der Gefahr aufblitzt.«[85] Folglich kann von einer konzeptuellen Ähnlichkeit zwischen Filmerfahrung und historischer Erfahrung ausgegangen werden. Eine besondere Rolle spielt hierbei die unvollkommene Darstellung von Wirklichkeit im Film. Das zweidimensionale Filmbild in HIMMEL OHNE STERNE fingiert lediglich die Räumlichkeit der dargestellten Welt und taucht diese in Graustufen. Der Ton klingt etwas blechern und dumpf. Während für Filmtheoretiker wie Rudolf Arnheim die Kunstwirkung eines Films mit der Begrenzung der Mittel zur realistischen Abbildung der Welt steigt[86], hat das daraus resultierende Artifizielle des Films für die historische Erfahrung eine gegenteilige Wirkung. »[S]o kann es nicht sein!«, durchzuckt es uns – und: »so muss es doch sein«.[87] Ganz in Ankersmits Sinne liegt die Besonderheit der historischen Erfahrung auch im Film darin, sich nicht *trotz*, sondern gerade *dank* ihrer Unwahrscheinlichkeit zu Wahrscheinlichkeit zu transformieren.[88] Die technischen und ästhetischen Einschränkungen in der Darstellung der historischen Welt werden als gültiger Ausdruck von historischer Authentizität wahrgenommen. Die Bewertung, was authentisch ist und was nicht, verlagert sich hierbei von den Filmemachern während der Herstellung des Films auf die Zuschauer im Prozess der

---

82 Christa Blümlinger: Kino aus zweiter Hand. Zur Ästhetik materieller Aneignung im Film und in der Medienkunst. Berlin 2009, S. 19.
83 Vgl. Ankersmit 2012, a.a.O., S. 20–21.
84 Vgl. Jacke 2013, a.a.O., S. 80.
85 Benjamin 1974, a.a.O., S. 695.
86 Vgl. Rudolf Arnheim: Film als Kunst (1932). München 1974, S. 99.
87 Ankersmit 2012, a.a.O., S. 43.
88 Ebenda.

Filmwahrnehmung. »Der authentische Kontakt mit der Welt weist immer etwas Paradoxes auf, eine Unvollkommenheit, einen Defekt oder eine Unbeholfenheit«, konstatiert Ankersmit weiter.[89] Der Geschichtsfilm macht sich dies zunutze. Insbesondere Filme seit Anfang der 1990er Jahre simulieren gezielt die vormals technisch bedingten Begrenzungen der ästhetischen Mittel sowie alterungsbedingte Störungen, um so einen Eindruck von Authentizität zu erzeugen und die audiovisuell konfigurierte Welt mit dem Etikett des Historischen zu versehen. Für den filmischen Umgang mit der historischen Realität spielt auch die von Walter Benjamin verwendete Spiegelmetapher eine wichtige Rolle. So beschreibt Siegfried Kracauer das Filmbild als Spiegel, der die Schrecken der historischen Realität erst erträglich und damit erfahrbar mache.[90] Auch dieser Zusammenhang kann am Beispiel der Endsequenz von HIMMEL OHNE STERNE nachvollzogen werden. Erst die »physische Realität«[91] des steinigen Bodens, die wir an unsere eigenen Wirklichkeitserfahrungen rückbinden können, macht den gewaltsamen Tod in seiner Sinnlosigkeit erfassbar. Die assoziative Kette lässt sich noch um Michel Foucaults Begriff der Heterotopie erweitern, die sich im Spiegel des Filmbildes mit der Utopie verbindet.[92] Der heterotope *andere Ort*, die Vergangenheit, verschmilzt mit einem unwirklichen, utopischen Raum des Filmischen. Letztlich kann das Schicksal des unglücklichen Liebespaars auf dieser Grundlage reflektiert und als Metapher für das geteilte Deutschland verstanden werden. Das affizierende Moment im Kleinen lenkt die Aufmerksamkeit auf das große Ganze. Die Histosphäre ist beides zugleich, Utopie und Heterotopie, Erfahrung von Geschichte und schockhafte Selbsterfahrung.

Um die Verbindung von Filmwahrnehmung und historischer Erfahrung besser zu verstehen, hilft ein erneuter Blick auf Vivian Sobchacks phäno-

---

89 Ebenda.
90 Kracauer bezieht sich hier auf die griechische Mythologie, in der Perseus den Schild der Athene als Spiegel nutzt, um die Medusa bekämpfen zu können, ohne sie direkt anzusehen. Das Filmbild begreift er als ein ganz ähnliches Hilfsmittel, das nach demselben Prinzip beispielsweise die Schrecken des Holocausts rezipierbar machen kann. Vgl. Siegfried Kracauer: Theorie des Films. Die Errettung der äußeren Wirklichkeit (1964). Frankfurt/Main 2015, S. 395.
91 Unter »physischer Realität« versteht Kracauer die Rückbindung des Films an einen »Pool von Gegebenheiten des Alltags«, die sich der Film »einverleibt« hat. Vgl. Sabine Nessel: Kino und Ereignis. Das Kinematografische zwischen Text und Körper. Berlin 2008, S. 48.
92 Für Foucault fungiert der Spiegel als Ort einer »Misch- oder Mittelerfahrung«, an dem Utopie und Heterotopie zugleich existieren. Vgl. Michel Foucault: Andere Räume. In: Karlheinz Barck u.a. (Hg.): Aisthesis. Wahrnehmung heute oder Perspektiven einer anderen Ästhetik. Leipzig 1992, S. 39.

Film/Geschichte/Erfahrung

menologischen Ansatz. Sobchack begreift den Film als Kommunikationssystem, das sinnliche Erfahrung einsetzt, um Bedeutung sichtbar, hörbar und tastbar zu machen.[93] Der Film kann historische Erfahrung gezielt simulieren und modellieren. Gestützt wird diese Annahme von Thiemo Breyers und Daniel Creutz' These einer intersubjektiven Vermittlungsdimension, »die es möglich macht, Erfahrungen Anderer nachzuvollziehen oder eigene Erfahrungen imaginativ zu verwandeln«.[94] Die Filmerfahrung verhält sich hierzu ganz entsprechend: Sie beruht nicht nur auf unserer eigenen Wahrnehmung und deren Reflexion, sondern macht auch die Erfahrung des filmischen Subjekts für uns wahrnehmbar und reflektierbar.[95] Die Histosphere stellt damit in doppelter Hinsicht historische Erfahrung bereit: Einerseits haben wir den Eindruck, selbst in direkten Kontakt mit der Vergangenheit zu treten. Andererseits vollziehen wir die Wahrnehmung des filmischen Subjektes nach, die mal mehr, mal weniger an die Wahrnehmung einer Filmfigur geknüpft ist. Das Soldatenporträt in HIMMEL OHNE STERNE verbindet sowohl die filmische Gegenwart der Protagonistin Anna als auch die Gegenwart der Filmwahrnehmung des Zuschauers mit einer früheren Zeitschicht. Das für den Zuschauer fast körperlich spürbare Motorenbrummen und die Erschütterung der Wohnungseinrichtung wecken Assoziationen zum Bombenkrieg, die einerseits Verknüpfungen zu vorangegangenen (Film-)Erfahrungen herstellen, andererseits die in diesem Moment suggerierten Erfahrungen der Filmfigur widerspiegeln.

Untersucht man das Verhältnis zwischen Filmerfahrung und historischer Erfahrung unter Einbindung der Filmhandlung, so rücken auch allgemeinere narrationstheoretische Konstellationen in den Fokus. Jörn Rüsens Annahme, dass die Vergangenheit immer schon da sei, nicht aber als Geschichte, »sondern als schlechthinnige Gegenwart, so wie die Vergangenheiten eines Baumstamms (über die Jahre verteilt) in dessen Jahresringen hier und jetzt da sind«, bildet vor diesem Hintergrund die Basis für eine historische Erfahrung.[96] Der prä-narrative Status dieser Gleichzeitigkeit transformiere sich erst durch seine nachträgliche Thematisierung in eine chronologische Narration.[97] Der Geschichtsfilm funktioniert ganz ähnlich: Seine sinnlichen Reize aktivieren eine Kette pränarrativer Assoziationen, die im Gedächtnis des

---

93 Sobchack 1992, a.a.O., S. 9.
94 Breyer/Creutz 2010, a.a.O., S. 346.
95 Sobchack 1992, a.a.O., S. 9.
96 Jörn Rüsen: Zerbrechende Zeit. Über den Sinn der Geschichte. Köln u.a. 2001, S. 82. (Im Folgenden: Rüsen 2001a).
97 Ebenda.

Zuschauers bereits vorhanden sind. Vergangenheit wird auf diese Weise zur Gegenwartserfahrung. Der Film bedient sich zwar narrativer Elemente, die dazu beitragen, die historische Erfahrung hervorzubringen, die Zuschauerwahrnehmung spielt sich jedoch im »Vorraum der Geschichte«[98] ab und wird erst im Nachhinein in begriffliches Denken – und anschließend in eine Geschichts-Erzählung – umgewandelt. Das einleitende Voice-over in HUNGERJAHRE schildert eine vergleichbare Konstellation, allerdings im Modus des Traumas und des Verdrängens. Für den Prozess der Geschichtsschreibung wird daher besonders die Bedeutung des bewussten Erinnerns herausgestellt:

»Ich hatte versucht zu vergessen – jahrelang. Ich erinnerte mich an Orte, an Häuser, an Plätze, an andere Menschen. Aber *mich* hatte ich verdrängt aus meinen Erinnerungen. Ich erfand immer neue Ziele, damit ich ständig nach vorn sehen musste. Wenn ich mir selbst zu nahe kam, flüchtete ich in hektische Arbeit – oder in lähmende Krankheit. Ich war schon 30 Jahre alt, da merkte ich, dass die Vergangenheit mich nicht freigibt. Ich lebte mit einem versteinerten Herzen, das immer noch 13 Jahre alt war. Und ich zwang mich, mich zu erinnern. Der Sommer ...«

Obwohl das Voice-over hier in einem autobiografischen Sinne operiert, verweist es ebenfalls auf allgemeinere Zusammenhänge. Auch hier erscheint es aussichtsreich, Jörn Rüsens Überlegungen auf das Medium Film zu übertragen. So unterstreicht Rüsen, dass die Vergangenheit im Gedächtnis bereits »als Moment, als Bild, als Geste, als Einfall« existiere, noch bevor sie erzählend vergegenwärtigt werde.[99] Dieser »Erinnerungsinhalt«[100] entspricht meines Erachtens nicht nur in seiner Begrifflichkeit, sondern auch in seiner »eigentümlichen Augenblickshaftigkeit«[101] filmischen Darstellungsformen. »Der Film ereignet sich immer jetzt«[102], betont der Dokumentarfilmer

---

98 Vgl. hierzu Kracauers *Geschichte*-Buch, in dem er immer wieder auf Analogien zwischen Geschichtsschreibung und Film eingeht. Siegfried Kracauer: Geschichte – Vor den letzten Dingen (1971). Frankfurt/Main 2009. Zum Begriff des »Vorraums« vgl.: Stephanie Baumann: Im Vorraum der Geschichte. Siegfried Kracauers »History. The Last Things Before the Last«. Konstanz 2014.
99 Vgl. Rüsen 2001a, a.a.O., S. 85.
100 Ebenda.
101 Ebenda.
102 Johan van der Keuken nimmt in seinem Film VAKANTIE VAN DE FILMER (Ferien eines Filmemachers; 1974) folgende Gegenüberstellung von Film und Fotografie vor: »Das Foto ist eine Erinnerung. Ich erinnere mich an das, was ich jetzt sehe. Aber der Film erinnert sich an nichts. Der Film ereignet sich immer jetzt.«

Johan van der Keuken und folgt damit den wegweisenden Theorien von Siegfried Kracauer und Béla Balázs, die nicht müde wurden, das Momenthafte des Films hervorzuheben.[103] In der historischen Erfahrung verbindet sich das *Jetzt* des Films mit einer nachträglichen Narrativisierung von Geschichte. Die historische Erfahrung lässt sich folglich nicht mehr von der Geschichts-Erzählung trennen, da sie im Moment ihres Auftretens mit den pränarrativen Assoziationen und Erinnerungen des erfahrenden Subjekts verschmilzt. Die Handlung des Geschichtsfilms, die ohnehin eine Narration darstellt, erweitert diesen Prozess um eine zusätzliche Ebene. Breyer und Creutz weisen zu Recht darauf hin,

»dass Erzählungen die Kraft haben, uns Erfahrungen Anderer zu vermitteln und uns diese Erfahrungen vergegenwärtigend ›nacherleben‹ zu lassen, und zwar so, dass wir uns mithilfe von Phantasie und Empathie aus der Perspektive des Erzählers oder der Charaktere in einem Bereich des Als-ob selbst in einer Weise auf ihre Erfahrung beziehen, als ob sie jetzt von uns gemacht würde«.[104]

Diese Als-ob-Erfahrung sei zwar von der originären Erfahrung der historischen Akteure zu unterscheiden, könnte jedoch für den Rezipienten selbst zu einer originären Erfahrung werden, besonders dann, »wenn das Nachempfundene in originärer Weise gerade noch nicht selbst erlebt wurde und somit nicht in den eigenen Erfahrungsschatz fällt«.[105] Dasselbe geschieht im Film: Die Filmerfahrung, die nach Vivian Sobchack eine direkte, körperliche ist, verschmilzt für den Zuschauer im Moment der historischen Erfahrung nicht nur mit seinen kognitiven Assoziationen, sondern auch mit den Wahrnehmungen des filmischen Körpers und der Geschichts-Erzählung des Films. Wie sich diese plötzliche Überrumpelung »durch die Macht des Objektes«[106] für den Film im Einzelnen darstellt, bedarf jedoch der weiteren Erläuterung. An bestimmten Stellen eines Geschichtsfilms werden die Grenzen zwischen der verkörperten Wahrnehmung des Films und der des Zuschauers, zwischen pränarrativen und narrativen Ebenen sowie zwischen Filmerfahrung und historischer Erfahrung durchstochen.

Im Folgenden soll dieses Phänomen mit Roland Barthes' fototheoretischem Konzept von *studium* und *punctum* verknüpft werden.[107] Barthes definiert

---

103 Vgl. Kracauer 2015, a.a.O., S. 393.
104 Breyer/Creutz 2010, a.a.O., S. 345–346.
105 Ebenda.
106 Vgl. Ankersmit 2012, a.a.O., S. 20–21.

das *studium* als »Hingabe an eine Sache, das Gefallen an jemandem, eine Art allgemeiner Beteiligung, beflissen zwar, aber ohne besondere Heftigkeit«.[108] Dieses Interesse ist immer an einen bestimmten Kontext gebunden, sei es die Kategorisierung der betreffenden Fotografien »als Zeugnisse politischen Geschehens« oder auch »als anschauliche Historienbilder«.[109] Barthes suggeriert hiermit bereits eine konkrete Verbindung zur Geschichte, an der der Betrachter mithilfe des *studiums* teilhaben kann. Das *punctum* durchbreche hingegen das *studium*: »Diesmal bin nicht ich es, der es aufsucht (wohingegen ich das Feld des *studium* mit meinem souveränen Bewusstsein ausstatte), sondern das Element selbst schießt wie ein Pfeil aus seinem Zusammenhang hervor, um mich zu durchbohren.«[110] Um nun die Bedeutung des *punctums* für die Fotografie näher zu erläutern, stellt Barthes eine Verbindung zum Medium Film her. Die filmtheoretische Kategorie des *cache* dient ihm als Metapher für einen »blinden Fleck«, ein relatives Off, das über den Bildrahmen hinausgeht und in dem sich die abgebildete Welt außerhalb des Sichtbaren fortsetzt.[111] Dieser Ort wird durch das *punctum* imaginär begehbar.

Die implizite Verbindung zwischen *punctum* und Film kann auch für die Erforschung des Verhältnisses von Filmerfahrung und historischer Erfahrung produktiv gemacht werden und ist mitnichten auf die visuelle Ebene begrenzt. In der Anfangssequenz von HUNGERJAHRE folgt ohne Vorwarnung auf das Voice-over der erwachsenen Ursula der Wechsel zu einer deutlich jüngeren Sprecherin. Mit einer weichen, überraschend tiefen Stimme liest die junge Ursula gefühlvoll aus einem Buch vor: »... und als er in die Welt hinausging, sollte er dort eine Menge wunderbarer Dinge finden, die nur darauf warteten, dass er sie entdeckte. Kaschmirschals mit Blumen aus Gold bestickt, so dünn wie Spinnweben, geschnitzte Elfenbeinkästen mit russischem Tee, eine alte Geige mit einem Bild auf der Rückseite ...« Roland Barthes bezeichnet das *punctum* einer Fotografie als »jenes Zufällige an ihr«, das ihn besteche; als ein »Detail«, das die Betrachtung verändere.[112] Beides trifft auf Ursulas Stimme in der Anfangssequenz von HUNGERJAHRE zu. Der Wechsel der Stimmfarbe ›besticht‹ uns auf einer sinnlichen Ebene und weist zugleich über das in Bild und Ton Dargestellte hinaus. Eine Übertragung der

---
107 Zum *punctum* vgl.: Roland Barthes: Die helle Kammer. Bemerkungen zur Photographie. Frankfurt/Main 2016, S. 33–70.
108 Ebenda, S. 35.
109 Ebenda.
110 Ebenda.
111 Ebenda, S. 66.
112 Ebenda, S. 36, 52.

fototheoretischen Begriffe *studium* und *punctum* auf den Geschichtsfilm ist somit durchaus aussichtsreich.[113] Wenn das *studium*, wie Barthes betont, immer codiert ist[114], dann liegt es nahe, es einem konstruktivistisch-analytischen Zugang zur Histosphere zuzuordnen. Das *studium* wäre demnach ein geeigneter Modus, die filmisch modellierte Figuration einer historischen Welt wahrzunehmen. Barthes' Annahme, dass das *studium* auf einen kommunikativen Vertrag »zwischen Urhebern und Verbrauchern«[115] aufbaut, weist wiederum Parallelen zu grundlegenden Parametern der Genreforschung auf. Für Francesco Casetti fungieren Filmgenres als »komplexe Maschinen der Verständigung«, deren Aufgabe darin besteht, »die Auseinandersetzung zwischen Film und Zuschauer zu einem produktiven Ergebnis zu führen«.[116] Entsprechend bringt die Histosphere filmische Zeichen hervor, die mithilfe des *studiums* decodiert werden können. Das *punctum* durchsticht hingegen die zeichenhafte Bedeutungsproduktion und fügt der Wahrnehmung der Histosphere eine pränarrative, sinnliche Erfahrungsebene hinzu. Roland Barthes' Noema der Fotografie, »Es-ist-so-gewesen«[117], trifft hier auf die unwahrscheinliche Wahrscheinlichkeit aus Ankersmits Theorie der historischen Erfahrung. Wir *wissen*, dass der Spielfilm die dargestellte Geschichte nur fingiert, und dennoch *fühlen* wir anders: »[S]o kann es nicht sein!‹, aber dann ›so muss es doch sein‹«[118].

Im Gegensatz zu Roland Barthes, der zugibt, unter dem Eindruck des *punctums* einer Fotografie »Wahrheit und Realität in einer einzigartigen Gefühlsbewegung miteinander verwechselt« zu haben[119], bleibt für uns jedoch die historische Erfahrung, die wir während eines Geschichtsfilms machen, durchaus fiktional. An die Stelle des von Barthes geschilderten Trugschlusses, der reale Referent der Fotografie hätte wirklich so existiert, tritt die Präsenz der Histosphere selbst. Der Geschichtsfilm wird zur historischen Erfahrungsform – in einer ganz ähnlichen Weise, wie Béla Balázs die Wirkung des »absoluten Films« beschreibt: »Denn nur auf den dargestellten optischen Eindruck, nicht auf die Tatsachen kommt es hier an. Das Ding

---

113 Barthes selbst differenziert zwar zwischen Film und Fotografie, in letzter Konsequenz kann er die beiden Medien aber nicht voneinander trennen. Ebenda, S. 11.
114 Ebenda, S. 60.
115 Ebenda.
116 Francesco Casetti: Filmgenres, Verständigungsvorgänge und kommunikativer Vertrag. In: montage AV, Jg. 10, 2/2001, S. 155.
117 Barthes 2016, a.a.O., S. 87.
118 Ankersmit 2012, a.a.O., S. 43.
119 Barthes 2016, a.a.O., S. 87.

wird wesenlos, weil seine Erscheinung so wesentlich wird. Das Bild selbst ist die erlebte Wirklichkeit.«[120]

Die besondere Evidenz des Geschichtsfilms leitet sich aus ebendiesem Potenzial ab. Nicht der Grad der Faktentreue, sondern die intuitive Überzeugungskraft der ästhetischen Gestaltung steht im Vordergrund. Die Untersuchung von populären Geschichtsvorstellungen, so die Hypothese, kommt heute nicht mehr ohne die Vernetzung zwischen der ästhetischen und der historischen Erfahrung aus. Im Folgenden wird es daher nicht nur darum gehen, wie die Histosphere historische Weltentwürfe modelliert oder referenzialisiert. Der besondere Fokus liegt stattdessen darauf, wie sie Geschichte als *gelebte Wirklichkeit* sinnlich erfahrbar macht.

---

120 Béla Balázs: Der Geist des Films (1930). Frankfurt/Main 2001, S. 86.

Modellieren und Wahrnehmen

Einer Theorie der Histosphere liegt die Annahme zugrunde, dass Geschichtsfilme historische Welten fingieren. Nach Jurij M. Lotman nehmen wir dieses artifizielle Weltbild als »Modell der unbegrenzten Welt«[1] wahr, eine Figuration, die durch die historische Erfahrung ständig aktualisiert wird:

> »Das von der Kultur geschaffene räumliche Weltbild steht gleichsam zwischen dem Menschen und der äußeren Realität der Natur und wird permanent von beiden Polen angezogen. Dem Menschen gegenüber vertritt es die Außenwelt, als deren Bild es sich deklariert. Die historische Erfahrung des Menschen gestaltet dieses Bild fortlaufend um und versucht, eine adäquatere Darstellung der Welt zu erreichen.«[2]

Eingebunden in dieses Spannungsfeld, ist die Histosphere sowohl eine modellhafte Repräsentation einer historischen Welt als auch der Auslöser und zugleich das Resultat filmisch erzeugter historischer Erfahrung. Ihre Wirkungsmacht basiert hierbei zu großen Teilen auf Strategien der ästhetischen Illusion. Im ersten Teil dieses Kapitels werde ich daher nicht nur das theoretische Konzept der Figuration, sondern auch das besondere Verhältnis zwischen filmischer Illusion und historischer Referenz untersuchen. Der Eindruck, die Histosphere mache eine historische Welt sinnlich erfahrbar, gründet wiederum auf der Konstruktion eines audiovisuellen Raum-Zeit-Gefüges aus ästhetisch komponierten und narrativ miteinander verschmolzenen Bildern und Tönen. Im zweiten Teil des Kapitels analysiere ich daher, wie Geschichtsfilme Strategien zur Erzeugung filmischer Räume verwenden, um eine in sich konsistente, in der Zeit angeordnete historische Welt zu modellieren. Der filmische

---

1 Mit dem Konzept der ›Wirklichkeitsmodellierung‹ übertrage ich Jurij M. Lotmans Begrifflichkeit der Kunst als ›modellbildendes System‹ auf den Spielfilm – allerdings nicht ohne der medialen Spezifik des Films Rechnung zu tragen, die sich insbesondere durch die synästhetische Sinneserfahrung substanziell von der Literatur unterscheidet. Vgl. Jurij M. Lotman: Die Struktur literarischer Texte (1970). München 1993, S. 301, 412.
2 Jurij M. Lotman: Die Innenwelt des Denkens. Eine semiotische Theorie der Kultur. Berlin 2010, S. 290.

Raum – so meine Annahme – manifestiert sich hierbei in einer dynamischen Wahrnehmungsbewegung. Deren ästhetische Gestaltung wiederum adressiert imaginäre historische Referenzen im Gedächtnis des Zuschauers und verankert damit das Raumerlebnis in einem historischen Assoziationsfeld, das auch politische Lesarten und Wertungen impliziert. Theoretische Überlegungen zur Konstruktion des filmischen Raums werde ich daher mit Ansätzen zur filmischen Modellierung und Vermittlung von Geschichte verknüpfen. Darauf aufbauend schlage ich im dritten Abschnitt vor, für den Geschichtsfilm den filmtheoretischen Begriff der Mise-en-scène um einen Begriff der ›Mise-en-histoire‹ – der imaginativen Referenzialisierung der filmisch konstruierten historischen Welt – zu erweitern. Ziel des Kapitels ist die theoretische Herleitung eines Konzeptes, nach dem die filmischen Figurationen bereits im Prozess der Inszenierung mit Vorstellungen von Geschichte verschmolzen und damit historische Erfahrungen ermöglicht werden.

Figuration und Illusion

Als Monika in KU'DAMM 56 das erste Mal über den Kurfürstendamm geht, wird der Zuschauer geradezu überflutet mit audiovisuellen Details der 1950er Jahre. Die Geschäfte, die Autos, die Kleidung der Passanten, im Hintergrund die zerbombte Ruine der Gedächtniskirche – aus Bewegtbildern und Tönen wird eine komplexe historische Welt geformt. »Es ist offensichtlich, dass der Film besser geeignet ist als das geschriebene Wort, um bestimmte historische Phänomene darzustellen: Landschaften, Schauplätze, Atmosphären, komplexe Ereignisse wie Krieg, Schlachten, Menschenmengen und Emotionen«, betont der Historiker Hayden White im Zuge der linguistischen Wende.[3] Seine Beispiele verdeutlichen das besondere Potenzial des Films, historische Welten nicht nur zu beschreiben, sondern sie aus einzelnen, disparaten Elementen zu einer audiovisuellen Figuration zusammenzusetzen. ›Figuration‹ meint hierbei weit mehr als die bloße Anordnung und Konstellation der einzelnen audiovisuellen Elemente des Films in der Zeit. Der Begriff impliziert auch eine ›Gestaltwerdung‹, eine ›Fleischwerdung des Wortes‹[4], die sich jedoch anders

---
3 »It is obvious that cinema (and video) are better suited than written discourse to the actual representation of certain kinds of historical phenomena--landscape, scene, atmosphere, complex events such as wars, battles, crowds, and emotions.« Hayden White: Historiography and Historiophoty. In: The American Historical Review, Jg. 93, 5/1988, S. 1193.
4 Hierbei stütze ich mich auf den Literaturwissenschaftler Erich Auerbach, der die »Figuration« von Augustinus' Begriff der »figuratio« ableitet. Erich Auerbach: Mimesis. Dargestellte Wirklichkeit in der abendländischen Literatur (1946). Tübingen 2015.

❚ Modellieren und Wahrnehmen

Flair der 1950er Jahre in KU'DAMM 56

als im Theater nicht in Form des anwesenden Körpers eines Schauspielers vollzieht, sondern einen performativen filmischen Körper hervorbringt.[5] Im Blick dieses filmischen Körpers manifestiert sich eine materielle Welt – die physische Realität des Films.[6] Als Konzept literarischer Welterzeugung basiert die Figuration auf einer Korrelation zwischen dem Erzählen einer Geschichte und dem zeitlichen Charakter der menschlichen Erfahrung.[7] Für den Philosophen Paul Ricœur bedeutet Figuration, sich »die Welt, die nicht mehr ist« vorzustellen (se figurer) und in einen Lebenszusammenhang zu stellen.[8] Die Erzählung macht die historische Welt in der Zeit erfahrbar. In einem dreistufigen Modell der »mimēsis« zeigt Ricœur, wie die »symbolische Ordnung der außertextuellen Wirklichkeit und die im Medium der Fiktion erzeugten Welten […] in ein Verhältnis wechselseitiger Beeinflussung und

---

5 Vgl. Vivian Sobchack: The Address of the Eye. A Phenomenology of Film Experience. Princeton 1992, S. 169.
6 Siegfried Kracauer spricht von einem »Realitätscharakter« des Films, auf den der Zuschauer so reagieren müsse, »wie er auf die materiellen Aspekte der Natur im Rohzustand reagieren würde, die durch diese fotografischen Bilder reproduziert werden«. Siegfried Kracauer: Theorie des Films. Die Errettung der äußeren Wirklichkeit (1964). Frankfurt/Main 2015, S. 216.
7 Paul Ricœur: Zeit und Erzählung. Band I: Zeit und historische Erzählung. München 2007, S. 87 (im Folgenden: Ricœur 2007a).
8 Paul Ricœur: Zeit und Erzählung. Band III: Die erzählte Zeit. München 2007, S. 299 (im Folgenden: Ricœur 2007c).

Veränderung« treten.⁹ Während das ›Präfigurative‹ ein grundlegendes Vorverständnis der Semantik, der Symbolik und der Zeitlichkeit des menschlichen Handelns voraussetzt, hat das ›Konfigurative‹ eine zentrale Vermittlungsfunktion.¹⁰ Der »Akt des Konfigurierens« erzeugt eine Geschichte als organisches Ganzes durch die Anordnung ihrer vielfältigen Elemente in der Zeit: »aus dieser Vielfalt von Ereignissen macht er die Einheit einer zeitlichen Totalität.«¹¹ Im Schnittpunkt zwischen der Welt des Textes und der des Lesers findet schließlich eine ›Refiguration‹ statt, »in der sich die tatsächliche Handlung entfaltet und damit ihre spezifische Zeitlichkeit entwickelt«.¹² Im Akt des Lesens werden das Gelesene und die Erfahrungen des Lesers in ein Verhältnis gesetzt. Ricœur sieht somit in der Refiguration einen Vorgang, »durch den ein Text eine Welt gleichsam vor sich ausbreitet«.¹³ Als Zentrum und Angelpunkt seiner Theorie fungiert allerdings die ›Konfiguration‹, die zwischen ›Präfiguration‹ und ›Refiguration‹ vermittelt. Anders ausgedrückt: *»Wir gehen somit dem Schicksal einer präfigurierten Zeit bis hin zur refigurierten Zeit durch die Vermittlung einer konfigurierten Zeit nach.«*¹⁴

Für das Konzept der Histosphäre bedeutet dies: Ausgehend von der ›Präfiguration‹ – dem Vorwissen des Zuschauers – werden in der ›Konfiguration‹ die verschiedenen ästhetischen Elemente des Films in der Zeit angeordnet und als historische Welt erfahrbar gemacht.¹⁵ Während der Rezeption kommt es schließlich zu einer ›Refiguration‹. In der Filmerfahrung vermischen sich Erfahrungen und Erinnerungen des Zuschauers mit der audiovisuell konfigurierten historischen Welt. Hierbei entsteht eine audiovisuelle Form der Geschichtserfahrung, deren besonderer Status sich ebenfalls mit Rückgriff auf Ricœur erläutern lässt. So geht dieser von einer *»überkreuzten Referenz* zwischen Geschichtsschreibung und Fiktionserzählung« aus. Während die Geschichtsschreibung die Vergangenheit durch die Einbildungskraft des Lesers (re-)konstruiert und sich damit Verfahren der fiktionalen Erzählung bedient, entlehnt diese wiederum der Geschichtsschreibung einen Teil ihrer Spurenreferenz.

---

9 Astrid Erll: Kollektives Gedächtnis und Erinnerungskulturen. Eine Einführung. Stuttgart u.a. 2011, S. 180.
10 Ricœur 2007a, a.a.O., S. 103–105.
11 Ebenda, S. 107.
12 Ebenda, S. 114.
13 Ebenda, S. 127.
14 Ebenda, S. 89.
15 Dieser Prozess entspricht dem der Mise-en-scène, auf die ich im Abschnitt *Von der Mise-en-scène zur Mise-en-histoire* noch genauer eingehen werde.

Modellieren und Wahrnehmen

Die Histosphere macht sich diesen Zusammenhang zunutze. Auf der Grundlage der mimetischen und narrativen Eigenschaften des Spielfilms konstruiert sie eine audiovisuelle Geschichtsfiguration, deren historische Spurenreferenz auf Strategien der ästhetischen Illusion basiert. Illusion wird hierbei nicht als Versuch der Manipulation verstanden, der uns dazu bringen könnte, »etwas zu glauben, das ›besserem Wissen‹ nicht standhalten würde«.[16] Vielmehr verschaffen wir uns »in der Illusion [...] eine Sicht auf die Welt, die nicht einfach gegenüber der Wirklichkeit verzerrt ist, sondern diese imaginär umbaut«.[17] Zwar lassen wir uns im Geschichtsfilm auf spielerische Weise in historische Welten versetzen, erliegen jedoch niemals ganz der Illusion.[18] Dennoch sorgt das »Gewusste der Illusion« nicht für ihre Unterbrechung, »sondern es dient als Rahmen, in dem sich die Illusion überhaupt erst als ästhetische entfaltet«.[19] Gertrud Koch leitet daraus ab, dass auch der Film ein reflexives Verhältnis zur ›Welt der Erscheinungen‹ erzeugt.[20] Die Fiktion nimmt »eine eigene Dimension des Wirklichen« an, »die sich auf ein empirisches Artefakt richtet, das sich allerdings nicht eindeutig bestimmen lässt, sondern in der Erfahrung immer wieder anders erscheinen kann«.[21] Daraus lässt sich schließen, dass die reflexive Ebene der ästhetischen Illusion einen Einfluss darauf hat, wie wir die filmisch konstruierten historischen Welten erfahren und deuten. Trotz aller immersiven, affektiven und suggestiven Potenziale erzeugt die Histosphere ein fluides Geschichtsverständnis, das Reflexions- und Interpretationsspielräume lässt.[22] Wenn es ferner nach

---

16 Vgl. Gertrud Koch: Die Wiederkehr der Illusion. Der Film und die Kunst der Gegenwart. Berlin 2016, S. 24.
17 Ebenda.
18 So weist Gertrud Koch darauf hin, dass wir auf spezifische Arten von Täuschungen wie die filmische Bewegungsillusion voreingestellt sind und insofern gar nicht Gefahr laufen, sie mit der Realität zu verwechseln. Ebenda, S. 39.
19 Ebenda, S. 43.
20 Gertrud Koch paraphrasiert hier Moses Mendelssohn, der der ästhetischen Illusion einen privilegierten Zugang zur Wahrheit einräumt: »Das Erdichtete wird ausgezeichnet durch eine die Erkenntnis fördernde Anschaulichkeit, die aus dem Abstand herrührt, den es zur Natur hat.« Vgl. ebenda, S. 51–52.
21 Ebenda, S. 44. Insbesondere die Filmpropaganda unternimmt immer wieder Versuche, diese reflexive Offenheit des Mediums zu unterminieren.
22 Auch hier folge ich Gertrud Koch, die Moses Mendelssohns Thesen auf den Film überträgt: »Ganz in Übereinstimmung mit der später auch in der Kunstpsychologie vertretenen These, dass es im Ästhetischen immer nur um eine partielle Illusionsbildung gehe und daher die komplette Täuschung ausgeschlossen werden kann, geht auch Mendelssohn davon aus, dass die ästhetische Illusion in der Vervollkommnung des Vorstellungs- und Urteilsvermögens ihre Kraft entfaltet.« Ebenda, S. 52–53.

Moses Mendelssohn gerade die Künstlichkeit ist, die für eine innere Kohärenz sorgt und darum wahrscheinlicher als die wahrhaften Begebenheiten der Natur wirkt[23], dann kann hier auch eine Brücke zu Ankersmits Begriff der historischen Erfahrung geschlagen werden, die bei ihm, wie im vorangehenden Kapitel dargestellt, aus einer »unwahrscheinlichen Wahrscheinlichkeit« des Ästhetischen resultiert.[24] Es entsteht ein Authentizitätsgefühl, das die Fiktion als mögliche Welt ausweist, ohne jedoch die Illusion zu vervollkommnen. Das hat Folgen für unser Geschichtsbewusstsein, denn gerade weil wir wissen, dass es sich im Geschichtsfilm um eine audiovisuelle Figuration historischer Welten handelt, erschließen sich uns tiefere Ebenen der Reflexion. »Weltvermittlung geschieht in der Ästhetik durch Welterzeugung. Nicht die Abbildung und Beschreibung der Welt steht in ihrem Zentrum, sondern die Aufstellung von Welten, die implizite Stellungnahmen zur Welt enthalten können«, fasst Gertrud Koch den zugrunde liegenden Gedanken zusammen.[25] Den Film versteht Koch in Anlehnung an den Philosophen Stanley Cavell als »in Bewegung gebrachte fotografische Weltvorführungen«.[26] Entsprechend können Histospheres als ›in Bewegung gebrachte fotografische Vorführungen historischer Welten‹ beschrieben werden. Grundvoraussetzung für die filmische Konstruktion historischer Welten ist demnach, dass der »Fiktionsraum einer filmischen Welt [...] auf der Illusion aufbaut«, denn: »Die illusionshaft erfahrene Welt wird in ihrer eigenen Fiktionalität nicht nur als solche erkannt, sondern auch als welthaltig anerkannt.«[27] Wir erfahren die filmische Geschichtsfiguration als Illusion einer lebendigen historischen Welt, die mit unserer empirischen Welt und anderen Welten verbunden ist. Da im Geschichtsfilm die filmische Illusion in ihrer mimetischen und dennoch nicht abbildhaften Beziehung zur vorfilmischen Welt auch die historische Vergangenheit einschließt, muss sie folglich um eine zusätzliche sowohl referenzielle als auch reflexive Dimension erweitert werden. Die in der ästhetischen Fiktion konstruierten Weltbilder haben hierbei eine Kommentarfunktion und können sich »auf gar nicht so unähnliche Weise wie die wissenschaftlichen Fiktionen auf die empirische Welt beziehen«.[28]

---

23 Ebenda, S. 52.
24 Frank R. Ankersmit: Die historische Erfahrung. Berlin 2012, S. 43. Zur unwahrscheinlichen Wahrscheinlichkeit vgl. auch das Kapitel *Film/Geschichte/Erfahrung* in diesem Band.
25 Koch 2016, a.a.O., S. 56.
26 Ebenda, S. 64.
27 Ebenda, S. 75.
28 Ebenda, S. 77.

▌ Modellieren und Wahrnehmen

Die Histosphere dient somit in gleich dreifacher Hinsicht der Hypothesenbildung: Sie ermöglicht Hypothesen über 1) unsere gegenwärtige, empirische Welt, 2) die historische Vergangenheit und 3) die Geschichtsschreibung als narrative Konstruktion. Zugleich entfesselt sie eine enorme Evidenz, »die durch eine objektive Illusion ermöglichte Wahrnehmung von Bewegung zum Signifikanten einer belebten Anwesenheit wird, der man sich nicht entziehen kann«.[29] Auf diese Weise gelingt es der Histosphere, eine lebendige historische Welt zu figurieren, die wir zwar sinnlich erfahren können, die aber auch Modellcharakter besitzt. Eine Theorie der Histosphere lässt sich damit auch an die Annahmen Jurij M. Lotmans rückkoppeln. Für ihn stellt das Kunstwerk ein »endliches Modell der unendlichen Welt dar, [...] die Abbildung einer Realität auf eine andere, das heißt immer eine *Übersetzung*«.[30] Zwar ist seine Argumentation vor allem auf textuelle Weltkonstruktionen zugeschnitten, besonders ein Aspekt verweist jedoch implizit auf die Spezifik des Films. Ausgehend von einem Verständnis von Kunst als modellbildendem System, beschreibt Lotman einen spielerischen Mechanismus, der darauf beruht, »dass die verschiedenen Bedeutungen eines Elements nicht starr nebeneinander stehen, sondern ›oszillieren‹«.[31] Als mögliche Welt ist die Histosphere also einerseits »völlig real«, andererseits besteht kein Zweifel daran, dass sie lediglich eine Figuration, eine historische »Scheinwelt« darstellt.[32]

Besonders deutlich wird dieser hybride Status in der Darstellung historischer Figuren, die ihrerseits zwischen mimetischer *imitatio*, also reiner Nachahmung, und einer interpretativen Verkörperung oszilliert.[33] In der filmisch konstruierten historischen Welt werden das »*Es-ist-so-gewesen* des Schauspie-

---

29 Ebenda, S. 86.
30 Lotman 1993, a.a.O., S. 301.
31 Jurij M. Lotman: Kunst als Sprache. Untersuchungen zum Zeichencharakter von Literatur und Kunst. Leipzig 1981, S. 82–83.
32 Margrit Tröhler skizziert in ihrem erhellenden Text über »Weltenkonstellationen« das Beispiel von Kindern, die Sandkuchen backen, und kommt zu dem Schluss: »Für die Zeit des Spiels ist diese alternative Welt mit ihrer eigenen Logik völlig real; sie ist also keine Täuschung, kein Trugbild und keine Illusion, sie ist einfach eine Scheinwelt, eine alternative, mögliche Welt.« Damit distanziert sich Tröhler ebenfalls von der Annahme einer manipulativen Täuschung und vertritt trotz ihrer Ablehnung des Illusionsbegriffes einen ähnlichen Standpunkt wie Gertrud Koch. Vgl. Margrit Tröhler: Von Weltenkonstellationen und Textgebäuden. Fiktion – Nichtfiktion – Narration in Spiel- und Dokumentarfilm. In: montage AV, Jg. 11, 2/2002, S. 18.
33 Vgl. Mattias Frey: Authentizitätsgefühl. Sprache und Dialekt im Geschichtsfilm. In: Winfried Pauleit / Rasmus Greiner / Mattias Frey: Audio History des Films. Sonic Icons – Auditive Histosphäre – Authentizitätsgefühl. Berlin 2018, S. 136.

lers und das seiner Rolle«[34] um eine weitere Dimension ergänzt: die mythische Gestalt historischer Persönlichkeiten. So beruht unsere Wahrnehmung und Bewertung der filmischen Darstellung historischer Figuren und Ereignisse nicht nur auf historischen, sondern auch auf gesellschaftlichen und kulturellen Diskursen, die allesamt wiederum selbst durch mediale Figurationen beeinflusst werden. Das imaginäre Desiderat aus unserer gesellschaftlichen Vorprägung und unseren – mitunter medial erzeugten – Geschichtsvorstellungen steht potenziell in Konkurrenz zu der performativen Verkörperung historischer Figuren im Film. Hierbei geht es jedoch weniger um die bloße rhetorische Bestätigung, dass die dargestellte historische Figur nicht der Realität entspricht. Stattdessen ist das Spannungsverhältnis zwischen der Überzeugungsarbeit des Films und unserer kritischen Reflexion Teil des ›Spiels‹.[35] Indem wir nämlich spielerisch an der Modellierung einer historischen Welt partizipieren, tragen wir aktiv zum Gelingen der Illusion bei, ohne jemals wirklich zu vergessen, dass es sich ›nur‹ um einen Film handelt.

Von besonderer Bedeutung für die filmische Figuration historischer Welten ist die referenzielle Struktur der Histosphere. Die Welthaltigkeit des Geschichtsfilms bemisst sich anhand seiner imaginären historischen Referenten. Diese können zwar, wie gegenständliche Artefakte, Architekturen oder Landschaften, durchaus real existent sein, im Moment der Rezeption sind sie jedoch in der Regel abwesend und damit ebenso imaginär wie alle anderen Bestandteile der filmischen Welt. Christian Metz bezeichnet als »imaginären Referenten« den »Block imaginärer Realität«, von dem der Zuschauer annimmt, dass aus ihm die Geschichte »herausgeschält« wurde.[36] Die damit verbundene emotionale Regung, »ein diffuses, aber beharrliches Gefühl«, das dem von Roland Barthes beschriebenen »Realitätseffekt«[37]

---

34 Roland Barthes: Die helle Kammer. Bemerkungen zur Photographie. Frankfurt/Main 2016, S. 89.
35 Jean-Louis Comolli schreibt dazu: »The spectacle is always a *game*. It requires the participation of the spectators not as consumers but as players, accomplices, masters of the game, even, if they are also its stakes. The simulacrum does not fool a ›passive‹ spectator (there are no ›passive‹ spectators): the spectator has to participate in his own fooling; the simulacrum is the *means* whereby he is helped to fool himself.« Jean-Louis Comolli: A Body Too Much. In: Screen, Jg. 19, 2/1978, S. 46.
36 Christian Metz: Der imaginäre Signifikant. Psychoanalyse und Kino. Münster 2000, S. 11.
37 Nach Roland Barthes liegt der Realitätseffekt in der Signifikation des Realen, »die Aussparung eben des Signifikats zugunsten des bloßen Referenten wird zum Signifikanten gerade des Realismus«. Roland Barthes: Der Real(itäts)effekt. In: Nach dem Film No 2: show reality / reality shows, 2000. http://geschichte.nachdemfilm.de/content/der-realitätseffekt [26.11.2019].

ähnelt, tritt in besonderer Intensität zutage, wenn wir Elemente der Histosphere als Bestandteile früherer Erfahrungen wiederzuerkennen glauben. Die hierbei in Gang gesetzten Assoziationsketten verweisen besonders häufig auf mediale Signifikationen von Geschichte, die an die Stelle der tatsächlichen historischen Ereignisse treten, diese in unserem Gedächtnis überlagern und sie als historisch bedeutsam kennzeichnen. Die Theorie der Histosphere überschneidet sich hier mit dem von der Historikerin Alison Landsberg eingeführten Begriff des »prosthetic memory«[38]: Die mediale Signifikation historischer Welten macht Geschichte für eine breite Zuschauerschaft überhaupt erst zugänglich und wird von uns im Nachhinein wie eine persönliche Erfahrung empfunden. Die meisten dieser »Blöcke imaginärer Realität«, auf die sich die imaginären Referenten des Geschichtsfilms beziehen, basieren auf diesem Konzept und erweisen sich folglich selbst als Bestandteile einer fiktionalen Medien-Realität. Der imaginäre Referent der filmischen Geschichtsfiguration ist somit auch ein mediatisierter Referent. Die Vergangenheit und die medial fingierte historische Realität lassen sich auf dieser Ebene nicht mehr auseinanderhalten. Jean Baudrillard verwendet für dieses Phänomen den Begriff des »Hyperrealen«. Geschichtsfilme sind für ihn nicht Repräsentation des Historisch-Realen, sondern autonome Modellierungen, die ein »operationales Geschichtsszenario« erzeugen.[39] Damit nimmt Baudrillard den historisierenden Kern der Histosphere vorweg, die die Vergangenheit nicht reproduziert, sondern selbst Geschichte als Medienrealität hervorbringt.

Zusammenfassend lässt sich also sagen: Der Geschichtsfilm modelliert aus audiovisuellen Figurationen eine belebte historische Welt, die illusionshaft erfahren wird. Die imaginären Referenten dieser Histosphere verweisen wiederum auf andere mediale Signifikationen des Historisch-Realen, die für den Zuschauer als *prosthetic memory* fungieren. Das Konzept des ›referenziellen Realismus‹ wird somit durch das eines ›perzeptuellen Realismus‹[40]

---

38 Vgl. Alison Landsberg: Prosthetic Memory. The Transformation of American Remembrance in the Age of Mass Culture. New York 2004, S. 2. Auf diesen Aspekt der Histosphere werde ich in einem späteren Kapitel noch genauer eingehen. Vgl. den Abschnitt *Prosthetic Postmemory* im Kapitel *Erfahren und Erinnern*.
39 Baudrillard bezieht sich hier auf Stanley Kubricks Film BARRY LYNDON (1975), dessen Bildgestaltung die Ästhetik von Gemälden des 19. Jahrhunderts imitiert, um das 18. Jahrhundert darzustellen. Vgl. Jean Baudrillard: Simulacra and Simulation. Ann Arbor 1994, S. 46.
40 Stephen Prince entwickelt den Begriff des perzeptuellen Realismus in seiner Untersuchung des digitalen Bildes: »A perceptually realistic image is one which structurally correspondends to the viewer's audiovisual experience of three-dimensional space. Per-

überlagert, der sich aus der mediatisierten Geschichtserfahrung des Subjekts konstituiert. Der Film ist damit Teil einer neuen Form der Geschichtsschreibung, die auf ein Archiv[41] hyperrealer Histospheres zurückgreift.

Raum, Zeit und filmische Welt

Der Anfang von HIMMEL OHNE STERNE zeigt in schneller Abfolge Bilder von Grenzbefestigungen, Brachlandflächen und Warnschildern. Noch mag keine Vorstellung eines homogenen filmischen Raums entstehen. Dennoch modelliert die Sequenz bereits eine räumliche Wahrnehmung, die über die Gesetze der Zentralperspektive hinausgeht und als spezifisch filmisch eingeordnet werden kann. Der innerhalb des einzelnen Filmbildes sichtbare ›Bildraum‹[42] fungiert als Ausschnitt einer sinnlich erfahrbaren räumlichen Welt. Minimale Korrekturen der Kamera, dahinfließende Wolken am Himmel und sich im Wind wiegende Gräser verraten, dass es sich nicht um statische Bilder handelt. Der Blick des Zuschauers erfasst Bildebenen, Perspektiven und Größenverhältnisse; er sucht nach Hinweisen auf das räumliche Verhältnis, in dem die einzelnen Einstellungen zueinander stehen. Unter Rückgriff auf unsere filmische Seherfahrung antizipieren wir eine räumliche Struktur. Nicht historische Akkuratesse, sondern das richtige Gefühl entscheidet hierbei über die Glaubwürdigkeit: »Für die Betretbarkeit filmischer Geschichtsräume sind sorgfältig platzierte Details und das generelle haptische Design

---

ceptually realistic images correspondend to this experience, because film-makers build them to do so. Such images display a nested hierarchy of cues which organize the display of light, color, texture, movement, and sound in ways that correspond with the viewer's own understanding of these phenomena in daily life. Perceptual realism, therefore, designates a relationship between the image and the spectator, and it can encompass both unreal images and those which are referentially realistic. Because of this, unreal images may be referentially fictional but perceptually realistic.« Diese allgemeineren Überlegungen lassen sich aber auch auf das analoge Filmbild und dessen Verhältnis zur Geschichte übertragen. Stephen Prince: True Lies: Perceptual Realism, Digital Images, and Film Theory. In: Film Quarterly, Jg. 49, 3/1996, S. 32.
41 Diese Annahme stütze ich auf Jean Baudrillards These, dass das Kino zum Verschwinden der Geschichte und damit zum Aufstieg des Archivs beigetragen hat. Vgl. Baudrillard 1994, a.a.O., S. 48.
42 Éric Rohmer definiert den Begriff ›Bildraum‹ wie folgt: »Das auf das Rechteck der Leinwand projizierte Filmbild, wie flüchtig oder beweglich es auch ist, wird als mehr oder weniger getreue, mehr oder weniger schöne Darstellung eines Teils der Außenwelt wahrgenommen und beurteilt.« Éric Rohmer: Murnaus Faustfilm. Analyse und szenisches Protokoll. München, Wien 1980, S. 10.

Modellieren und Wahrnehmen

Bildraum und Perspektive ...

Raum, Zeit und filmische Welt

... in HIMMEL OHNE STERNE

entscheidender als historiografische Perspektiven«[43], vermutet Simon Rothöhler und folgt damit Oliver Schmidts Annahme, dass der Zuschauer als wahrnehmendes und erlebendes Subjekt »[d]as Bindeglied zwischen filmischem Raum und der Vorstellung einer in sich geschlossenen Filmwelt ist«.[44]

Damit sich die historische Welt im Zusammenspiel aus Raumillusion, Narration und synästhetischer Erfahrung entfalten kann, bedarf es jedoch nicht nur einer räumlichen, sondern auch einer zeitlichen Figuration. In den ersten Momenten von HIMMEL OHNE STERNE scheint die Zeit der Handlung noch stillzustehen, und der Raum, in dem sie sich abspielt, ist nur vage zu erahnen. Erst als die Musik kurz verstummt, der Erzähler die Geschehnisse auf den »Spätsommer 1952« datiert und die Kamera von der abgeriegelten Eisenbahnbrücke auf den Grenzfluss schwenkt, entsteht der Eindruck, die filmische Welt öffne sich nun für die Narration. Die Kamera springt an ein kleines Wäldchen heran und folgt mit einem Schwenk den daraus hervortretenden Flüchtlingen. In der Interaktion der Figuren mit der filmischen Welt konstituiert sich ein ›Handlungsraum‹[45]. Die Flüchtlinge bewegen sich dabei immer von rechts nach links. Selbst als die Kamera dem Schleuser mit einem langen Schwenk in die Gegenrichtung folgt, stiften visuelle Fixpunkte wie der eingangs etablierte Wald, die Brücke und der Grenzfluss Orientierung. Die Bewegung vor der Kamera und die der Kamera selbst, die Bild- und die Tonmontage verknüpfen die einzelnen Bildräume. Die homogene Lichtgestaltung und die schnittübergreifende Etablierung eines auditiven Raums erzeugen Kontinuität.[46] Die filmisch konfigurier-

---

43 Vgl. Simon Rothöhler: Steven Spielbergs »Lincoln«. Wie ein konventionelles Biopic. In: www.taz.de/!5074753 [6.12.2019].
44 Oliver Schmidt: Hybride Räume. Filmwelten im Hollywood-Kino der Jahrtausendwende. Marburg 2013, S. 39.
45 Hermann Kappelhoff definiert den ›Handlungsraum‹ als apriorisch gegebenen Raum auf der Grundlage von Bewegung, die »eine intentionale Richtung, einen Sinn erfährt [...] in der Logik der fiktiven Handlung der Protagonisten«. Hermann Kappelhoff: Realismus. Das Kino und die Politik des Ästhetischen. Berlin 2008, S. 23.
46 Wie Béla Balázs beobachtet, stellen visuelle und auditive Strategien zur Erzeugung eines Eindrucks von Kontinuität die Homogenität der Filmwelt sicher: »Dies erreicht der Regisseur, dadurch, dass jedes Detail aus seinem Kader hinüberweist in ein anderes Kader, das uns im nächsten Montagebild gezeigt wird. Dieses Hinüberweisen geschieht durch die Kontinuität der Bewegung, die sich im nächsten Kader fortsetzt, durch die Kontinuität eines Gegenstandes, einer Form, die hinüberragt in das nächste Bild. Dies geschieht oft durch Blicke und Gebärden, die korrespondieren mit Blicken und Gebärden der nächsten Kader. Dies geschieht sehr oft durch den hinüberklingenden Ton, durch das hinübergesprochene Wort.« Béla Balázs: Zur Kunstphilosophie des Films. In: Franz-Josef Albersmeier (Hg.): Texte zur Theorie des Films. Stuttgart 1998, S. 217.

te historische Welt wird so nicht nur als ›Handlungsraum‹ für die Figuren begehbar, sondern auch als zusammenhängender ›Filmraum‹[47] für uns Zuschauer erfahrbar. Die limitierte Anzahl an Schauplätzen folgt hierbei der narrativen Notwendigkeit eines begrenzten und überschaubaren Kosmos, der jedoch als Filmwelt stets über sich selbst hinausweist.

Schon der flüchtige Blick auf die ersten Minuten von HIMMEL OHNE STERNE macht deutlich, wie sehr die Histosphere auch ein Raum-Phänomen ist. Ähnlich Rudolf Arnheims Unterscheidung zwischen »Filmbild« und »Weltbild« ist der filmische Raum hierbei zweierlei: Einerseits verweist der Begriff »auf den technischen Akt der *Konstruktion von Raum* auf der Leinwand durch die filmischen Gestaltungsmittel (*Filmbild*), andererseits auf die *Darstellung von Raum* als Teil einer ganzheitlichen homogenen Filmwelt (*Weltbild*)«.[48] ›Raum‹ erweist sich somit als »Ordnungsschema, das der Wahrnehmungsfähigkeit des Zuschauers zugrunde liegt, gleichzeitig aber der wahrgenommenen Welt als spezifische Eigenschaft durch den Zuschauer zugeschrieben wird.«[49] Die Filmwelt setzt sich hierbei aus der Summe einzelner Raumeindrücke zusammen: »Was erfahren wird, sind konkrete *Welt-Räume*, gemeint sind Teile der Welt, die zueinander in Beziehung gesetzt werden und als Struktur vernetzter Räume die Basis für die Entwicklung eines allumfassenden Weltmodells darstellen.«[50] Das gilt umso mehr für die Histosphere: Die filmisch figurierten Welt-Räume sind konstruierte Ausschnitte präsupponierter historischer Welten, die wir erst in unserer Wahrnehmung zusammensetzen und mit historisch-kulturellem Weltwissen ergänzen. Dieser Zusammenhang steht im Einklang mit wesentlichen Positionen des *spatial turns*[51] in den Sozial- und Kulturwissenschaften, der sich im Allgemeinen durch drei Tendenzen auszeichnet:

»(1) Raum wird tendenziell nicht mehr als etwas Absolutes, sondern als etwas Relationales und damit als etwas Dynamisches und Formbares betrachtet;

---

47 Zum ›Filmraum‹ schreibt Éric Rohmer: »In Wahrheit hat der Zuschauer nicht die Illusion des wirklich gefilmten, sondern die eines virtuellen Raums, den er mit Hilfe der fragmentarischen Einzelteile, die der Film ihm liefert, in seiner Vorstellung zusammensetzt.« Rohmer 1980, a.a.O., S. 10.
48 Vgl. Schmidt 2013, a.a.O., S. 76.
49 Ebenda, S. 34.
50 Ebenda, S. 10.
51 Zum *spatial turn* vgl. u.a. Stephan Günzel (Hg.): Raumwissenschaften. Frankfurt/Main 2009; sowie Jörg Döring / Tristan Thielmann (Hg.): Spatial Turn. Das Raumparadigma in den Kultur- und Sozialwissenschaften. Bielefeld 2015.

▌ Modellieren und Wahrnehmen

Räumliche Orientierung ...

Raum, Zeit und filmische Welt

... in HIMMEL OHNE STERNE

(2) Raum wird tendenziell weniger als eine reale Gegebenheit, sondern vielmehr als synthetisches Produkt betrachtet, das sich erst in der Wahrnehmung realisiert; (3) Raum wird tendenziell als bedeutungstragendes, ästhetisches Gebilde betrachtet, das von Menschen erlebt und erfahren wird und das daher grundsätzlich prozessualen Charakter hat.«[52]

Das Medium Film lässt sich daran anschließend als »eine Art kognitives und phänomenologisches *Raumlabor*«[53] verstehen, in dem historische Welten räumlich und zeitlich modelliert sowie synästhetisch erfahrbar gemacht werden können. Die Wahrnehmung und Form der daraus hervorgehenden »Raumhypothese«[54] ist wiederum abhängig von der ästhetischen Gestaltung. Oliver Schmidt schlägt daher vor, »in Abgrenzung zum narratologischen Terminus der *fiktionalen Welten*, der literarische bzw. filmische Welten als Systeme von kontrafaktischen Sachverhalten begreift, beim Film zusätzlich von *ästhetisierten Welten* zu sprechen, das heißt von gestalteten, sinnlich erfahrenen Wahrnehmungssystemen«.[55] So wird der filmische Raum zu Beginn von HIMMEL OHNE STERNE nicht bloß als Topografie oder Koordinatensystem begriffen, sondern sinnlich erfahren. Aus den audiovisuellen Versatzstücken der einzelnen Bildräume setzen wir eine ästhetisierte Welt zusammen. Die Bewegung der Figuren und der Kamera sowie die Komposition der Montage lassen die Bildräume miteinander interagieren und verschmelzen sie zu einem Raum-Erlebnis.[56] Mehr noch: Als Effekt der Bewegungsfiguration »will« der filmische Raum »selbst in seiner Komponiertheit als etwas Dargestelltes wahrgenommen werden, d.h. auf Intention, sinnhafte Struktur und Ausdruck bezogen sein«.[57] Hermann Kappelhoff formuliert damit eine Grundbedingung für die Vermittlung von Historizität im Geschichtsfilm: Um als historische Welt wahrgenommen zu werden, muss sich der filmische Raum erst als solche ausdrücken, das heißt sowohl sinnlich erfahrbar sein als auch auf historisches Weltwissen verweisen.

---

52 Schmidt 2013, a.a.O., S. 36.
53 Ebenda, S. 34.
54 Vgl. Schmidt 2013, a.a.O., S. 85.
55 Ebenda, S. 82.
56 Kappelhoff spricht in diesem Zusammenhang von der »Figuration räumlicher Modulationen«. Vgl. Hermann Kappelhoff: Die vierte Dimension des Bewegungsbildes. Das filmische Bild im Übergang zwischen individueller Leiblichkeit und kultureller Fantasie. In: Kathrin Fahlenbrach / Anne Bartsch / Jens Eder (Hg.): Audiovisuelle Emotionen. Emotionsdarstellung und Emotionsvermittlung durch audiovisuelle Medienangebote. Köln 2007, S. 301–302.
57 Vgl. Kappelhoff 2008, a.a.O., S. 24.

Neben der Illusion einer räumlichen Filmwelt modelliert die Histosphere folglich auch einen soziokulturellen Raum, der durch »kulturelle Artefakte wie Architektur, Kleidung, Alltagsgegenstände, Sprache, Verhaltensweisen, spezielle Personen, besondere Ereignisse und Musik« einer bestimmten historischen Zeit zugeordnet werden kann.[58] Die Histosphere ist hierbei keineswegs neutral oder unparteiisch. Die filmische Figuration eines historischen Raums zeigt diesen immer aus einer bestimmten Perspektive und in einer bestimmten Ästhetik, fügt ihn in einer bestimmten Weise zusammen und setzt ihn in Relation zu anderen filmischen und historischen Räumen. Die Histosphere konstruiert somit nicht nur Entwürfe von historischen Welten, sondern deutet, interpretiert und kommentiert sie auch.[59] Ein Beispiel: Die Tür und die Wände des Büros von Annas Betriebsleiter in HIMMEL OHNE STERNE sind vollständig verglast und geben so den Blick auf eine große Werkshalle frei. Die Transparenz der Glasscheiben erweitert das Filmbild nicht nur um eine zusätzliche visuelle Ebene, sondern auch um eine Ästhetik der Überwachung, die die DDR als totalitären Staat ausweist. Als Spiegelbild fungiert der überfrachtete Gemischtwarenladen von Annas Schwiegereltern, der durch die Produktvielfalt und spießbürgerliche Enge als konkreter räumlicher Ausdruck der marktwirtschaftlichen Konsumwelt in der BRD ausgestaltet ist. Beide Schauplätze können als filmische Spielart eines Chronotopos verstanden werden, in dem der Raum mit seinen konventionalisierten Funktionen verschmilzt.[60] Filmischer Raum, Handlung und historische Deutung drücken sich somit in einer gemeinsamen, zeitlich strukturierten Erfahrung aus.

Doch nicht nur die historische Welt eines Geschichtsfilms, sondern auch der filmische Raum im Allgemeinen ist untrennbar mit einer zeitlichen Dimension verknüpft.[61] Dieser Zusammenhang lässt sich auch his-

---

58 Schmidt 2013, a.a.O., S. 128.
59 Dieser Aspekt macht den Geschichtsfilm so attraktiv für die Filmpropaganda, die in ihm das Potenzial sieht, die dargestellten historischen Welten nach den eigenen Vorstellungen umzuformen und neue historische Lesarten subtil in das filmische Weltbild zu integrieren. Vgl. etwa Rainer Rothers Analyse der Bismarck-Filme im »Dritten Reich«: Rainer Rother: »Die Geschichte soll als Mythos zu uns sprechen«. Bismarck im NS-Spielfilm. In: R.R.: Zeitbilder. Filme des Nationalsozialismus. Berlin 2019, S. 168–190.
60 Zum Begriff ›Chronotopos‹ vgl. Michail Bachtin: Formen der Zeit im Roman. Untersuchungen zur historischen Poetik. Frankfurt/Main 1989, S. 8.
61 Wenn Michel Foucault das 20. Jahrhundert als Epoche des Raums bezeichnet, impliziert sein Raumbegriff auch eine zeitliche Dimension, die räumliche Anordnung der Gleichzeitigkeit: »Wir sind in einer Epoche des Simultanen, wir sind in der Epoche der Juxtaposition, in der Epoche des Nahen und des Fernen, des Nebeneinander, des Aus-

❙ Modellieren und Wahrnehmen

DDR-Überwachung ...

torisch herleiten: Die technische, kulturelle und künstlerische Grundlage des Bewegungsbildes stammt aus dem späten 19. Jahrhundert, als der Raum zunehmend anhand seiner zeitlichen Dimension bemessen wurde. Grundvoraussetzung für die filmische Figuration und Modellierung einer erfahrbaren historischen Welt sind demzufolge nicht nur die geometrische und physische Konstruktion des filmischen Raums, sondern auch dessen Anordnung und Realisierung in der Zeit. Wenn Hermann Kappelhoff das filmische Bild als zeitliche Struktur bezeichnet, »die sich im leibhaft gegenwärtigen Sehen und Hören von Zuschauern als eine Wahrnehmungswelt verräumlicht«, knüpft er an Erwin Panofskys Überlegungen zur ›Verzeitlichung des Raums‹ und zur ›Verräumlichung der Zeit‹ an.[62]

---

einander. Wir sind, glaube ich, in einem Moment, wo sich die Welt weniger als ein sich durch die Zeit entwickelndes Leben erfährt, sondern eher als ein Netz, das seine Punkte verknüpft und sein Gewirr durchkreuzt.« Michel Foucault: Andere Räume. In: Karlheinz Barck u.a. (Hg.): Aisthesis. Wahrnehmung heute oder Perspektiven einer anderen Ästhetik. Leipzig 1992, S. 34.
62 Kappelhoff 2007, a.a.O., S. 297; sowie: Erwin Panofsky: Stil und Medium im Film (1936). Frankfurt/Main 1995, S. 6.

Raum, Zeit und filmische Welt

... und BRD-Konsum in HIMMEL OHNE STERNE

Diese spezifisch filmische Synthese aus Raum und Zeit erschließt sich insbesondere anhand der Illusion von Bewegung: »Der *Raum selbst* wird zum Erlebnis, nicht das in perspektivischer Aufnahme dargestellte *Bild des Raumes*«, so Béla Balázs.[63] Erst die Dimension der Zeit ermöglicht es dem Zuschauer, den filmischen Raum mithilfe von Montage und Kamerabewegung zusammenzusetzen und imaginär zu durchschreiten. Begreift man diese »imaginäre Bewegung des Körpers«[64] durch den Raum nicht nur als visuelle und auditive, sondern auch als kinästhetische Affektion, kann abermals eine Brücke zur Phänomenologie des Films geschlagen werden. Im Zentrum von Vivian Sobchacks Theorie der verkörperten Erfahrung des Films steht die bewegte Kamera als Ausdruck einer Intentionalität, die dem wahrnehmenden Bewusstsein des Menschen entspricht.[65] Erst in dieser raumzeitlich verankerten Wahrnehmungsbewegung kann ein re-

---
63 Béla Balázs: Der Film. Werden und Wesen einer neuen Kunst. Wien 1961, S. 140.
64 Vgl. Rayd Khouloki: Der filmische Raum. Konstruktion, Wahrnehmung, Bedeutung. Berlin 2007, S. 182.
65 Thomas Morsch: Medienästhetik des Films. Verkörperte Wahrnehmung und ästhetische Erfahrung im Kino. München, Paderborn 2011, S. 178.

latives Off konstruiert werden. Gertrud Koch verbindet diese Bedingung mit ihren Überlegungen zur filmischen Illusion:

»Der sichtbare Bildraum wird durch diese doppelte Funktion der Kamera, sowohl optisch-perspektivischen Bildraum zu produzieren als auch diesen in der Bewegung permanent auf ein angenommenes Außen dieses Bildes hin zu öffnen, illusionistisch überboten. Die Perspektivität geht dabei in ihrer illusionistischen Wirkung über die reine *point-of-view*-Einschreibung hinaus. Denn es ist nicht einfach der rasche Wechsel von Standorten, sondern die in der Bewegung suggerierte Begehbarkeit der *off-screen*-Räume, die ein illusionsästhetisches Surplus erwirtschaftet.«[66]

Auch in HIMMEL OHNE STERNE wird so ein ›begehbarer‹ filmischer Raum suggeriert: Wir sehen Anna auf der Flucht vor den Grenzposten in totalen und halbnahen Einstellungen den Fluss überqueren, dazwischen Nahaufnahmen eines auf sie schießenden Soldaten. Die Wahl der Perspektive ist dabei nicht auf figurengebundene Point-of-view-Einstellungen begrenzt. Im Gegenteil: Für die Kamera ist kein Standort unmöglich – selbst wenn sie über dem Wasser zu schweben scheint. Die physikalischen Gesetze des ›Handlungsraums‹ sind für die Kamera nur von untergeordneter Bedeutung. Stattdessen stehen die filmischen Teilräume in einer narrativen Chronologie, in der die Filmwelt durch unsere Wahrnehmung von Kamerabewegungen und Montage sukzessive erschlossen wird.[67] »Das Werk wächst Schritt um Schritt zu einem Ganzen, und wir müssen beim Verfolgen dieser Entwicklung ständig auf das zurückgreifen, was aus der direkten Wahrnehmung durch Augen und Ohren zwar verschwunden ist, in der Erinnerung jedoch weiterlebt«, so Rudolf Arnheim.[68] Eine ähnliche Form der Wahrnehmung kann auch in der Tätigkeit des Historikers beobachtet werden, der die zur Verfügung stehenden Quellen sukzessive erschließt und in ein relationales Verhältnis zueinander bringt.[69]

---

66 Koch 2016, a.a.O., S. 34.
67 Oliver Schmidt bezieht sich hierbei ein weiteres Mal auf Éric Rohmer. Schmidt 2013, a.a.O., S. 81.
68 Rudolf Arnheim: Kunst und Sehen. Eine Psychologie des schöpferischen Auges. Berlin 1978, S. 374.
69 Siegfried Kracauer führt diese Nähe zwischen Geschichte und Film weiter aus. Seiner Auffassung nach konstituiert sich das historische Universum aus Geschichtswerken unterschiedlichen Umfangs und Abstands, die er zum Teil mit filmwissenschaftlichen Begriffen umschreibt. Vgl. Siegfried Kracauer: Geschichte – Vor den letzten Dingen (1971). Frankfurt/Main 2009, S. 117–153.

In der Histosphere werden die filmische Wahrnehmungsbewegung und die beschriebene Vorgehensweise in der Historiografie gleichsam zusammengeführt: In unserer Wahrnehmung setzen wir aus den disparaten Elementen des Films eine historische Welt zusammen, der wir nicht nur sinnlich-körperlich ausgesetzt sind, sondern die wir auch als diskursives System erfahren. Die Ästhetik des Raums und die Bewegung durch die filmische Welt werden in Bedeutung übersetzt. Die Bedeutungsproduktion ist hierbei auch abhängig von den Bewegungsmaximen, mit denen die filmische Welt erschlossen wird.[70] Die stativgebundenen Einstellungen am Anfang von HIMMEL OHNE STERNE vermitteln eine andere Raumerfahrung als die verwackelten Handkamerabilder in der bekannten Omaha-Beach-Sequenz in SAVING PRIVATE RYAN (Der Soldat James Ryan; 1998; R: Steven Spielberg). Dabei verwenden beide Filme eine klassische Auflösung aus Schuss- und Gegenschusseinstellungen sowie einheitliche Bewegungsrichtungen. Obwohl die filmischen Räume somit ähnlich konstruiert werden, unterscheiden sich die Raumerfahrungen voneinander. Während wir in HIMMEL OHNE STERNE in Ruhe beobachten können, wie die Figuren in einem zuvor konstruierten filmischen Raum agieren, wird der filmische Raum in SAVING PRIVATE RYAN als Effekt der affektiv mitvollzogenen Figurenbewegungen konstruiert. Viel stärker als in Käutners Film scheint die Kamera den physischen Kräften der filmischen Welt ausgesetzt zu sein. Entsprechend wird die historische Welt im ersten Fall vorrangig beobachtend wahrgenommen, während sich im zweiten Fall ein Raum der physischen Grenzerfahrung konstituiert. Die Histosphere suggeriert folglich nicht nur die Rekonstruktion historischer Räume, sondern stellt auch »eine durch Bildbewegung erzeugte Raumerfahrung *sui generis* her«[71], die die historischen Welten des Films aus der filmischen Wahrnehmungsbewegung heraus gestaltet.[72] Die Histosphere erweckt hierbei den Eindruck, als würden wir einen ›Zeittunnel‹ in eine historische Welt durchschreiten. Die damit verbundene illusionshafte Erfahrung ist

---

70 Vgl. dazu Oliver Schmidt: »Die Verwendung einer Handkamera, die an den Weg einer Figur gebunden ist, erzeugt somit einen anderen hodologischen Raum als die ›Disembodied Camera‹ eines schnell geschnittenen Actionfilms. Beide folgen je unterschiedlichen Bewegungsmaximen und ermöglichen so unterschiedliche Raumerfahrungen, die charakteristisch für ihre jeweilige Filmwelt als Ganzes sein können.« Vgl. Schmidt 2013, a.a.O., S. 102.
71 Vgl. Martin Seel: Architekturen des Films. In: Gertrud Koch / Christiane Voss: »Es ist, als ob.« Fiktionalität in Philosophie, Film- und Medienwissenschaft. München 2009, S. 154.
72 Nach Oliver Schmidt kann der Raum des Films »in der konkreten Rezeptionssituation auf einer bestimmten, durch die zeitliche Architektur des Films vorgegebenen Route betreten, durchwandert und wieder verlassen« werden. Vgl. Schmidt 2013, a.a.O., S. 103.

▌ Modellieren und Wahrnehmen

›Begehbarer‹ filmischer Raum ...

Raum, Zeit und filmische Welt

... in HIMMEL OHNE STERNE

▌ Modellieren und Wahrnehmen

häufig so stark, dass es am Ende eines Filmes nicht einfach nur um die dramaturgische Schließung geht, »sondern in einem umfasenderen Sinne um die Möglichkeit, eine ganze Welt abzuschalten – oder sie nach außen weiter zu tragen«.[73] Anders ausgedrückt: Genauso wie sich der filmische Raum in einem zeitlichen Verlauf zusammensetzt, verschwindet er wieder am Ende des Films. Allerdings hinterlässt die Art und Weise, wie die historische Welt des Films wahrgenommen und erfahren wird, bei uns Spuren, die sich in unsere Vorstellungen und Deutungen von Geschichte einschreiben.

Auch auf der Ebene des Filmtons stehen Raum und Zeit in einem besonderen Verhältnis. Mehr noch als das Bewegungsbild, das zum statischen Einzelbild in einer Ähnlichkeitsbeziehung steht, ist das Auditive schlechthin ausschließlich in einem zeitlichen Verlauf wahrnehmbar. Der Filmton trägt in seiner spezifischen Anordnung in der Zeit maßgeblich dazu bei, die einzelnen Bildräume zu einer homogenen Filmwelt zusammenzufügen. Nach einer eigenen Ordnung zum Bild montiert, überbrückt er Schnitte und erzeugt räumliche Kontinuitäten.[74] Dieser Effekt ist beispielsweise zu beobachten, wenn Anna nach der dramatischen Flucht durch den Fluss das erste Mal den Grenzpolizisten Carl Altmann trifft. Das kontinuierliche Zirpen der Grillen verbindet die einzelnen Einstellungen zu einem homogenen Raum, in dem sich die Handlung abspielt. Die Ton-Atmo[75] vermittelt hierbei zwischen Darstellung und Wahrnehmung: Sie modelliert den filmischen Raum und versieht ihn mit einer Stimmung, die den Zuschauer emotional beeinflussen kann.[76] Zugleich kann der Ton einen Off-Screen-Raum variabler Größe kreieren.[77] Im Gemischtwarenladen von Annas Schwiegereltern sehen wir zunächst nur Otto Friese (Gustav Knuth), wie er am Eingang eine Kundin bedient. Doch indem wir hören, wie seine Frau Elsbeth

---

73 Vgl. Koch 2016, a.a.O., S. 61.
74 Auch das Potenzial des Filmtons, räumliche Kontinuität zu stiften, wird bereits von Béla Balázs thematisiert. Balázs 1961, a.a.O., S. 51.
75 Zum Begriff der Ton-Atmosphäre erläutern Frieder Butzmann und Jean Martin: »Ein sonst, ›im normalen Leben‹ unbemerkter, leise brummender Teppich der uns allgegenwärtig umgebenden akustischen Atmosphäre, das Grundrauschen der Umwelt, zwingt den Seherhörer ein Gefühl von Realismus auf. Mit den unterschwelligen Geräuschen wird den Gegenständen, die Teil eines Vorgangs sind, Lebenssaft eingehaucht. Das Szenario tritt aus der Sphäre des Unbelebten und Künstlichen in das Reich des Erfahrbaren, Erlebbaren, des Miterlebten ein.« Frieder Butzmann / Jean Martin: Filmgeräusch. Wahrnehmungsfelder eines Mediums. Hofheim 2012, S. 46.
76 Vgl. Rasmus Greiner: Auditive Histosphäre. Sound Design und Geschichte. In: Pauleit/Greiner/Frey 2018, a.a.O., S. 92.
77 Vgl. Michel Chion: Audio-Vision. Ton und Bild im Kino. Berlin 2012, S. 76.

(Camilla Spira) ein Verkaufsgespräch führt, entsteht das imaginäre Bild des Ladeninneren, noch bevor wir es sehen können. Die Welt der Histosphere wird nicht nur visuell, sondern auch auditiv konstruiert. Die Audiospur erzeugt durch ihre *instant credibility* den Eindruck einer glaubwürdigen Raumillusion.[78] Schon Béla Balázs machte darauf aufmerksam, dass der Ton durch ein bestimmtes »Timbre« den Eindruck vermittelt, sich mitten im Raum der dargestellten Begebenheiten zu befinden.[79] Besonders Geräusche tragen dazu bei, die filmische Welt materiell auszugestalten und ihr eine haptische Qualität zu verleihen.[80] Darüber hinaus kann der Filmton die Handlung auch in einer bestimmten historischen Zeit verorten.[81] Das charakteristische Klingeln der Kasse in Frieses Gemischtwarenladen verweist beispielsweise mit einiger Sicherheit auf die Mitte des 20. Jahrhunderts.[82] Die bei einzelnen Geräuschen noch recht ungenaue zeitlich-räumliche Verortung gewinnt an Präzision, sobald mehrere Klangobjekte in komplexen Soundscapes[83] angeordnet werden: Das Rauschen, Quietschen und Klappern des Fahrgestells, die Stimmen der Fahrgäste und die schnarrenden Haltedurchsagen am Anfang von KU'DAMM 56 machen die Berliner U-Bahn als solche erkennbar. Aber erst in Kombination mit dem Filmbild lässt sich die Handlung in den 1950er Jahren verorten. Die Welt der Histosphere basiert folglich auf einem audiovisuell konfigurierten und perzeptuell konstruierten Raum-Zeit-Gefüge, das im spezifischen Zusammenwirken von Bild und Ton einen Mehrwert entwickelt.[84] Die filmisch konstruierten Bildräu-

---

78 Vgl. Greiner 2018, a.a.O., S. 87–89.
79 Vgl. Béla Balázs: Der Geist des Films (1930). Frankfurt/Main 2001, S. 121.
80 Vgl. Michel Chions Begriff der »materialisierenden Klanghinweise«, die dem Zuschauer Informationen über die physische Beschaffenheit des klingenden Objektes und die Art der Entstehung eines Tons liefern. Vgl. Chion 2012, a.a.O., S. 96.
81 Vgl. Greiner 2018, a.a.O., S. 95. Barbara Flückiger bezeichnet Klangobjekte, die das Potenzial besitzen, »einen Ort geografisch, zeitlich, kulturell, ethisch oder sozial zu definieren«, als Orientierungslaute. Vgl. Barbara Flückiger: Sound Design: Die virtuelle Klangwelt des Films. Marburg 2012, S. 305–306.
82 Hierbei ist festzuhalten, dass die Gestaltung des Filmtons in HIMMEL OHNE STERNE durch den geringen zeitlichen Abstand zwischen Produktionszeit und Handlungszeit nicht als dezidiert historisch angelegt ist. Im konkreten Beispiel ist folglich davon auszugehen, dass die im Film verwendete Kasse zum Zeitpunkt der Produktion noch nicht als das historische Artefakt angesehen wurde, als das wir sie aus der Perspektive des 21. Jahrhunderts betrachten.
83 Als ästhetisches Gestaltungsmittel des Sound Designs ist die Verwendung von Soundscapes ein Produkt des New-Hollywood-Kinos, das sich schnell auch im internationalen kommerziellen Film etablierte.
84 Vgl. Michel Chions Begriff des »valeur ajouté«. Chion 2012, a.a.O., S. S. 173.

▌ Modellieren und Wahrnehmen

me und die in der zeitlich strukturierten Wahrnehmung des Zuschauers zusammengefügten historischen Welten sind somit nicht die Summe, sondern das Produkt visueller und auditiver Reize.

Das Verhältnis zwischen filmischem Raum und Figuren hat auch Einfluss auf die Figurenkonstellation. Während viele Geschichtsfilme das filmhistorisch dominante Muster eines Einzelhelden oder eine duale Grundstruktur übernehmen, tendieren vor allem einige neuere Beispiele zu einem erweiterten Figurenpersonal. Die filmisch konstruierte historische Welt kann hierdurch multiperspektivisch erschlossen werden. Schon HIMMEL OHNE STERNE erweitert die klassische Paarkonstellation um zusätzliche handlungstragende Figuren. Annas gebrechliche Eltern in der DDR sowie ihre Schwiegereltern und ihr Sohn Jochen in der BRD bilden eine duale Struktur, in der Ost und West als räumliche Anordnung historisiert werden. Die klassische und damit »zeitlich kausale, psychologisch motivierte Ausrichtung der Narration auf einen Kompromiss hin« wird tendenziell zu einer räumlich organisierten Struktur transformiert.[85] Damit deutet bereits dieses frühe Beispiel »eine *andere Logik des Erzählens*« an, die Magrit Tröhler mit dem vermehrten Auftreten von Filmen mit »pluralen Figurenkonstellationen«[86] in Verbindung bringt. Diese Filme sind laut Tröhler »weniger individuellen und binär angeordneten Positionen als relationalen Dynamiken verpflichtet, bevorzugen das Flächige und den Fluss, das Differenzieren von Werten und das unabgeschlossene Verhandeln von Widersprüchen«.[87] Auch in unserem konkreten Beispiel wird keine zufriedenstellende dramaturgische Lösung erreicht. Stattdessen driften Anna und Carl zwischen den topografischen Koordinaten der deutschen Teilung hin und her, ohne sie miteinander verbinden zu können. Der dritte Raum, das Niemandsland zwischen den Schlagbäumen der innerdeutschen Grenze, in das sich die Liebenden

---

85 Margrit Tröhler: Offene Welten ohne Helden. Plurale Figurenkonstellationen im Film. Marburg 2007, S. 15.
86 Um die verschiedenen Ausgestaltungen dieses Konzepts näher zu bestimmen, entwickelt Tröhler drei konzeptuelle Begriffe: die Gruppenfigur, das Figurenensemble und das Figurenmosaik. Die Gruppenfigur, die vor allem in frühen propagandistisch gefärbten Geschichtsfilmen wie BRONENOSEC POTJOMKIN (Panzerkreuzer Potemkin; 1925; R: Sergej Eisenstein) einen Querschnitt durch die Gesellschaft repräsentierte, kann in unserem Kontext weitgehend vernachlässigt werden. Wichtiger für Geschichtsfilme nach 1945 sind das Figurenensemble und das Figurenmosaik. Tröhler unterstreicht, dass beide Konzepte ein offenes Netz von Beziehungen darstellen, in dem »[v]ielfältige Bewegungen und Umverteilungen zwischen den sozialen Gruppen, zwischen den Generationen und Geschlechtern« stattfinden. Ebenda, S. 13, 209.
87 Ebenda.

für kurze Zeit zurückziehen, erweist sich letztlich als Illusion. Während allerdings die plurale Figurenkonstellation in HIMMEL OHNE STERNE nur angedeutet wird, verfügen Figurenensembles wie in KU'DAMM 56 meist über ein räumliches Zentrum, das »auf den engeren und weiteren Kreis seiner Mitglieder eine *zentripetale* Kraft« ausübt, sie in dieselbe heterogene Konstellation einbindet und sie an einem zentralen Ort zusammenführt.[88] Einen solchen ›Chronotopos der Begegnung‹[89] bildet in KU'DAMM 56 die Tanzschule *Galant*. Hier kreuzen sich immer wieder die Wege der Figuren, werden Konflikte ausgetragen und wird Leid erduldet. Die räumliche Dimension dieses Kulminationspunktes wird sogar noch durch eine historische ergänzt – denn es kommt sukzessive heraus, dass der Betrieb in der NS-Zeit von seinen jüdischen Besitzern zwangsveräußert werden musste und so in den Besitz der Familie Schöllack gelangte. Nicht zuletzt die serielle Struktur von KU'DAMM 56 ermöglicht solch »komplexe Erzählweisen, die an ein breites Figurenensemble geknüpft sind«.[90]

Eine weitere Form pluraler Figurenkonstellationen stellt das *Figurenmosaik* dar. Zahlreiche verschiedenartige Figuren sind in einem komplexen narrativen Gefüge angeordnet, kennen und begegnen sich aber nur zum Teil.[91] Bereits Episodenfilme wie Helmut Käutners IN JENEN TAGEN (1947) weisen eine solche Konstellation auf – in diesem Fall zeitlich und räumlich organisiert über die wechselnden Besitzer eines Autos. In der vielschichtigen Konstruktion eines aktuellen Filmes wie DUNKIRK (2017; R: Christopher Nolan) rückt noch stärker die räumliche Dimension in den Vordergrund. Der Fluss des linearen Erzählens wird unterbrochen durch Zeitsprünge und die Wiederholung derselben Ereignisse aus unterschiedlichen Perspektiven. Die narrative Struktur des Films wird auf der Grundlage der räumlichen Konfiguration der Figuren neu organisiert und ähnelt hierdurch einer Versuchsanordnung. Dieser hohe Grad an Artifizialität deklariert die

---

88 Ebenda, S. 211.
89 In Anlehnung an Michail Bachtins Begriff des ›Chronotopos‹ (Bachtin 1989, a.a.O., S. 8.) erläutert Margrit Tröhler: »Das Moment der Begegnung führt die räumliche und zeitliche Bestimmung der Figuren an einem zentralen Ort zusammen, es konstituiert diesen als diegetischen Raum und bündelt die Linien der Erzählung: Das simultane und konsekutive Nebeneinander der Geschichten und Handlungsstränge schafft in der ›zufälligen Gleichzeitigkeit‹ und der ›zufälligen Ungleichzeitigkeit‹ die Grundlage von Nähe und Distanz.« Ebenda, S. 214.
90 Joan K. Bleicher: Darstellung von Geschichte in Mehrteilern und Serie. Individuelle und kollektive Erinnerungen durch Geschichte in Geschichten. In: SPIEL. Neue Folge. Eine Zeitschrift zur Medienkultur, Jg. 2, 2/2016, S. 24.
91 Vgl. Tröhler 2007, a.a.O., S. 387.

fingierte historische Welt »offen als imaginäre Konstruktion, und die vernetzende Narration spielt mit ›Beziehungen‹ aller Art, mit strukturellen, semantischen und plastischen, die diesen Filmen eine verstärkte Expressivität verleihen«[92]. Die Histosphere wird infolgedessen nicht nur als historische Welt, sondern auch als *Modellierung*, als *Figuration* einer historischen Welt erfahren. Zugleich scheinen sich plurale Figurenkonstellationen häufig »an soziale Dynamiken und Muster aus dem alltäglichen Erfahrungsbereich anzulehnen«.[93] In Geschichtsfilmen und -serien, deren fingierte Welten sich besonders stark von der Alltagsrealität der Zuschauer unterscheiden, kommen überdies vermehrt filmische Figurationen zum Einsatz, die die historische Welt des Films mit bekannten Ikonografien und körperlichen Erinnerungen des Zuschauers verknüpfen.[94] Im Gegensatz zu einer Vielzahl an Biopics und klassischen Geschichtsfilmen verzichten Filme mit pluralen Figurenkonstellationen zudem häufig auf klassische Helden und entwickeln als »*kulturelle Praxis*« verschiedene Formen der Begegnung mit dem Anderen.[95] Die Offenheit der auf diese Weise gestalteten historischen Welten begünstigt eine veränderte Geschichtserfahrung. Ein intensiver Eindruck von Kontingenz unterminiert die Determinationserfahrung, die sich potenziell aus dem historischen Wissen des Zuschauers ergibt. Die dargestellten historischen Prozesse können in der Gemengelage der pluralen Figurenkonstellation multiperspektivisch erschlossen und als unvorherbestimmte, kontingente Gegenwart erlebt werden.

Von der Mise-en-scène zur Mise-en-histoire

Das Innere eines U-Bahn-Waggons: Fahrgäste in langen Mänteln, fast alle tragen Hüte, die Frauen Röcke, die Männer Jacketts und Stoffhosen. Umgeben von messingfarbenen Haltestangen und hellbraunen Holzvertäfelungen stehen und sitzen sie gleichmäßig im Raum verteilt, lesen Zeitung oder blicken stumm vor sich hin. Ein junger Mann trägt lautstark einen Artikel über ein Konzert von Elvis Presley vor. Dazu erklingen das gleichmäßige Rauschen, Klappern und Quietschen der Fahrt sowie die zurückhaltenden Klaviertöne des Scores. Lampen mit runden Milchglasabdeckungen tauchen die Szenerie in ein diffuses Licht, das die Braun- und Grautöne der Ausstat-

---

92 Ebenda, S. 388.
93 Ebenda, S. 16.
94 Vgl. den Abschnitt *Reminiszenztrigger* im Kapitel *Erfahren und Erinnern*.
95 Vgl. Tröhler 2007, a.a.O., S. 542.

Von der Mise-en-scène zur Mise-en-histoire

Inszenierung des Historischen in KU'DAMM 56

tung und der Kostüme zusätzlich zur Geltung bringt. – Bereits nach wenigen Sekunden wissen wir, dass diese Sequenz am Anfang von KU'DAMM 56 in der Vergangenheit spielt. Für unsere Augen und Ohren wird eine historische Welt inszeniert, die ihre besondere Evidenz im Spannungsfeld zwischen ästhetischen Operationen des Films und unserer Wahrnehmung entwickelt.

Wie wir die fingierte historische Welt im Film wahrnehmen, basiert zunächst einmal auf der Inszenierung und Organisation von Figuren im Raum sowie der Gestaltung räumlicher Relationen in der Zeit – kurz: der Mise-en-scène. Diese konstituiert den filmischen Raum; sie »ordnet alle Elemente des Sichtbaren und des Hörbaren, sowohl intrabildlich als auch interbildlich«.[96] Die Auswahl der Kameraperspektiven, die Bildkomposition, aber auch die Tongestaltung werden hierbei bereits an der Logik der späteren Montage ausgerichtet.[97] Die Mise-en-scène lenkt die Perzeption somit nicht nur in,

---

96 Um den filmischen Raum zu organisieren, stellt die Mise-en-scène »Symmetrien her oder Asymmetrien, Statik oder Dynamik, gestaltet Proportionen stabil oder instabil, homogen oder heterogen«. Ivo Ritzer: Die Medialität der Mise-en-scène. Zur Archäologie telekinematischer Räume. Wiesbaden 2017, S. 67.
97 »Was gefilmt wird, steht in engstem Zusammenhang mit dem, wie es gefilmt wird, das in engstem Zusammenhang steht mit dem, wie das Gefilmte kontextualisiert wird. Die telekinematische Mise-en-scène operiert also paradigmatisch wie syntagmatisch. Sie entscheidet, was die Kamera aufzeichnet, sie entscheidet, wie die Kamera aufzeichnet, und sie entscheidet, wie die Aufnahmen der Kamera kombiniert werden.« Ebenda, S. 117.

Modellieren und Wahrnehmen

sondern auch zwischen den Bildern.[98] Erst »*durch inszenatorische Verbindungen zwischen den visuellen Strukturen*« wird der Effekt eines dreidimensionalen filmischen Raumes geschaffen, den die Mise-en-scène »durch rezessive Kompositionen, skulpturale Lichtsetzung oder auch wechselnde Aufnahmeperspektiven« konstruiert.[99] Über diese auf das filmische Bild fokussierte Darstellung sollte jedoch nicht vergessen werden, dass der filmische Raum auch auditiv gestaltet wird.[100] Im Zusammenspiel von Filmbild und Filmton eröffnet die Mise-en-scène einen audiovisuellen Ereignisraum, der die filmische Welt nicht nur ästhetisch strukturiert, sondern auch audiovisuell vermittelt.[101] Die Mise-en-scène erweist sich somit als essenzielles Konzept für die Theorie und Praxis der Histosphäre. Versteht man diese als filmische Figuration einer historischen Welt, dann ist die Mise-en-scène ihre »sinnlich erfahrbare Textur«[102]. Hierbei bewegt sie sich zwischen signifikativer Praxis und medialer Instanz: Die Mise-en-scène, so Ivo Ritzer, »*vermittelt nicht eine fixe Bedeutung von Sendern zu Empfängern, sondern eröffnet vielmehr einen Diskurs zwischen besagten Polen, die im Prozess der medialen Signifikation sowohl konstruiert werden als auch in ihm enthalten sind.*«[103] Für den Geschichtsfilm bedeutet das: Im Zusammenspiel von inszenatorischer Gestaltung und Perzeption konfiguriert die Mise-en-scène den Entwurf einer historischen

---

98 Die Lenkung der Perzeption kann beispielsweise mithilfe von Größenverhältnissen erfolgen. Vgl. ebenda, S. 67.
99 Die Mise-en-scène »komponiert in die Tiefe, schafft Bildvolumen und Bildebenen, verleiht den Körpern also ihre spatiale Präsenz, staffelt das Sichtbare in Vordergrund, Mittelgrund sowie Hintergrund«. Vgl. ebenda, S. 79 und 88.
100 Der Filmton konstruiert ein relatives Off, einen unsichtbaren, aber spürbaren filmischen Raum, der durch Klanglandschaften, Atmos – aber auch durch einzelne Klangobjekte gebildet wird. Vgl. hierzu auch den Abschnitt *Raum, Zeit und filmische Welt* später in diesem Kapitel.
101 Ivo Ritzer weist darauf hin, dass die Mise-en-scène als »inszenatorischer Signifikant« nicht die Form des Mediums selbst, sondern vielmehr dessen »ästhetische Strukturierung« sei. Vgl. Ritzer 2017, a.a.O., S. 67.
102 Die Mise-en-scène markiert auf diese Weise eine performative Praxis: »einen Prozess der Artikulation, der durch Arbeit der Produktion innerhalb eines Systems dessen Teile zueinander situiert«, seien es »die denotativ-narrative Signifikation einer spezifischen Relation zwischen Körper und Raum, [...] die expressiv-darstellende Evokation von Affekten auf Ebene der Fiktion und der Rezeption, [...] die symbolisch-konnotative Bedeutung abstrakter Ideen durch das spatiale Arrangement von Körpern oder die ornamental-dekorative Präsentation formalästhetischer Muster«. Vgl. ebenda., S. 65–66.
103 Die mediale Qualität der Mise-en-scène versteht Ritzer »als eine dem technologischen Speichermedium eingelassene signifikative Kommunikationsinstanz, die historisch in variierenden Kontexten auftritt« und ästhetische Bedeutungspotenziale transportiere. Ebenda, S. 66.

Von der Mise-en-scène zur Mise-en-histoire

Ausgeblichene Farben in KU'DAMM 56 und in einer zeitgenössischen Fotografie

Welt – und ist zugleich auch Teil der medialen Darstellungsform.[104] Die Histosphere ist folglich nicht nur Repräsentation einer historischen Welt, sondern auch diskursive Konstruktion und performativer Akt.

---

104 Vgl. auch hierzu Ivo Ritzers Erläuterungen zur Mise-en-scène: »Mise-en-scène umfasst das, was die mediale Assemblage uns im szenischen Raum sehen und hören lässt sowie das, auf welche Weise sie es uns im szenischen Raum sehen und hören lässt. *Die Mise-en-scène verleiht dem Medium seine Darstellungsform, indem sie permanent aus einem Repertoire disponibler Verfahren selektiert und eben diese gewählten Verfahren strukturell akkumuliert.*« Ebenda, S. 97.

| Modellieren und Wahrnehmen

Dass wir die von der Mise-en-scène organisierte filmische Welt des Geschichtsfilms überhaupt als historisch konnotiert wahrnehmen können, hat wiederum mit einem spezifischen Prozess der Referenzialisierung zu tun. Diesen Prozess nenne ich *Mise-en-histoire*. Die Mise-en-histoire referenzialisiert die aus den audiovisuellen Figurationen des Films geformte Welt im populären Geschichtsbewusstsein und verknüpft sie reziprok mit den individuellen Geschichtsvorstellungen der Zuschauer.[105] Während also die Mise-en-scène den performativen Akt der Inszenierung und die hierbei erzeugte filmische Welt für den Zuschauer organisiert und erfahrbar macht, baut die Mise-en-histoire ein relationales Verhältnis zu kollektiven und individuellen Vorstellungen von der historischen Vergangenheit auf. Die Histosphere zu *erfahren*, das umfasst demzufolge nicht nur die Wahrnehmung einer filmisch konstruierten historischen Welt, sondern auch die hierdurch ausgelösten Assoziationen. Die sich in diesem Zuge manifestierenden geschichtsreferenziellen Bedeutungspotenziale weisen wiederum mehrere Ebenen auf. So simuliert die ästhetische Gestaltung der figurativen Oberflächen auch historische Ästhetiken, Darstellungspraxen und Medientechnologien.[106] In KU'DAMM 56 wirken beispielsweise die Farben leicht ausgeblichen und erinnern damit an alte Fotografien aus den 1950er Jahren. Die medienhistorische Referenz verweist aber nicht nur auf andere mediale Signifikationen des Historischen, sondern dockt auch an bildhafte Vorstellungen des Zuschauers an, die zwar auf Medienerfahrungen basieren können, mit ihnen aber nicht bewusst verknüpft werden müssen. Die Mise-en-histoire versieht die Histosphere so mit einer relationalen Zeitlichkeit und einer in dieser Zeitlichkeit organisierten Raumstruktur.[107]

Erzähltheoretisch erinnert diese Konstellation an Michail Bachtins Begriff des »künstlerischen Chronotopos«, der »räumliche und zeitliche Merkmale zu einem sinnvollen und konkreten Ganzen« amalgamiert.[108] Raum und Zeit werden reziprok miteinander verschränkt:

---

105 Verstanden als ein solcher narrativer Akt, weist die Mise-en-histoire Überschneidungen mit Paul Ricœurs Konzept der »Mise-en-intrigue« (Fabelkomposition) auf. Vgl. Paul Ricœur: Zeit und Erzählung. Band II: Zeit und literarische Erzählung. München 2007, S. 10 (im Folgenden: Ricœur 2007b).
106 Neben den spezifischen Eigenschaften historischen Filmmaterials (Auflösung, Körnung, Farbe, Kontrast etc.) sowie der Verwendung historischer Optiken und Tontechnik – oder deren Simulation – können dies auch historische Strategien der Bild- und Tongestaltung sowie der narrativen Auflösung einer Sequenz sein.
107 Vgl. hierzu auch Erwin Panofskys Überlegungen zur Verräumlichung der Zeit und Verzeitlichung des Raums. Erwin Panofsky: Stil und Medium im Film. Frankfurt/Main 1995.
108 Bachtin 1989, a.a.O., S. 8.

»Die Zeit verdichtet sich hierbei, sie zieht sich zusammen und wird auf künstlerische Weise sichtbar; der Raum gewinnt an Intensität, er wird in die Bewegung der Zeit, des Sujets, der Geschichte hineingezogen. Die Merkmale der Zeit offenbaren sich im Raum, und der Raum wird von der Zeit mit Sinn erfüllt und dimensioniert.«[109]

Folglich ergeben Raum und Zeit »in ihrer korrelativen Kombination ein neues Drittes und gewinnen an Materialität wie Plastizität«.[110] Bachtins auf den Roman bezogene Überlegungen lassen sich auch auf den Film übertragen. Wenn wir die Mise-en-scène als die inszenatorische Organisation von Figuren in Raum und Zeit ansehen, dann verwebt die Mise-en-histoire diese mit den entsprechenden populären Geschichts-Erzählungen. Damit bestätigt die erzählerische Dimension der Histosphere auch Hayden Whites Annahme, dass Geschichtsschreibung notwendigerweise narrativ sein muss.[111] Mehr noch: Die historische Referenzialität von Elementen des Filmbildes und des Filmtons ermöglicht uns einen intentionalen Zugang zur Geschichte, der mit unseren medial geprägten historischen Vorstellungen im Austausch steht. Als narrative »Verdichtung und Konkretisierung der Kennzeichen der Zeit – der Zeit des menschlichen Lebens, der historischen Zeit – auf bestimmten Abschnitten des Raumes«[112] ist der Chronotopos folglich auch für den Geschichtsfilm ein höchst relevanter Begriff. Indem er als »Angelpunkt für die Entfaltung der ›Szenen‹«[113] fungiert, kann er als raum-zeitlicher Nukleus der Mise-en-histoire – der referenziellen Zuordnung zur Geschichte – angesehen werden.

Ebenso ist die Mise-en-histoire eng mit der ästhetischen Gestaltung verwoben. Wenn die Mise-en-scène »erzählt und zeigt«, wenn sie »den Inhalt durch die Form« schafft[114], dann rückt besonders die Kameraarbeit in den Fokus. »[D]as Licht ebenso wie Kulisse und Dekor, Kostüme und Make-up ebenso wie Körper und Objekte«[115] – alle Inszenierung ist auf den Blick der Kamera ausgerichtet. Als integraler Bestandteil der Mise-en-scène verleiht die Kamera »der Inszenierung im Raum ihre spezifische Wirkung«, sie schafft

---

109 Ebenda.
110 Ritzer 2017, a.a.O., S. 109.
111 Vgl. Hayden White: Das Problem der Erzählung in der modernen Geschichtstheorie. In: Pietro Rossi (Hg.): Theorie der modernen Geschichtsschreibung. Frankfurt/Main 1987, S. 57–106.
112 Bachtin 1989, a.a.O., S. 200.
113 Ebenda.
114 Ritzer 2017, a.a.O., S. 122.
115 Ebenda, S. 83.

▌ Modellieren und Wahrnehmen

Eine Tanzschule wie ein Kasernenhof: ...

»neue spatiale Relationen«.[116] Die Kamera führt alle visuellen Elemente der filmischen Welt zusammen. Die Art und Weise, wie sie den inszenierten Raum und die darin angeordneten Figuren erfasst und darstellt, entscheidet über unsere Wahrnehmung. Begleitet von den sich steigernden orchestralen Klängen von Don Cornells Schlager *Most of All*, schwenkt die Kamera am Anfang von KU'DAMM 56 vom Boden des Tanzsaals nach oben.

---

116 Ebenda.

Von der Mise-en-scène zur Mise-en-histoire

... Die Mise-en-scène in KU'DAMM 56

Caterina Schöllack (Claudia Michelsen) schreitet zwischen den Spalier stehenden, adrett gekleideten Jugendlichen direkt auf uns zu. Die Staffelung in die Bildtiefe unterstreicht die strenge Zentralperspektive. Als sich Caterina unmittelbar vor der Kamera umdreht, folgt der Schnitt in den Gegenschuss. In einer Parallelfahrt sehen wir die Tanzlehrerin zu ihrem Ausgangspunkt zurückkehren und dabei die Reihen abschreiten, unterbrochen von Over-shoulder-Perspektiven, die an die erste Einstellung der Sequenz anknüpfen. Die Mise-en-scène inszeniert die Tanzschule wie einen Kasernenhof. In Kombination mit der Mise-en-histoire entstehen so bereits erste Vorstellungen von den 1950er Jahren, einer Zeit, die der Film als Kampf zwischen der gesellschaftlichen Restauration sozialer Ordnung und jugendlichem Freiheitsbegehren präsentiert. Zum Rhythmus von Cornells Schlager werden Figuren und Raum in einer audiovisuellen Choreografie erschlossen und als spezifisches Geschichts-Bild inszeniert. Ausgerichtet »auf das Nach-Außen-Treten eines inneren Ausdrucks«[117] konstruiert die Kamera eine historische Welt. »[I]ndem sie modelliert, begrenzt sie, akzentuiert sie, interpretiert sie«[118], was sich vor ihr befindet.

Die Kamera strukturiert die Wahrnehmung des Zuschauersubjektes und präfiguriert seine Rezeption, »indem sie den profilmischen Blick koinzidieren lassen will mit dem filmophanen Bild, das während Projektion oder Ausstrahlung auf Leinwand und Bildschirm entsteht«.[119] So auch in der Darstellung des Kurfürstendamms: Mit einer Kranfahrt tauchen wir am Anfang von KU'DAMM 56 von oben in die historische Szenerie ein. In einer Rückwärtsbewegung beobachten wir Monika, wie sie die filmisch konstruierte Realität der 1950er durchquert: Geschäfte mit stilechten Markisen und Neonschriftzügen, Litfaßsäulen und Schaukästen, bevölkert von Passanten und Servicepersonal. Die Mise-en-scène präfiguriert die räumlichen Koordinaten der Histosphere, die der Zuschauer im Kopf zu einer kohärenten historischen Welt zusammensetzt. Der filmisch generierte Raum der historischen Welt ist somit immer eine Interpretation der spatialen Inszenierung, die wiederum mit Erinnerungen und Assoziationen des Zuschauers angereichert wird. Allerdings sind wir dieser intentionalen Perspektivierung nicht schutzlos ausgeliefert: Folgt man Vivian Sobchacks Phänomenologie des Films, dann kreist die filmische Inszenierung um ein doppeltes Verständnis von Sehen und Angesehen-Werden.[120] Mit dem Blick des filmischen Subjekts adressiert die Kamera den Blick des Zuschauers, der die Filmbilder sowohl als die präsentierte Welt als auch den intentionalen Blick auf diese Welt wahrnimmt.[121] Damit oszilliert auch unsere Wahrnehmung der

---

117 Vgl. Karl Prümm: Von der Mise en scène zur Mise en images. Plädoyer für einen Perspektivenwechsel in der Filmtheorie und Filmanalyse. In: Thomas Koebner / Thomas Meder (Hg.): Bildtheorie und Film. München 2006, S. 16.
118 Vgl. Ritzer 2017, a.a.O., S. 94.
119 Ebenda, S. 88.
120 Der Begriff des Sehens muss hierbei, dies sei auch hier nochmals erwähnt, als Synonym für die Wahrnehmung des Films verstanden werden, die auch die auditive Ebene miteinschließt.
121 Vgl. Sobchack 1992, a.a.O., S. 56.

Von der Mise-en-scène zur Mise-en-histoire

Die historische Welt des Films in KU'DAMM 56

Histosphere zwischen einem lustvollen Entdecken einer inszenierten Vergangenheit und einem beobachtenden – aber nicht weniger goutierenden – Blick auf die audiovisuelle Inszenierung selbst. Sobchacks Konzept des doppelten Blicks ermöglicht somit auch eine Re-Perspektivierung, die die historische Welt des Geschichtsfilms in einem neuen Licht erscheinen lässt.

Eine zentrale Bedeutung sowohl für die Mise-en-scène als auch für den Geschichtsfilm hat der Bezug zur Wirklichkeit. So unterstützt beispielsweise die paratextuelle Aussage, der Film sei an ›Originalschauplätzen‹ gedreht worden, die Erzeugung eines Authentizitätsgefühls. Wir gehen implizit davon aus, dass sich Spuren der afilmischen Wirklichkeit in die Histosphere eingeschrieben haben. Die Verwendung von Originalschauplätzen würde demnach eine Art Benjamin'sche Aura erzeugen. Die Reproduzierbarkeit des Mediums Film stellt jedoch genau dies infrage.[122] Die Theorie der Mise-en-scène geht wiederum davon aus, dass die afilmische Wirklichkeit lediglich »Rohmaterial für das Profilmische« liefert, das »all jene Bestandteile des Bildes subsumiert, die sich zum Zwecke der medialen Transmission vor der Kamera befinden und intentional von ihr aufgenommen werden«.[123] Diese Formulierung lässt allerdings offen, ob nicht zumindest die *unintentional*

---

122 Walter Benjamin: Das Kunstwerk im Zeitalter seiner technischen Reproduzierbarkeit (1936). Berlin 2010.
123 Ritzer 2017, a.a.O., S. 76.

▌ Modellieren und Wahrnehmen

aufgenommenen Elemente des Filmbildes oder des Filmtons der afilmischen Wirklichkeit zuzuschreiben sind. Doch auch hier greift der »unumgängliche Formanwendungsprozess der Kamera«, der sämtlichen Elementen des Ereignisraums den Status einer Kulisse zuschreibt.[124] Anders ausgedrückt: Alles, was wir – auch im Geschichtsfilm – sehen und hören, selbst das, was die Kamera und die Tonausrüstung unintentional aufgezeichnet haben, ist per se artifiziell und synthetisch. Die indexikalische Verbindung zur afilmischen Wirklichkeit kann lediglich als Störung – als »Rauschen des Realen«[125] – existieren. Der Status filmischer Bilder ist somit ein doppelter: Separiert vom Bildaußen sind die Filmbilder zunächst einmal als ästhetische Einheiten zu definieren.[126] Zugleich »*sind sie gekennzeichnet durch ihre Referenz auf eine externe Totalität, deren kontinuierliche Alteration sie als Dauer in der Zeit artikulieren*«.[127] Mise-en-scène und Mise-en-histoire greifen damit auf dasselbe Prinzip zurück: Sie machen »*das Abwesende medial auf der Leinwand präsent*«[128] – allerdings mit einem zeitlich veränderten Referenten. Während der Referent der Mise-en-scène auf die afilmische Wirklichkeit zum Zeitpunkt der Filmaufnahme verweist, bezieht sich der Referent der Mise-en-histoire auf einen imaginären Zeitpunkt in der Geschichte. Zwei Schichten der Historizität überlagern sich und schaffen so eine hybride Form der Zeitlichkeit. Mit Blick auf den dargestellten historischen Schauplatz entstehen hierdurch Interpretationsspielräume. So ist es häufig kaum möglich, ausgehend von den konkreten Filmbildern den Drehort zu identifizieren. Die Mise-en-scène transformiert Orte zu ästhetischen Einheiten. Der Blick der Kamera wandelt »auch afilmisch existierende Orte zu Elementen der Inszenierung, indem diesen eine bestimmte Perspektive auferlegt ist«.[129]

Produktionsgeschichtlich sorgt dies mitunter für Überraschungen: So wurde auch der Dreiteiler KU'DAMM 56 nicht etwa an ›Originalschauplätzen‹ gedreht. Aus ästhetischen und logistischen Gründen musste der titelgebende Boulevard in eine andere Straße verlegt werden, die vom Set-Design und in der Postproduktion in den historischen Schauplatz verwandelt wurde.[130]

---

124 Ebenda.
125 Vgl. Friedrich Kittler: Grammophon/Film/Typewriter. Berlin 1986, S. 26.
126 Ritzer 2017, a.a.O., S. 96.
127 Ebenda.
128 Ebenda, S. 76.
129 Ebenda.
130 Vgl. Tabea Pauli: 400 Meter Ku'damm auf der Richard-Wagner-Straße. In: Der Tagesspiegel, 25.9.2015. www.tagesspiegel.de/berlin/bezirke/charlottenburg-wilmersdorf/dreharbeiten-in-berlin-400-meter-kudamm-auf-der-richard-wagner-strasse/12364976.html [9.12.2019].

Selbst die Ruine der Gedächtniskirche wurde nachträglich in den Bildhintergrund einmontiert. Das Gefühl der Authentizität, das uns beschleicht, wenn wir in die historische Welt des Films eintauchen, ist demnach mehr ein Effekt der Inszenierung als ein Hinweis auf eine tatsächliche indexikalische Verbindung zur Geschichte. Eingebunden in spezifische gesellschaftliche und kulturelle Konstellationen sowie deren Historizität, ist die Histosphere also das Produkt einer »schöpferischen Kamera«, die historische Bilder nicht reproduziert, sondern diesen in ihrer spezifischen »Art zu sehen« eine bestimmte Form verleiht.[131]

Die audiovisuelle Figuration einer historischen Welt kann allerdings auch durchaus kritisch betrachtet werden. So beklagt Fredric Jameson eine »aesthetic colonization«, in deren Zuge tiefergehende historische Diskurse durch die Geschichtlichkeit eines audiovisuellen Stils abgelöst würden.[132] Die Histosphere wäre damit kaum mehr als ein ästhetisches Attribut. Allerdings verkennt Jameson die komplexe Geschichtlichkeit des Films, wie sie etwa Jacques Rancière fasst.[133] Jamesons simplifizierender Versuch, die ›echte‹ Geschichte gegen die ›falsche‹ Geschichte auszuspielen, missachtet zudem die Divergenz und die Prozesshaftigkeit verschiedener Ansätze der Geschichtsschreibung. Siegfried Kracauer sieht hingegen gerade in der verfehlten Intention, die Vergangenheit in all ihrer Komplexität zu ›reproduzieren‹, eine strukturelle Parallele zwischen Geschichtsschreibung und »Kamera-Wirklichkeit«, die beide »teils geformt, teils amorph« seien.[134] Sowohl die Geschichtsschreibung als auch der Film fordern Kracauer zufolge »ihre Experten« dazu auf, »ein gegebenes Universum zu erfassen«.[135] Die

---

131 Balázs 1961, a.a.O., S. 41.
132 Jameson spricht in diesem Zusammenhang von der »1930s-ness« oder der »1950s-ness« eines Films und kritisiert Intertextualität als »a deliberate, built-in feature of the aesthetic effect and as the operator of a new connotation of ›pastness‹ and pseudohistorical depth, in which the history of aesthetic styles displaces ›real‹ history.« Vgl. Fredric Jameson: Postmodernism, or, The Cultural Logic of Late Capitalism (1991). London 2008, S. 19–20.
133 Für Rancière liegt die Geschichtlichkeit des Films in der »Art der Intrige, aus der der Film besteht«, in der »Funktion der Erinnerung, die er erfüllt« und in der »Art und Weise, in der er eine Teilhabe am gemeinsamen Schicksal bezeugt«. Jacques Rancière: Die Geschichtlichkeit des Films. In: Eva Hohenberger / Judith Keilbach (Hg.): Die Gegenwart der Vergangenheit. Dokumentarfilm, Fernsehen und Geschichte. Berlin 2003, S. 232–233.
134 Kracauer 2009, a.a.O., S. 69. Kracauer vergleicht wiederholt die Tätigkeit des Fotografen oder des Filmemachers mit der des Historikers. So müssten beide zum Beispiel ihr Material auswählen und gestalten, und beide bezögen sich auf einen größeren Referenten außerhalb des Bildes respektive des historischen Werkes. Vgl. ebenda, S. 63–69.
135 Ebenda, S. 64.

Histosphere führt diese beiden Ansätze durch die Kombination von Mise-en-scène und Mise-en-histoire zusammen. Während sich der Begriff der »Kamera-Wirklichkeit« jedoch lediglich auf den historischen Zeitpunkt der Bildproduktion bezieht, verfügt die Histosphere über einen doppelten Zugang zur Geschichte: Sie ist erstens durch die Historizität der ästhetischen Gestaltung rückgebunden an die Produktionszeit des Films. Zweitens verweist die darin realisierte Inszenierung einer historischen Zeit wiederum auf einen größeren historischen Referenten und dessen mannigfaltige mediale Darstellungen. Die Histosphere ist somit eine Art Vexierbild, in dem sich verschiedene Schichten des Vergangenen überlagern. Gleichzeitig vermittelt sie ein intensives Gefühl des In-der-Welt-Seins. Die synästhetische Qualität der filmischen Inszenierung verleiht der fingierten historischen Welt eine sinnlich erfahrbare Materialität. Für die Filmwissenschaftlerin Anne Rutherford ist die Mise-en-scène die entscheidende Verbindung zwischen den materiellen Dimensionen des Kinos und seinen affektiven Potenzialen.[136] Als »synthetisierende[s] Moment« verbindet die Mise-en-scène die filmische Inszenierung mit »der korporalen Wahrnehmung des Zuschauersubjekts«.[137] Der hierbei entstehende »Körper der medialen Erfahrung«[138] kann abermals mit Vivian Sobchacks phänomenologischen Überlegungen zum Körper des Films verknüpft werden.[139] Sobchack beschreibt eine inkarnierte Wahrnehmung; einen verkörperten Blick des Films auf die filmische Welt, den der Zuschauer sowohl von außen betrachten als auch selbst durchleben und interozeptiv erfahren kann.[140] Die Mise-en-scène modelliert diesen filmischen Blick und vermittelt den filmischen Raum als einen »erlebten Raum«[141]. Darauf aufbauend erzeugt der Geschichtsfilm in einer Synthese aus inszenatorischer Modellierung, verkörperter Filmerfahrung und Mise-en-histoire ein lebendiges Verhältnis zu subjektiven Vorstellungen und populären Darstellungen von Geschichte. Die fingierten historischen Welten der Histosphere werden hierdurch zu erlebten Welten: Wir werden in einen Modus des verkörperten Geschichte-Erlebens versetzt.

---

136 Anne Rutherford: Precarious Boundaries: Affect, *Mise en Scene* and the Senses in Angelopoulos' Balkans Epic. In: Richard Candida-Smith (Hg.): Art and the Performance of Memory: Sounds and Gestures of Recollection. London, New York 2006, S. 67.
137 Ritzer 2017, a.a.O., S. 78.
138 Ebenda.
139 Vgl. hierzu auch das Kapitel *Film/Geschichte/Erfahrung*.
140 Sobchack 1992, a.a.O., S. 138–140.
141 Ritzer 2017, a.a.O., S. 79.

Erleben und Empfinden

Filme werden als Sinneserfahrungen erlebt, die fast zwangsläufig emotionale Reaktionen hervorrufen. Béla Balázs versteht das Medium daher als Steigerung des Empfindungsvermögens: Jede Wahrnehmung ist für ihn mit Gefühlen aufgeladen.[1] Die bei Balázs bereits anklingende Verbindung von Sinnlichkeit und Intellekt dient im Folgenden als Basis für eine Theorie der Histosphere als spezifischer Form des (filmischen) Geschichte-Erlebens. Temporal organisiertes ästhetisches Erleben bildet, so meine Annahme, die Grundlage für das große Interesse am Geschichtsfilm. In diesem Kontext untersuche ich im ersten Teil dieses Kapitels die Rolle von ästhetisch modellierten Atmosphären und daraus hervorgehenden Stimmungen. Darauf aufbauend folgen im zweiten Teil des Kapitels wiederum Überlegungen zum filmischen Raum. Die Histosphere, so meine These hier, erzeugt auf der Basis räumlichen Erlebens wirkungsvolle Immersionserfahrungen, die die filmisch konstruierte historische Welt förmlich begehbar machen: Filmische Atmosphären und räumliche Bewegungsfigurationen versetzen uns in eine sowohl körperliche als auch geistige Nähe zum Filmgeschehen. Gleichzeitig nehmen wir den ›filmischen Blick‹ auf diese Welt wahr – als das Erleben eines Anderen, in den wir uns empathisch einfühlen können. Neben dem ›filmischen Blick‹ stellen auch die Filmfiguren eine wirkmächtige Perspektivierung dar. Der dritte Teil des Kapitels fokussiert folglich die imaginative Einfühlung in die Figuren, die der historischen Welt des Films ausgesetzt sind. In Kombination mit der Filmerfahrung als verkörperter Wahrnehmung provoziert diese Innenperspektive Lesarten und Bewertungen, die wir auf die historischen Referenzen der filmischen Darstellung übertragen können. Das Kapitel zielt somit auf die Untersuchung von Histospheres als multiimmersive Wahrnehmungsräume, die nicht nur historische Welten modellieren, sondern auch unsere Vorstellungen und Interpretationen von Geschichte maßgeblich beeinflussen.

---

1 Vgl. hierzu Matthias Hein: Zu einer Theorie des Erlebens bei Béla Balázs. Würzburg 2011, S. 21.

▌ Erleben und Empfinden

Stimmung und Atmosphäre

Das Niemandsland in HIMMEL OHNE STERNE: Gemeinsam mit Annas Sohn Jochen tastet sich Carl Altmann in der Dunkelheit voran. Um das Kind wieder in die Obhut seiner Mutter zu bringen, wird der Grenzschützer zum Grenzverletzer. Dunkelheit und Nebel erschweren die Sicht. Neben dem verlassenen Bahnhof steht das Gerippe eines Güterwaggons. Das Filmbild wird von Bäumen und hölzernen Absperrungen segmentiert und durch schnelle Schuss-Gegenschuss-Montagen rhythmisiert. Eine Kombination aus filmischen Zeichen und Konventionen signalisiert Gefahr. Doch nicht nur die visuellen Informationen, auch die dunklen Klangfolgen der Filmmusik evozieren eine nicht weiter konkretisierbare Bedrohung. Die Atmosphäre ist allgegenwärtig. Wie ein »nebelhafte[r] Urstoff« oder eine »Ausdünstung« umgibt sie alle Formen und Gebilde der Histosphere.[2] Nach Béla Balázs' Konzept einer »anthropomorphen Welt« übt »jede Gestalt [...] auf uns eine (uns zumeist unbewusst bleibende) emotionelle Wirkung aus, eine angenehme, unangenehme, beruhigende oder drohende – weil sie uns, wie entfernt auch immer, an eine menschliche oder animalische Physiognomie erinnert«.[3] Trotz der leicht pathetischen Aufladung machen Balázs' Überlegungen deutlich, dass filmische Atmosphären etwas Gemachtes sind, das bei uns eine emotionale Reaktion hervorrufen kann. Im Sinne von Paul Ricœur muss die Atmosphäre folglich als Teil der »Konfiguration« der filmischen Welt verstanden werden, während eine Stimmung erst im Prozess der »Refiguration« – im Zusammenspiel mit dem Zuschauer – generiert wird.[4] Als ganzheitliche Erfahrungen lassen sich Stimmungen überdies nicht auf ihre einzelnen Elemente reduzieren. Oder mit den Worten Margrit Tröhlers: »Stimmung und Atmosphäre gehen *nicht* vom einzelnen Objekt aus, sondern von Objektkonstellationen und bezeichnen daher Gesamtqualitäten.«[5] Das Ästhetisch-Figurative des Films bildet eine solche Objektkonstellation, die im Falle des Geschichtsfilms

---

2 Béla Balázs: Der Geist des Films (1930). Frankfurt/Main 2001, S. 30.
3 Béla Balázs: Der Film. Werden und Wesen einer neuen Kunst. Wien 1961, S. 89.
4 Zur Definition von Ricœurs Begriffen »Konfiguration« und »Refiguration« vgl. Paul Ricœur: Zeit und Erzählung. Band I: Zeit und historische Erzählung. München 2007, S. 103–114 (im Folgenden Ricœur 2007a); sowie den Abschnitt *Figuration und Illusion* im vorangegangenen Kapitel dieses Bandes.
5 Margrit Tröhler: Filmische Atmosphären – Eine Annäherung. In: Philipp Brunner / Jörg Schweinitz / M.T. (Hg.): Filmische Atmosphären. Marburg 2012, S. 13–14. Tröhler verweist an dieser Stelle auch auf Gernot Böhme, der die Atmosphäre in der Beziehung ›zwischen‹ Subjekt und Objekt lokalisiert und in diesem Zusammenhang von »Anmutungen« spricht, die uns affizieren. Vgl. Gernot Böhme: Anmutungen. Über das Atmosphärische. Stuttgart 1998, S. 8.

durch die imaginären historischen Referenten erweitert wird. In einem assoziativen Netzwerk aus »Erinnerungen, Gedanken, Handlungstendenzen, physiologische[n] Reaktionen und Vokalisierungen«[6] kann die Atmosphäre der Histosphere Emotionen und Stimmungen hervorrufen, die nicht nur in einem komplexen Wechselverhältnis zueinander stehen[7], sondern auch verschiedene Reichweiten haben: Der dänische Regisseur Urban Gad unterschied bereits in seinem Buch *Der Film* (1920) zwischen der Stimmung, die durch bestimmte Gestaltungsmittel innerhalb einer Einstellung hervorgerufen werden kann, und einer Grundstimmung des gesamten Films.[8] Ohne sich direkt auf Gad zu beziehen, knüpft Hermann Kappelhoffs und Jan-Hendrik Bakels' Begriff des »Zuschauergefühls« hier an:

»Das Zuschauergefühl entspricht weder einer einzelnen Affekteinheit noch der summarischen Abfolge verschiedener diskreter Emotionen; es ist vielmehr an die durchgängigen Modellierungen einer sich über die Dauer eines Films entfaltenden komplexen Emotion (einer Stimmung, einer Atmosphäre) gebunden, die vom ästhetischen Vergnügen grundiert ist.«[9]

Beim Geschichtsfilm ist das Zuschauergefühl somit selbst angesichts der Darstellung leidvoller Geschichte – wie der deutsch-deutschen Teilung in HIMMEL OHNE STERNE – nicht gänzlich negativer, sondern ambivalenter Natur. Das ästhetische Vergnügen, das die audiovisuelle Modellierung einer historischen Welt begleitet, wird in seiner Unterhaltungsfunktion grundsätzlich positiv wahrgenommen. So bildet die »temporale Organisation des ästhetischen Erlebens des Films [...] den Grund, die Matrix des Zuschauergefühls«[10]. Als

---

6 Vgl. Hermann Kappelhoff / Jan-Hendrik Bakels: Das Zuschauergefühl – Möglichkeiten qualitativer Medienanalyse. In: Zeitschrift für Medienwissenschaft, Jg. 5, 2/2011, S. 83.
7 Greg M. Smith argumentiert in seinem »Mood Cue Approach«, dass »die fortwährende, wiederholte Empfindung einer bestimmten Emotion [...] in der Ausbildung einer zu dieser Emotion kohärenten Stimmung« münde; während umgekehrt »die Stimmung – als emotionale Disposition – in der Folge kohärente emotionale Reaktionen« begünstige. Vgl. Greg M. Smith: Film Structure and the Emotion System. Cambridge 2007, S. 41. Hier paraphrasiert von Hermann Kappelhoff und Jan-Hendrik Bakels, vgl. Kappelhoff/Bakels 2011, a.a.O., S. 83.
8 Urban Gad: Der Film. Seine Mittel, seine Ziele. Berlin 1920, S. 76, 105. Vgl. hierzu auch Daniel Wiegand, der die Unterscheidung mit der begrifflichen Setzung »Bildstimmung« und »filmische Gesamtstimmung« nochmals präzisiert. Daniel Wiegand: »Die Wahrheit aber ist es nicht allein«. Zur Idee der Stimmung im Film nach 1910. In: Brunner/Schweinitz/Tröhler 2012, a.a.O., S. 197.
9 Kappelhoff/Bakels 2011, a.a.O., S. 86.
10 Ebenda.

Erleben und Empfinden

Atmosphäre der Bedrohung ...

Stimmung und Atmosphäre

... in HIMMEL OHNE STERNE

dessen Bestandteile kommentieren und prägen Atmosphären folglich nicht nur die Darstellung der historischen Welt, sondern machen vor allem leidvolle Geschichte erträglich und damit erfahrbar. Das Zuschauergefühl hat hierbei eine ähnliche Funktion wie der von Siegfried Kracauer ins Feld geführte Schild des Perseus, den Athene in der griechischen Mythologie als Spiegel nutzt, um die Medusa bekämpfen zu können, ohne sie direkt ansehen zu müssen.[11] Nicht etwa eine Ontologie des Filmbildes, sondern das temporal organisierte ästhetische Erleben eines Films und die damit verknüpfte Stimmung bilden die Grundlage für das Vergnügen am Geschichtsfilm und die besondere Anziehungskraft der Histosphere.

Die Unterscheidung zwischen Atmosphäre und Stimmung beruht auf einer nicht zu unterschätzenden epistemologischen Differenz: Während durch das assoziative Erleben von filmischen Atmosphären beim Zuschauer subjektiv geprägte Stimmungen erzeugt werden, basieren die Atmosphären selbst auf dem »allgemeinen Ausdrucksrepertoire von Kulturen« und sind damit auch »intersubjektiv relativ stabil«.[12] Der Medienwissenschaftler Hans J. Wulff geht sogar so weit, filmische Atmosphären »letztlich der semiotischen Sphäre« zuzuordnen.[13] In der Histosphere sind Atmosphären somit nicht nur Teil der Konfiguration der historischen Welt des Films, sondern auch mit dem epistemologischen Konzept der Zeichentheorie beschreibbar. Der illegale Grenzübertritt in HIMMEL OHNE STERNE wird durch kulturelle Codes wie Dunkelheit, Wald und Nebel einer Sphäre des Verbotenen und Heimlichen zugeordnet, während filmische Konventionen wie die fragmentierte Bildkomposition und rasche Schuss-Gegenschuss-Montagen ein Szenario der Bedrohung skizzieren. Um die Zeichenhaftigkeit der Atmosphären zu decodieren und sich, mit den Worten Margrit Tröhlers, »der Atmosphäre, der Stimmung, der Aura in einer Situation gewahr zu werden«, braucht es jedoch »eine minimale Distanz«.[14] Die hier durchscheinende Argumentation in räumlichen Kategorien deutet bereits an, dass Atmosphäre und filmischer Raum reziprok verschränkt sind. Der Philosoph Hermann Schmitz definiert Gefühle in seinen neophänomenologischen Arbeiten als »räumlich, aber ortlos, ergossene Atmosphären«, die sich beispielsweise anhand einer bedrohlich wirkenden Gewitterstimmung oder auch im Rahmen von sozia-

---

11 Vgl. Siegfried Kracauer: Theorie des Films. Die Errettung der äußeren Wirklichkeit (1964). Frankfurt/Main 2015, S. 395.
12 Vgl. Hans J. Wulff: Prolegomena zu einer Theorie des Atmosphärischen im Film. In: Brunner/Schweinitz/Tröhler 2012, a.a.O., S. 119.
13 Ebenda.
14 Tröhler 2012, a.a.O., S. 11.

len Stimmungen wie der sprichwörtlichen ›dicken Luft‹ nachvollziehen ließen.[15] Diese Atmosphären hätten das Potenzial, beim Subjekt über die bloße Wahrnehmung hinaus ein »leibliches Betroffensein« auszulösen.[16] Folgt man Schmitz weiter, dann bilden alle Gefühle in ihrer Gesamtheit einen »Gefühlsraum«, dessen Struktur der des leiblichen Raums ähnele.[17] Auch filmische Atmosphären konstituieren sich unabhängig davon, ob sich die Zuschauer emotional auf sie einlassen. Ist dies jedoch der Fall, ermöglicht die Atmosphäre nicht nur die beobachtende Wahrnehmung einer emotionalen Stimmung, sondern löst auch eine leibliche Affiziertheit aus. Diese Doppelbödigkeit von Atmosphäre und Stimmung kann wiederum an Vivian Sobchacks Phänomenologie der Filmerfahrung rückgebunden werden.[18] Indem wir den Film als eine Welt aus Bildern und Tönen und gleichzeitig als intentionalen, verkörperten Blick auf diese Welt wahrnehmen, entsteht ein Spannungsfeld, in dem unsere Rezeptionserfahrung zwischen dem bloßen kognitiven Verständnis und einer leiblichen Ergriffenheit changiert. Die Atmosphären der Histosphere können folglich als zeichenhaft codierte Lesarten der dargestellten historischen Welten und Ereignisse verstanden werden. Darüber hinaus können sie die atmosphärisch hervorgerufenen Stimmungen körperlich erfahrbar machen. Es ist anzunehmen, dass die damit verbundenen Geschichtsvorstellungen und intuitiven Wertungen der Zuschauer hochgradig von der Konstruktion der atmosphärischen Dimension des Films abhängig sind.

Der Regisseur Fred van der Kooij hat in einem Videointerview deutlich gemacht, dass im Film sämtliche Elemente zur Erzeugung und zum Kontrollieren einer Atmosphäre verfügbar seien.[19] Neben dem Wetter benennt er vor allem Parameter der Raumgestaltung wie Lichtführung, Farben, Größen und Proportionen. Seine Aufzählung konzentriert sich also vor allem

---

15 Vgl. Hermann Schmitz: Gefühle als Atmosphären und das affektive Betroffensein von ihnen. In: Hinrich Fink-Eitel / Georg Lohmann (Hg.): Zur Philosophie der Gefühle. Frankfurt/Main 1993, S. 23.
16 Ebenda, S. 26. Robert Gugutzer führt hierzu beispielhaft an: »Im neophänomenologischen Verständnis ist Trauer ein Gefühl, das heißt eine Atmosphäre, die zur leiblichen Regung Traurigkeit wird, sofern man von der Atmosphäre spürbar betroffen wird.« Robert Gugutzer: Hermann Schmitz: Der Gefühlsraum. In: Konstanze Senge (Hg.): Hauptwerke der Emotionssoziologie. Wiesbaden 2013, S. 306.
17 Herrmann Schmitz: Der Leib, der Raum und die Gefühle. Bielefeld, Locarno 2007, S. 47–57.
18 Vgl. Vivian Sobchack: The Address of the Eye. A Phenomenology of Film Experience. Princeton 1992, S. 56.
19 Vgl. Fred van der Kooij in ATMOSPHÄRE. UNTERSUCHUNGEN ZU EINEM BEGRIFF (2010; R: Elisabeth Blum).

Erleben und Empfinden

auf das Filmbild und muss um Elemente der auditiven Gestaltung ergänzt werden. Besonders die »Ton-Atmo« trägt maßgeblich zur Konstruktion filmischer Räume bei und verleiht ihnen einen spezifischen Realitätseindruck.[20] Zusammengesetzt aus verschiedensten Tönen und Klängen belebt sie das filmische Bild und evoziert eine kontinuierliche filmische Welt, die weit über die Bildgrenzen hinausgeht. In der Histosphere erzeugt die Ton-Atmo entsprechend einen atmosphärischen Eindruck einer vergangenen Welt – etwa durch die Geräusche des historischen Straßenverkehrs. Der holistische Gesamteindruck ergibt sich hierbei im Zusammenwirken mit dem Filmbild, wodurch ein synästhetischer Mehrwert erzeugt wird.[21]

Im Anschluss an Hermann Schmitz können die hierbei auftretenden intermodalen Sinnesqualitäten als »leibnahe Brückenqualitäten« verstanden werden, die die Atmosphären in das affektiv-leibliche Betroffensein übertragen.[22] Um mithilfe des Filmtons eine bestimmte Atmosphäre zu erzeugen, kann auch die auditive Konstruktion der akustischen Eigenschaften eines Raums genutzt werden. Neben der Größenbestimmung durch Dumpfheit, Hall oder sogar Echo kann der Ton auch einen Eindruck von der materiellen Beschaffenheit eines Raums vermitteln.[23] Schritte auf Marmor klingen anders als auf einem Teppich; der Klang eines bestimmten Materials ist wiederum eng mit dessen haptischen Eigenschaften verknüpft. Ein Raum mit Marmorboden erscheint uns tendenziell kälter und glatter als ein Raum, der mit einem weichen, warmen Teppich ausgelegt ist. Auch diese synästheti-

---

20 Zur Ton-Atmo erläutern Frieder Butzmann und Jean Martin: »Ein sonst, ›im normalen Leben‹ unbemerkter, leise brummender Teppich der uns allgegenwärtig umgebenden akustischen Atmosphäre, das Grundrauschen der Umwelt, zwingt den Seherhörer ein Gefühl von Realismus auf. Mit den unterschwelligen Geräuschen wird den Gegenständen, die Teil eines Vorgangs sind, Lebenssaft eingehaucht. Das Szenario tritt aus der Sphäre des Unbelebten und Künstlichen in das Reich des Erfahrbaren, Erlebbaren, des Miterlebten ein.« Vgl. Frieder Butzmann / Jean Martin: Filmgeräusch. Wahrnehmungsfelder eines Mediums. Hofheim 2012, S. 46.
21 Michel Chion prägte, wie bereits im Kapitel Audio-Visual History (Abschnitt Geschichte als Audio-Vision) ausgeführt, für den Mehrwert im Zusammenwirken zwischen Filmbild und Filmton den Begriff »valeur ajouté«. Michel Chion: Audio-Vision. Ton und Bild im Kino. Berlin 2012, S. 173.
22 Schmitz bezieht sich in seinen Beispielen zwar nicht explizit auf den Film, lässt aber keinen Zweifel daran, dass die untersuchten Mechanismen technisch nachgestellt werden könnten. Vgl. Hermann Schmitz: Über das Machen von Atmosphären. In: Anna Blume: Zur Phänomenologie der ästhetischen Erfahrung. Freiburg, München 2005, S. 38.
23 Vgl. Barbara Flückiger: Sound Design: Die virtuelle Klangwelt des Films. Marburg 2012, S. 331.

schen Wahrnehmungen fungieren als »leibnahe Brückenqualitäten«[24]. Diese leiblich-affektive Wirkung des Atmosphärischen macht die filmisch konstruierten historischen Räume für uns körperlich erfahrbar. Ganz im Sinne von Frank R. Ankersmits Überlegungen zur historischen Erfahrung kann hierdurch das Gefühl eines direkten Kontaktes zur Geschichte evoziert werden.[25] Gleichzeitig gleichen wir die synästhetische Wahrnehmung der Atmosphäre historischer Räume kontinuierlich mit den zugehörigen imaginären historischen Referenten ab. Die damit verbundenen Erwartungen betreffen auch die Funktion eines Raums.[26] Einen Bahnhof oder einen Flughafen kann eine wehmütige Atmosphäre des Abschieds umgeben. Beide Orte verheißen aber auch Freiheit und machen neugierig auf die weite Welt. Wenn ein solcher Ort jedoch seiner Funktion beraubt wird, hat das auch Auswirkungen auf seine Atmosphäre. Der verlassene Bahnhof in HIMMEL OHNE STERNE verbreitet während des nächtlichen Grenzübertritts eine gespenstische Atmosphäre, die auch eine historische Dimension beinhaltet. Die nutzlos gewordenen Gleise und das verfallene Gebäude sind filmisch konstruierte Spuren der Vergangenheit, die von den Auswirkungen der deutschen Teilung zeugen. Die körperlich erlebte Stimmung erzeugt eine kognitive Resonanz. Indem wir emotional dem fingierten Historischen des Films ausgesetzt werden und die dabei entstehenden Gefühle evaluieren, beziehen wir gegenüber dem imaginären historischen Referenten Stellung. Hierdurch werden zwangsläufig auch unsere historischen Vorstellungen und Lesarten beeinflusst.

Hinzu kommt eine historiografisch-narrative Komponente des Raums: Wenn Fred van der Kooij danach fragt, inwieweit die Objekte im Raum für die Zuschauer eine Geschichte haben, wendet er sich der ›Refiguration‹[27] der historischen Welt zu. Unsere persönlichen Erfahrungen und Erinnerungen vermischen sich mit der Wahrnehmung und Erfahrung der audiovisuell konfigurierten historischen Welt. Von zentraler Bedeutung für den Geschichtsfilm ist van der Kooijs Annahme, dass die Kenntnis darüber, was in einem Raum einmal geschehen ist, entscheidend für dessen Atmosphäre ist. Die filmische Figuration historischer Räume zielt genau auf diesen Effekt.[28] Wenn wir ahnen,

---

24 Vgl. Schmitz 2005, a.a.O., S. 38.
25 Frank R. Ankersmit: Die historische Erfahrung. Berlin 2012, S. 19.
26 Vgl. hierzu auch Michail Bachtins – bereits im vorangegangenen Kapitel angesprochenen – Begriff des Chronotopos. Michail Bachtin: Formen der Zeit im Roman. Untersuchungen zur historischen Poetik. Frankfurt/Main 1989, S. 8.
27 Vgl. Ricœur 2007a, a.a.O., S. 127.
28 Hierbei handelt es sich gewissermaßen um die räumliche Variante dessen, was Marcel Proust in seinem Roman *Auf der Suche nach der verlorenen Zeit* (1913–1927) beschreibt,

▌ Erleben und Empfinden

was in einem Raum geschehen ist, wird er mit einer entsprechenden Atmosphäre aufgeladen, und wir beginnen zu antizipieren, was in ihm als nächstes passieren könnte. Der filmisch konstruierte historische Raum der deutsch-deutschen Grenze in HIMMEL OHNE STERNE impliziert beispielsweise das Wissen um die vielen Menschen, die beim Versuch des illegalen Grenzübertritts getötet wurden. Folglich entsteht eine Atmosphäre der Bedrohung, die durch audiovisuelle Metaphern für Tod und Vergänglichkeit – wie das ›Gerippe‹ eines Güterwaggons – noch intensiviert wird. Diese Auffassung von Atmosphären deckt sich mit Martin Seels Ansatz des ›atmosphärischen Erscheinens‹: »In der Gestalt, die sie *haben, geben* die Objekte dieses Erscheinens der jeweiligen Situation eine charakteristische Gestalt – und zwar so, dass dieser von ihnen (mit)geschaffene Charakter der Situation an ihnen anschaulich wird.«[29] Die Histosphere integriert hierfür Objekte mit einem spezifischen assoziativen Potenzial, das insbesondere an medial erzeugte »prosthetic memories«[30] der Zuschauer andockt. Als mediale Signifikation des Historischen im Gedächtnis der Zuschauer ist der zerstörte Güterwaggon nicht nur ein allgemeines filmisches Zeichen für Vergänglichkeit und Tod, sondern verweist auch auf die Deportationszüge im »Dritten Reich« – eine der gängigsten Metaphern für die Todesmaschinerie des Holocausts. Mit seiner Definition des »atmosphärischen Erscheinens« formuliert Martin Seel somit eine Grundposition der Histosphere: »Wahrnehmend spüren wir dem nach, wie es ist, oder wie es war, oder wie es sein könnte, hier und jetzt, da und dort (gewesen) zu sein.«[31] Filmische Atmosphären tragen dazu bei, die Histosphere mit verschiedenen Ebenen der historischen Vergangenheit zu verknüpfen. Sie verleihen der filmisch konstruierten Welt eine eigene Historizität, die sich im atmosphärischen Erscheinen auch aus den assoziativ hervorgerufenen Erinnerungen und Stimmungen der Zuschauer speist.

Auch Filmfiguren sind Teil der audiovisuell konstruierten historischen Räume und Atmosphären. Mehr noch, die filmisch konstruierte histori-

---

in dem der Geschmack einer im Tee aufgelösten Madeleine die sinnliche Auferstehung von Kindheitserinnerungen auslöst.
29 Seel bezieht sich hier beispielsweise auf einen Ball, der an das Lärmen der Kinder erinnert, die längst abwesend sind. Vgl. Martin Seel: Ästhetik des Erscheinens. München 2000, S. 152.
30 Mit »prosthetic memory« meint Alison Landsberg mediale Signifikationen des Historischen, die im Nachhinein wie eine persönliche Erfahrung erinnert werden. Vgl. Alison Landsberg: Prosthetic Memory. The Transformation of American Remembrance in the Age of Mass Culture. New York 2004, S. 2. Auf diesen Aspekt der Histosphere werde ich in einem Abschnitt *Prosthetic Postmemory* im nächsten Kapitel noch genauer eingehen.
31 Seel 2000, a.a.O., S. 155.

sche Welt prägt ihre Physiologie, ihre Psychologie und ihre Handlungen. Die Atmosphäre erweist sich hier als »ein sinnlich und affektiv spürbares und darin existentiell bedeutsames Artikuliertsein von realisierten oder nicht realisierten Lebensmöglichkeiten«[32], die sich in der – und durch die – Erfahrung der filmisch konstruierten historischen Welt manifestieren.[33] Wenn aber Atmosphären »Gefühlsqualitäten« sind, »die bewusst für den Adressaten gestaltet werden, so dass dieser affektiv-emotional in eine besondere Wahrnehmung des Gegenstandes hineingeführt wird«, dann folgen sie auch einer eigenen Dramaturgie.[34] Als Carl Altmann und der kleine Jochen in HIMMEL OHNE STERNE den kleinen Ort Broditz in Thüringen erreichen, wird zunächst an die bedrohliche Atmosphäre der vorangegangenen Sequenz angeknüpft: In einer leicht untersichtigen Nahaufnahme erblicken wir einen grimmig blickenden russischen Soldaten mit Maschinenpistole. Erst nach einer kurzen Rückwärtsfahrt öffnet sich das Bild mit einem Schwenk auf das »Haus der Freundschaft«. Der Versammlungsort der FDJ, der Jugendorganisation der DDR, ist mit Porträts von Wilhelm Pieck und Walter Ulbricht geschmückt. Aus dem Off erklingen heimelige Geigen- und Klaviermusik sowie das Rumoren eines belebten Platzes. Spaziergänger, ein gut besuchtes Straßencafé, Lichterketten und ein Bonbonstand verbreiten eine gemütliche Atmosphäre. Die Szenerie ist nun deutlich gleichmäßiger ausgeleuchtet, an die Stelle unruhestiftender Schuss-Gegenschuss-Montagen treten ruhige Plansequenzen. Die audiovisuelle Gestaltung modelliert eine Atmosphäre der Entspannung, die eine Neubewertung der zuvor mit der DDR assoziierten bedrohlichen Stimmung initiiert. Obwohl das Atmosphärische vor allem auf die emotional-somatische Erfahrung spezifischer Stimmungen abhebt, trägt es im Geschichtsfilm also auch zur Narrativisierung von Geschichte bei. Die Dramaturgie des Atmosphärischen besitzt hierbei das Potenzial, die Wahrnehmung der filmisch konstruierten historischen Welt – und damit auch unsere hieraus abgeleiteten Vorstellungen und Lesarten von Geschichte – affektiv-emotional zu steuern.

Auf einer weiteren Ebene ermöglichen auch Merkmale historischer Filmtechnik und audiovisuelle Konventionen die ästhetische Erfahrung von

---

32 Ebenda, S. 152.
33 Meine Argumentation stützt sich hier auf ein Verständnis von ›Kunst als Erfahrung‹, die sich nach John Dewey »als das bewusste Erleben der ungeteilten Einheit eines sich in der Zeit entfaltenden Prozesses kontinuierlicher Gefühlsmodulation darstellt«. Vgl. dazu Hermann Kappelhoffs und Jan Bakels Interpretation von Dewey, um auf dieser Grundlage eine Kategorie des »Zuschauergefühls« zu entwickeln. Kappelhoff/Bakels 2011, a.a.O., S. 80.
34 Vgl. Wulff 2012, a.a.O., S. 110.

I Erleben und Empfinden

Veränderung der Atmosphäre ...

Stimmung und Atmosphäre

... in HIMMEL OHNE STERNE

❙ Erleben und Empfinden

Geschichtlichkeit. Neben früheren Kameraoptiken und Tonaufnahmeverfahren, die über ihre jeweils eigene Ästhetik verfügen, prägt besonders die Wahl des Filmmaterials die filmhistorische Atmosphäre. Lichtempfindlichkeit, Kontrast und Körnung hinterlassen einen spezifischen Eindruck, der von den Zuschauern intuitiv historisch verortet wird. Dasselbe gilt für die Farben: Neben Aufnahmen in Schwarz-Weiß oder Sepia-Tönen, die zeichenhaft für mediale Historizität stehen, werden auch historische Farbfilmverfahren wie Technicolor bestimmten Epochen der Filmgeschichte zugeordnet. Der Filmwissenschaftler Jörg Schweinitz weist darauf hin, dass das Filmmaterial mit seinen technischen Parametern »jeweils für längere Perioden (bis wiederum wesentliche technische Veränderungen erfolgen) eine spezifische Qualität [besitzt], die sich in die Filme einschreibt und deren Atmosphäre wesentlich mitprägt«.[35] Während diese spezifische Qualität vom zeitgenössischen Publikum weitgehend automatisiert verarbeitet werde, wirke das historische Filmmaterial in der Rückschau deutlich artifizieller.[36] Die mit der Materialanmutung verbundene Atmosphäre verweist direkt auf die Historizität des Wahrgenommenen: »Die Erfahrung, einen fotografischen und mithin relativ transparenten Blick in die (vergangene) Welt werfen zu können, oszilliert mit der gleichzeitig gesteigerten Spürbarkeit jenes historischen materialen Filters, der alles atmosphärisch durchwebt.«[37]

Die Histosphäre kann durch die filmhistorische Atmosphäre auf vielfältige Weise geprägt sein: Beispielsweise verleihen das Schwarz-Weiß-Material, der leicht kratzende Ton und die klassische Filmmusik Helmut Käutners HIMMEL OHNE STERNE einen historischen Dokumentcharakter, der durch die zeitliche Nähe der Produktion zu den dargestellten Ereignissen – der Abstand beträgt nur drei Jahre – noch verstärkt wird. In Jutta Brückners Film HUNGERJAHRE werden wiederum historische Archivmaterialen aus den 1950ern in die fiktionalen Sequenzen einmontiert. Der beobachtende Gestus der Kamera, die elektronische Musik, die Sprechweise der Hauptfigur und einige andere Details stellen jedoch ästhetische Strategien des Neuen Deutschen Films dar. Die filmhistorische Atmosphäre der fiktionalen Sequenzen steht demzufolge in einem Spannungsverhältnis zur Atmosphäre der grobkörnigen, flackernden und zerkratzten Archivmaterialien. Dieser atmosphärische Bruch macht auf die knapp 30 Jahre auseinanderklaffenden Ebenen der Historizität des Films aufmerksam

---

35 Jörg Schweinitz: Von Transparenz und Intransparenz. Über die Atmosphäre historischen Filmmaterials. In: Brunner/Schweinitz/Tröhler 2012, a.a.O., S. 46.
36 Schweinitz spricht hier von einer »eigentümlichen Verfremdung«. Vgl. ebenda, S. 47.
37 Ebenda, S. 48.

und eröffnet auf diese Weise eine reflexive Ebene. Eine umgekehrte Wirkung hat die leichte Entfärbung des Bildes in Sven Bohses KU'DAMM 56, die sich wiederum an die Ästhetik verblichener Fotografien der dargestellten Zeit anlehnt. Während also die audiovisuell gestaltete Atmosphäre des filmischen Raums die Wahrnehmung der filmisch konstruierten historischen Welt prägt und über assoziative Verknüpfungen mit subjektiven Erinnerungen der Zuschauer sowie mit medial generierten *prosthetic memories* verknüpft, fügt die filmhistorische Atmosphäre der Histosphere eine Ebene hinzu, die den Film selbst als historisches Dokument ausweist.

Verschiedene Materialitäten: Ästhetik des Neuen Deutschen Films und Archivmaterial in HUNGERJAHRE

Immersionserfahrungen

Ein Moderator im Glitzerjackett ruft die Teilnehmer der »ersten Berliner Rock-'n'-Roll-Meisterschaft« auf die Tanzfläche, dazu erklingen treibende Rhythmen. Grelle Scheinwerfer erleuchten den gut gefüllten, leicht dunstigen Saal. Die Kamera schwenkt das jubelnde Publikum ab. Eine junge Frau, Monika Schöllack, läuft auf uns zu, und wir verfolgen sie in einer Kranfahrt. Nach einigen schnell geschnittenen Bilderfolgen beginnt der Wettbewerb. Das Publikum tobt bei den ersten Gitarrenriffs. Monika nimmt Anlauf, springt und wird von Freddy in die Höhe katapultiert. Sphärische Musik erklingt. In Zeitlupe schwebt Monika durch die Luft.

> »Die bewegliche Kamera nimmt mein Auge, *und damit auch mein Bewusstsein*, mit: mitten in das Bild, mitten in den Spielraum der Handlung hinein. Ich sehe nichts von außen. Ich sehe alles so, wie die handelnden Personen es sehen müssen. Ich bin umzingelt von Gestalten des Films und dadurch verwickelt in seine Handlung. Ich gehe mit, ich fahre mit, ich stürze mit – obwohl ich körperlich auf demselben Platz sitzenbleibe.«[38]

Béla Balázs' euphorische Beschreibung antizipiert, was wir heute unter dem Begriff »fiktionale Immersion« verstehen: Affiziert von audiovisuellen Bewegungsreizen wird ein Großteil der Zuschaueraufmerksamkeit »von der Umgebung abgezogen und ganz auf das Artefakt gelenkt«.[39] Die Immersion kann folglich als ›Eintauchen‹ in einen »*Strom* sich bewegender Bilder«[40] verstanden werden. Neben der mitreißenden Bewegungsillusion des Filmbildes trägt auch der Filmton zur immersiven Wirkung bei. Umhüllende Klangflächen und körperlich spürbare Bässe wie der herzschlagähnliche Soundeffekt, der während Monikas Salto am Anfang von KU'DAMM 56 verwendet wird, involvieren uns somatisch stärker in das Filmgeschehen. Die filmische Bewegungssuggestion, der Filmton und die affektive Wirkung des Atmosphärischen scheinen eine »leibnahe Brückenqualität«[41] zu entwickeln. Die audiovisuellen Figurationen der Histosphere konstruieren auf diese Weise den Entwurf einer historischen Welt, der uns förmlich umfängt und in eine körperlich-geistige Nähe zum Filmgeschehen versetzt.[42] Diese Nähe – so mei-

---

38 Béla Balázs: Zur Kunstphilosophie des Films. In: Franz-Josef Albersmeier (Hg.): Texte zur Theorie des Films. Stuttgart 1998, S. 212.
39 Christiane Voss: Fiktionale Immersion. In: Gertrud Koch / C.V.: »Es ist, als ob.« Fiktionalität in Philosophie, Film- und Medienwissenschaft. München 2009, S. 126.
40 Vgl. Anke Zechner: Die Sinne im Kino. Eine Theorie der Filmwahrnehmung. Frankfurt/Main 2013, S. 49.
41 Vgl. Schmitz 2005, a.a.O., S. 36.
42 Umgekehrt kann mit den Worten Balázs' auch von der Aufhebung der *»fixierte[n] Distanz des Zuschauers«* gesprochen werden, *»jene[r] Distanz, die bisher zum Wesen der sichtbaren Künste gehört hat.«* Vgl. Balázs 2001, a.a.O., S. 15.

Die bewegliche Kamera in KU'DAMM 56

ne Annahme – trägt im Geschichtsfilm dazu bei, dass uns auch die Distanz zur historischen Vergangenheit geringer erscheint. Um diese These genauer zu hinterfragen, greife ich im Folgenden verschiedene Ansätze der Immersionsforschung auf und überprüfe, ob sie mit einer Theorie und Praxis der Histosphäre kompatibel sind. Psychoanalytische Konzepte kombiniere ich hierbei mit raum- und körpertheoretischen Herangehensweisen. Meine Überlegungen münden in einem multiimmersiven Modell, das Immersion als konstitutiven Bestandteil des filmischen Geschichtserlebnisses versteht.

Filmische Immersionserfahrungen werden in der Regel als Resultat »einer rasanten Bewegung durch den Raum« und damit als Funktion der Wahrnehmung ausgewiesen.[43] Wir bekommen hierbei das Gefühl, physisch in die filmische Welt versetzt zu werden. Die Beschreibung der zugrunde liegenden »*movie-ride*-Ästhetik«[44] greift für die Analyse der filmischen Immersion als Teil der Histosphäre jedoch zu kurz. Vielmehr müssen auch die immersiven Potenziale der Einfühlung berücksichtigt werden.[45] So versetzt die Immersion uns nicht nur in die filmisch konstruierte historische Welt des Geschichtsfilms, sondern macht sie auch sinnlich erfahrbar und *fühl-*

---

43 Vgl. Robin Curtis / Christiane Voss: Fielding und die *movie-ride*-Ästhetik: Vom Realismus zur Kinesis. In: montage AV, Jg. 17, 2/2008, S. 11.
44 Ebenda.
45 Vgl. Robin Curtis: Immersion und Einfühlung. Zwischen Repräsentationalität und Materialität bewegter Bilder. In: montage AV, Jg. 17, 2/2008, S. 97.

bar. Das ästhetische Erleben überschreitet die Grenzen naturalistischer Abbildstrategien.[46] Die Einfühlung umfasst neben Figuren auch »unbelebte Gegenstände wie Farben, Formen, Stimmungen oder Räume«.[47] »[B]eim Film«, so auch Béla Balázs, »sind der Mensch und seine Umgebung homogen, aus dem gleichen Stoff gemacht, da beide als Bild erscheinen und es so keinen Realitätsunterschied zwischen Mensch und Hintergrund gibt«.[48] In der Tanzsequenz am Anfang von KU'DAMM 56 werden wir nicht nur von den rauschhaften Bewegungsfigurationen, sondern auch von der ästhetisch komponierten Atmosphäre immersiv vereinnahmt. Die grellen Scheinwerfer, deren Licht sich im Dunst der bebenden Halle bricht, der Rhythmus der Musik, die Farben und Formen der bunten Hemden und fliegenden Röcke – all das zieht uns in den Bann der Histosphäre. Petticoats und an den Rändern der Tanzfläche abgestellte Oldtimer fungieren hierbei als ikonische Zeichen der 1950er Jahre und erweitern die Mise-en-scène um eine Mise-en-histoire[49]. Die Einfühlung in die Gegenständlichkeit, die Sensationen und die Stimmungen der filmischen Figurationen wird durch assoziativ erinnerte historische Referenzen ergänzt und verschmilzt mit ihnen zu einer traumhaft erlebten Illusion.[50] Um dieses Phänomen näher beschreiben zu können, knüpfe ich im Folgenden an Christian Metz' psychoanalytische Überlegungen zu Kino und Traum an. Metz geht davon aus, dass eine wirkliche Illusion nur im Traum vorliegen könne.[51] Im Kino hingegen sei ein gewisser »Realitätseindruck« feststellbar.[52] Die immersive Filmerfahrung hat für Metz folglich mehr Ähnlichkeit mit Tagträumen und Träumereien:

»So wie der Zuschauer weiß, dass er einen Film sieht, weiß auch die Träumerei, dass sie Träumerei ist. In beiden Fällen erschöpft sich die Regredienz, bevor sie

---

46 Ebenda.
47 Vgl. Theodor Lipps: Leitfaden der Psychologie. Leipzig 1906, S. 196. Ich zitiere hier Robin Curtis' Paraphrase von Lipps' Konzepten, die sie überzeugend auf den Film überträgt. Curtis 2008, a.a.O., S. 99.
48 Béla Balázs folgert, dass im Film – wie in der Malerei – die Möglichkeit besteht, »der Umgebung eine ebenso intensive Physiognomie zu verleihen wie dem Menschen, ja, wie bei den späten Werken van Goghs, eine noch intensivere, so dass der Gesichtsausdruck des Menschen neben der lebhaften Mimik der Dinge verblasst«. Balázs 1961, a.a.O., S. 93–94.
49 Zum Begriff der Mise-en-histoire vgl. im vorangegangenen Kapitel den Abschnitt *Von der Mise-en-scène zur Mise-en-histoire*.
50 Zum Begriff der Illusion vgl. den Abschnitt *Figuration und Illusion* im vorangegangenen Kapitel.
51 Christian Metz: Der imaginäre Signifikant. Psychoanalyse und Kino. Münster 2000, S. 79.
52 Ebenda.

Immersionserfahrungen

Ikonische Zeichen der 1950er Jahre in KU'DAMM 56

die Wahrnehmungsinstanz erreicht; das Subjekt verwechselt keineswegs Bild und Wahrnehmung, sondern hält ganz deutlich an ihrem Status als Bilder fest: als mentale in der Träumerei und als Vorstellung einer durch reale Perzeption wahrgenommenen fiktiven Welt im Film«.[53]

Entsprechend bleibt auch während der Rezeption eines Geschichtsfilmes die Gewissheit bestehen, dass die historische Welt des Films lediglich eine artifizielle Konstruktion, eine Funktion der filmischen Figuration ist.[54] Diese Gewissheit – und das ist Metz' zweite These – kann jedoch in Momenten besonders lebhafter affektiver Beteiligung durch einen vorübergehenden Zustand »paradoxer Halluzination« überblendet werden, der »den flüchtigen Momenten der Benommenheit« ähnelt, »die Autofahrer gegen Ende einer langen, nächtlichen Reise erleben«.[55] Auch der Film ist für Metz eine solche Reise:

»In beiden Situationen, wenn [...] dieses kurze psychische Wirbeln – endet, hat das Subjekt nicht zufällig das Gefühl ›aufzuwachen‹, denn es ist insgeheim in den Zustand des Schlafs und des Traums geraten. Der Zuschauer wird also ein kleines Stück des Films geträumt haben: Nicht etwa, dass ein Stück fehlte und

---

53 Ebenda, S. 105.
54 Gertrud Koch spricht vom »Gewussten der Illusion«. Vgl. Koch 2016, a.a.O., S. 51–52.
55 Metz 2000, a.a.O., S. 79–81.

er es sich eingebildet hätte: Es erschien tatsächlich auf dem Filmstreifen – das und nichts Anderes hat das Subjekt gesehen, aber es hat es träumend gesehen.«[56]

Die filmische Figuration wird über den Umweg des Träumens zu einer halluzinativen Wahrnehmung. Marie-Laure Ryans Immersionskonzept knüpft hier an. Die filmische Welt bildet für die Zuschauer während der Rezeption einen neuen Bezugsrahmen, der zu einer Neuzentrierung führt: »Wir sind theoretisch, emotional und mental von der einen Welt in eine fiktive transportiert, sobald die präsentierten Objekte, Wesen und Beziehungen für uns einen eigenen, greifbaren Referenzraum herstellen.«[57] Dieser Referenzraum wird zwar als Resultat einer traumhaften Imagination empfunden, lässt sich jedoch »nicht auf einen inneren psychischen Vorgang reduzieren«[58], sondern beruht auf einer tatsächlichen Sinneswahrnehmung:

»Der Zuschauer empfängt Bilder und Töne, die sich als Repräsentation von etwas anderem ausgeben, als sie selbst sind: Als Darstellung eines diegetischen Universums. Zugleich aber bleiben sie richtige Bilder und Töne, denen es möglich ist, auch andere Zuschauer zu erreichen, während der Traumfluss in kein anderes Bewusstsein aufsteigen kann als in das des Träumers.«[59]

Der Geschichtsfilm ergänzt diesen Prozess um noch eine weitere Komponente. Die Bilder und Töne der Histosphäre repräsentieren nicht nur ein diegetisches Universum, sondern werden durch die Mise-en-histoire auch an die imaginären historischen Referenten in unserem Gedächtnis rückgebunden. Die aus den erinnerten Assoziationen abgeleitete Historizität wird auf die gegenständlichen Figurationen des Films projiziert, die wiederum sinnlich erfahren werden können. Diese gegenseitige Verschaltung von emotionalen und kognitiven Regungen mit synästhetischen Affekten des Films scheint das ›Hinübergleiten‹ in einen Zustand der traumartigen Halluzination sogar zu begünstigen. Der Ursprung des Immersionseffektes liegt folglich in ebenjenem Zusammenwirken sinnlicher Wahrnehmung und sinnschaffender Reflexion – oder wie es Vivian Sobchack formuliert:

---

56 Ebenda, S. 81.
57 Vgl. Marie-Laure Ryan: Narrative as Virtual Reality. Immersion and Interactivity in Literature and Electronic Media. Baltimore, London 2001. Hier beziehe ich mich auf Christiane Voss' Zusammenfassung von Ryans Ansatz. Vgl. Christiane Voss: Der Leihkörper. Erkenntnis und Ästhetik der Illusion. Paderborn 2013, S. 183.
58 Metz 2000, a.a.O., S. 85
59 Ebenda.

»Wenn wir in einem Kino sitzen und einen Film als etwas Sinnliches, Sinnbildendes wahrnehmen, tauchen wir (und der Film vor uns) in eine Welt und eine Tätigkeit des visuellen Seins ein. Das Erleben ist so vertraut wie intensiv, und es ist gekennzeichnet durch die Art und Weise, in der die Bedeutung und der Akt des Bedeutens unmittelbar empfunden werden und dem Betrachter sinnlich zur Verfügung stehen.«[60]

Sobchacks Annahme, dass die immersiv verstärkte Wahrnehmung der filmischen Figurationen sowohl die Bedeutung als auch die Bedeutungsproduktion für die Zuschauer sinnlich erfahrbar macht, wirkt sich auch auf die Histosphäre aus. Wir nehmen nicht nur die filmisch konstruierte und konfigurierte historische Welt erlebnishaft wahr, sondern auch ihre Entstehung im Prozess der Refiguration und historischen Referenzialisierung. Die filmischen Bewegungssuggestionen in der Tanzsequenz am Anfang von KU'DAMM 56 – die Bewegung der Körper und der Kamera, die Montage, der Rhythmus der Musik – sind einerseits unmittelbare immersive Reize im Sinne der *movie-ride*-Ästhetik. Andererseits konstruieren sie auch spezifische Eindrücke, die sich im Prozess der Wahrnehmung aus den filmgestalterischen Elementen der Mise-en-scène zu einem imaginären Bild einer historischen Welt zusammensetzen, das durch die Mise-en-histoire referenzialisiert wird.

Was aber, »wenn Filme gar keine Welten oder umfassende Weltsichten bieten und sie hinsichtlich ihrer wahrnehmbaren Verortung in ein Raumzeitkontinuum immer nur unabschließbare Fragmente bleiben«? Der Immersionsbegriff würde dann nach Christiane Voss »als metaphorische Klammer eines utopischen Versprechens [fungieren], das vielleicht von jeher mit dem Filmmedium verbunden ist: das Versprechen, eine lebendige und sinnhafte Zeitlichkeit außerhalb des begrenzten Horizonts der eigenen Endlichkeit erfahren zu können«.[61] Die filmische Immersion mache die Erzählhandlung zur »vorübergehend fokussierten Matrix« der Zuschauerwahrnehmung.[62] Unter dieser Voraussetzung refigurieren die multiimmersiven Einlassungen der Zuschauer die audiovisuellen Figurationen des Films zu einem »imaginären Index«[63] und verknüpfen diesen mit den imaginären historischen Referenten der Histosphäre. Die Welt

---

60 »When we sit in a movie theater and perceive a film as sensible, as making sense, we (and the film before us) are immersed in a world and in an activity of visual being. The experience is as familiar as it is intense, and it is marked by the way in which significance and the act of signifying are *directly* felt, *sensuously* available to the viewer.« Sobchack 1992, a.a.O., S. 8.
61 Voss 2009, a.a.O., S. 138.
62 Christiane Voss: Fiktionale Immersion. In: montage AV, Jg. 12, 2/2008, S. 82.
63 Ebenda, S. 83.

| Erleben und Empfinden

der Histosphere wird folglich als »ephemere Realität« erfahren.[64] Indem sich die Wahrnehmung aus einem multiimmersiv erzeugten »imaginären Index« speist, wird die zwangsläufig unvollständige Neuzentrierung der Zuschauer für einen begrenzten Zeitraum imaginär vollendet. Die unbewusste Rückversicherung der leiblichen Präsenz im Kinosaal wird temporär überlagert – ohne jedoch komplett zu verschwinden. Als Teil der Histosphere erzeugt das immersive Potenzial der filmischen Figurationen den Eindruck, dass wir den Ort der Rezeption – sei es der Kinosessel oder das heimische Sofa – partiell verlassen und uns auf eine »Reise« in eine historische Welt begeben.

Der Schlüssel zu diesem Phänomen liegt in der Konstruktion und Erfahrung des filmischen Raums. Als audiovisuelle Figuration konstituiert sich der Raum im Medium Film »aus einem affektiven Moment des In-der-Welt-Seins, das heißt aus dem spezifischen Raumerleben, das ein Film dem Zuschauer ermöglicht«.[65] Zugleich wird der Zuschauer »in seiner Leiblichkeit so sehr vom Film adressiert [...], dass er unfreiwillig auf die Parameter dieses Raums reagiert – sei es etwa durch Übelkeit oder kinetische Erregung«.[66] Der Raum fungiert als »kognitive wie auch phänomenologische Schnittstelle zwischen Betrachter und Filmwelt«, während der »lived body« die prädispositive Schnittstelle zwischen Filmraum und Rezeptionsraum darstellt.[67] Folglich erfordert die Untersuchung der filmischen Immersion auch auf dieser Ebene die Kombination wahrnehmungstheoretischer und phänomenologischer Ansätze. Christiane Voss erweitert den von Vivian Sobchack entwickelten Begriff des »kinästhetischen Subjekts«[68] um eine dezidiert räumliche Dimension: »[I]n seiner geistigen und sensorisch-affektiven Resonanz auf das Filmgeschehen« leihe der Zuschauer dem zweidimensionalen Filmbild die »dritte Dimension

---

64 Christiane Voss weist darauf hin, dass »[n]arrative Antizipationen und Rückblenden, intertextuelle Bezüge sowie emotionale und moralische Identifikationen mit Charakteren und Positionen eines Filmgeschehens [...] in unsere Immersionen ebenso mit ein[fließen] wie physische und stimmungsmäßige Reaktionen auf die materialästhetischen Eigenschaften filmischer Darstellungsmittel«. Voss 2009, a.a.O., S. 135–138.
65 Vgl. Oliver Schmidt: Hybride Räume. Filmwelten im Hollywood-Kino der Jahrtausendwende. Marburg 2013, S. 107.
66 Vgl. Curtis 2008, a.a.O., S. 95.
67 Vgl. Schmidt 2013, a.a.O., S. 90.
68 Für Vivian Sobchack erlebt sich das »kinästhetische Subjekt« (*cinesthetic subject*) zur gleichen Zeit als distanzierter Beobachter der audiovisuellen Figurationen des Films und als synästhetisch involvierter Teilnehmer an der filmischen Welt: »We both perceive a world within the immediate Experience of an ›other‹ and without it, as immediate experience by an ›other‹.« Sobchack 1992, a.a.O., S. 10. Vgl. auch: Vivian Sobchack: Carnal Thoughts. Embodiment and Moving Image Culture. Berkeley 2004, S. 53–84.

seines spürenden Körpers« und werde damit »seinerseits konstitutiver Bestandteil der filmischen Architektur«.[69] Im Gegensatz zu Sobchack, für die der Körper des Films den Zuschauerkörper umhüllt, während der Zuschauer wiederum die filmische Wahrnehmung inkorporiert[70], ist für Voss der »Leihkörper« des Films »tatsächlich ein Raum – eben ein somatischer Bedeutungsraum«, der die dritte Dimension stiftet, »in die sich das Filmgeschehen sensitiv-affektiv einlagern kann«.[71] Die immersive Dimension der leihkörperlichen Verräumlichung liegt demzufolge darin, dass wir als Zuschauer »das, was wir somatisch (mit-)konstituieren und zugleich erleben, in dieser Form für unmittelbar wahrhaftig« halten.[72] Voss' Modell bietet eine plausible Erklärung für den intensiven Eindruck der Verlebendigung von Geschichte durch die Histosphere. Die Kontiguität von historischer Welt und subjektiver Wahrnehmung evoziert das Gefühl, die Vergangenheit physisch berühren zu können, und zeigt damit eine große Übereinstimmung mit Frank R. Ankersmits Definition der historischen Erfahrung.[73] Der Eindruck, mit der Vergangenheit in unmittelbaren Kontakt zu treten, geht hierbei mit einem ›Wegfall der Zeitdimension‹[74] einher. Das komplexe Zeitgefüge des Films überlagert die Wahrnehmung der tatsächlichen Rezeptionszeit, indem »der Leihkörper in seiner Resonanz [...] dem fiktiven Zeitverlauf des montierten Filmnarrativs« folgt.[75] Während hierdurch einerseits die »lebendige Verstrickung mit dem Filmgeschehen«[76] verstärkt wird, lösen wir uns als Zuschauer andererseits von der linearen temporalen Logik unserer Alltagswahrnehmung: So ist beispielsweise die Tanzsequenz am Anfang von KU'DAMM 56 nicht nur als vorausdeutender Zeitsprung einmontiert, sondern verändert mit der Zeitlupenaufnahme während Monikas Salto auch dezidiert unsere Zeitwahrnehmung. Die Immersion verankert somit nicht nur die räumlichen, sondern auch die zeitlichen Strukturen der filmischen Figurationen im somatischen Bedeutungsraum des Leihkörpers. Auf diese Weise ermöglicht sie es uns, historische Welten zu erfahren, indem wir uns selbst erfahren.

---

69 Christiane Voss: Filmerfahrung und Illusionsbildung. Der Zuschauer als Leihkörper des Films. In: Gertrud Koch / C.V. (Hg.): ...kraft der Illusion. München 2006, S. 81.
70 »The film's body materially surrounds us as other human bodies never can after we leave the womb.« Vgl. Sobchack 1992, a.a.O., S. 222.
71 Voss 2006, a.a.O., S. 81.
72 Ebenda, S. 85.
73 Vgl. Ankersmit 2012, a.a.O., S. 98.
74 Ebenda, S. 56.
75 Voss 2006, a.a.O., S. 81.
76 Ebenda, S. 82.

Ästhetik des Erinnerns ...

Imaginative Empathie

Gedankenverloren starrt die junge Frau beim Kartoffelschälen vor sich hin, während der Score eine sphärische Klangfläche ausbreitet. Die geringe Schärfentiefe und der Sprung aus einer Totalen in eine Nahaufnahme isolieren Monika in KU'DAMM 56 von ihrer Umgebung. Die hyperreal modulierten Geräusche und das verzweifelte Schluchzen der Protagonistin leiten in die Darstellung einer schmerzvollen Erinnerung über. »Filme artikulieren ein subjektives Welterleben, welches der Zuschauer als eigenes körperliches Empfindungserleben realisiert und zugleich als eine spezifische Art und Weise, die Welt wahrzunehmen«[77], so Hermann Kappelhoff und Sarah Greifenstein. Die aus Bildern und Tönen konfigurierte Welt wird demzufolge nicht »in den Schemata unserer alltäglichen Weltwahrnehmung, sondern im Modus eines davon verschiedenen, eines fremden Erlebens durch eine andere Instanz«[78] wahrgenommen. Wenn aber die Filmerfahrung »der Ausdruck von Erfahrung *durch* Erfahrung«[79] ist, dann erfordert dies bereits die Fähigkeit zur Empathie

---

77 Vgl. Hermann Kappelhoff / Sarah Greifenstein: Metaphorische Interaktion und empathische Verkörperung: Thesen zum filmischen Erfahrungsmodus. In: Malte Hagener / Íngrid Vendrell Ferran (Hg.): Empathie im Film. Perspektiven der Ästhetischen Theorie, Phänomenologie und Analytischen Philosophie. Bielefeld 2017, S. 172–173.
78 Ebenda.
79 Vivian Sobchack definiert die Erfahrung von Kinozuschauern als »the expression of experience by experience«. Vgl. Sobchack 1992, a.a.O., S. 3.

Imaginative Empathie

... in KU'DAMM 56

und macht ebenjene zur relevanten Größe für eine Theorie der Histosphere. Wir erleben die historische Welt des Films nicht nur als sinnliche Erfahrung, sondern nehmen auch den filmischen Blick auf diese Welt wahr – als das Erleben eines Anderen, in das wir uns empathisch einfühlen können.[80] Auf der Basis von Immersion, Affekt und Empathie konstruieren und erleben wir eine ›kulturell codierte Form des temporalen Daseins‹.[81] Nicht selten begeben wir uns hierbei in eine imaginative Nähe zur betreffenden Filmfigur – besonders, wenn sich deren Wahrnehmung mit dem subjektiven Welterleben des Films überschneidet. Wir sehen Monika *in* der filmischen Welt und bekommen zugleich einen Eindruck ihrer Wahrnehmung *von* dieser Welt. Mimik und körperlicher Ausdruck, Großaufnahmen, eine leichte Zeitlupe und die hyperreal verstärkten Geräusche erleichtern hierbei die Einfühlung.

---

80 Ich folge hierbei weiterhin Hermann Kappelhoff und Sarah Greifenstein, die den Prozess der Empathie als eine metaphorische Interaktion verstehen, die »die am eigenen Leib erlebten Erfahrungen ins Verhältnis setzt zu Erfahrungsmodalitäten anderer Subjektpositionen [der des filmischen Blicks, Anm. d. Verf.]«. Kappelhoff/Greifenstein 2017, a.a.O., S. 177.
81 »[...] an *experiential field* in which human beings pretheoretically construct and play out a particular--and culturally encoded--form of *temporal existence*.« Das Zitat entstammt Vivian Sobchacks Überlegungen zum Monumentalfilm, die sich auch auf den Geschichtsfilm im Allgemeinen ausdehnen lassen. Vgl. Vivian Sobchack: »Surge and Splendor«: A Phenomenology of the Hollywood Historical Epic (1990). In: Barry Keith Grant (Hg.): Film Genre Reader III. Austin 2007, S. 300.

| Erleben und Empfinden

Imaginative Empathie: ...

Dieser Zusammenhang lässt sich auch theoriegeschichtlich herleiten. Indem Béla Balázs feststellt, dass die Kamera uns nicht nur räumlich, sondern auch »*gefühlsmäßig*« mit den Personen des Films »identifiziert«[82], antizipiert er bereits die Grundzüge einer ›imaginativen Empathie‹[83]. Die audiovisuelle Gestaltung befähigt uns demnach, zu »imaginieren, wie man empfindet, wenn man erlebt, was Filmfiguren erleben.«[84] In einer Detailaufnahme sehen wir, wie Monika durch das hohe Gras stapft. Dazu erklingen Vogelstimmen, Blätterrauschen und Donnergrollen. Als es zu regnen beginnt, atmet sie tief durch und beginnt sich zu entspannen. Die lang gezogenen Klänge des Scores verbinden sich mit Klaviertonfolgen zu einer sich emphatisch steigernden Melodie. Monika streift die nasse Kleidung ab und beginnt wie in Trance zu tanzen. Der Blick des Films weist hierbei eine weitgehende Kongruenz mit der suggerierten Weltwahrnehmung der Figur auf. Schwenks und Kamerafahrten, die rhythmisch-elliptische Montage und kurze Zeitlupeneffekte imitieren

---

82 Vgl. Balázs 1998, a.a.O., S. 220.
83 Die ›imaginative Empathie‹ wird auch als ›central imagining‹ bezeichnet, während der Begriff ›acentral imagining‹ darauf verweist, »dass die Zuschauer sich das Filmgeschehen nicht aus einer bestimmten Perspektive innerhalb der Diegese vorstellen müssen«, sondern lediglich mit den Figuren mitfühlen und dabei Sympathie oder auch Antipathie empfinden können. Vgl. Margrethe Bruun Vaage: Empathie. Zur episodischen Struktur der Teilhabe am Spielfilm. In: montage AV, Jg. 16, 1/2007, S. 103.
84 Ebenda.

Imaginative Empathie

... Monikas Tanz in KU'DAMM 56

die hingebungsvollen Bewegungen des tanzenden Körpers. Die audiovisuellen Operationen des Films erleichtern uns die Einfühlung in die Weltwahrnehmung eines anderen. Die imaginative Leistung verbindet sich mit tatsächlichen Sinneseindrücken zu einer spezifischen Erfahrung.[85] Allerdings bedeutet das nicht, »dass Zuschauer diesen Akt der Imagination stets reflektiert als solchen wahrnehmen«.[86] Stattdessen kann eine enge Verbindung zur Immersion beobachtet werden: Die imaginative Empathie ›wirft‹ uns mitten in die Geschehnisse. In einem immersiven Prozess tauchen wir in die audiovisuell konfigurierte filmische Welt ein. Emotionale Reaktionen, die wir dabei empfinden, können hierbei jene der Filmfigur widerspiegeln. Doch ganz im Sinne der Phänomenologie des Films können wir »zugleich auch mitfühlend reagieren«.[87] Eine solche miterlebende wie auch reflektierende Wahrnehmung der Erfahrung eines anderen beschreibt die Philosophin Amy Coplan mit dem Begriff des ›Erfahrungsverstehens‹.[88] Für den Film nimmt abermals Béla Balázs das doppelte Verständnis von Sehen und Angesehen-Werden vorweg:

---

85 Ebenda.
86 Dazu Margrethe Bruun Vaage: »So wie jede sinnliche Wahrnehmung die Aufmerksamkeit auf sich selbst ziehen kann – oder nicht, so trifft dies wohl auch auf imaginative Empathie zu.« Ebenda, S. 104.
87 Ebenda, S. 105.
88 Vgl. Amy Coplan: Understanding Empathy: Its Features and Effects. In: A.C. / Peter Goldie (Hg.): Empathy: Philosophical and Psychological Perspectives. Oxford 2011, S. 17.

Erleben und Empfinden

»Ein Filmkader zeigt uns nicht nur, *was* dieser Betrachter sieht, sondern auch, *wie er es sieht*. Dieses Wie ist schon *Charakteristik*, also künstlerische Gestaltung. Dieses Wie charakterisiert nicht nur das Objekt, sondern auch den Betrachter: seine ›Anschauung‹ über den Gegenstand und seine Beziehung zu ihm. Jede Anschauung der Welt ergibt nämlich eine Weltanschauung. Jeder Standpunkt der Kamera drückt einen inneren Standpunkt aus.«[89]

Balázs verknüpft die ästhetische Perspektivierung mit der ideologischen – ein Vorgang, der sich auch in der beschriebenen Sequenz aus KU'DAMM 56 spiegelt: Im ›Wie‹ des Anschauens und des gleichzeitigen Angeschaut-Werdens erfahren wir Monikas Drang zur Freiheit am eigenen Leib, wir spüren ihren inneren Antrieb, sich den einengenden und überholten sozialen Normen der 1950er Jahre zu entziehen. Die imaginative Empathie verfügt über das Potenzial, unsere Gefühle zu einem gewissen Grad »zu lenken und zu kontrollieren«, und macht sie auf diese Weise für ganz unterschiedliche kommunikative Zwecke nutzbar.[90] So kann die sinnlich-emotionale Einfühlung in Kombination mit der historischen Referenzialisierung auch historische Ideologien erfahrbar machen. Obwohl die imaginative Empathie im Geschichtsfilm folglich das Potenzial zur Modellierung historischer Lesarten hat, müssen diese jedoch nicht zwangsläufig von uns übernommen werden.[91]

Mitunter manifestiert sich die empathische Einfühlung auch in »der spezifischen ästhetischen Gestalt« einer Sequenz.[92] Die audiovisuelle Form hat auch während Monikas Tanz in KU'DAMM 56 einen potenziell verstärkenden Effekt auf unsere Empathiefähigkeit: umschmeichelnde Kamerabewegungen, eine ellipsenhafte Montage, die sich steigernde Musik, wischende Toneffekte und das hyperreal betonte Atemgeräusch der Protagonistin erzeugen einen immersiven Effekt, der auch die empathische Teilnahme verstärkt. Die ästhetische Erfahrung kann sogar eine Form der empathischen Einfühlung auslösen, die sich von der konkreten Filmfigur löst und »die vermittelten Sinneseindrücke als sinnlich angenehm um ihrer selbst willen« goutiert.[93] Sei es der Taumel der Bewegungsillusion oder ein Detail wie die Sonnenstrahlen, die sich im Regen brechen – die empathisch empfundene ästhetische Erfahrung während Monikas Tanz verleiht auch der

---

89 Balázs 1998, a.a.O., S. 220.
90 Vgl. Jens Eder: Imaginative Nähe zu Figuren. In: montage AV, Jg. 15, 2/2006, S. 138.
91 Das heißt aber nicht, dass der Propagandafilm nicht genau das immer wieder versucht hätte.
92 Vgl. Hagener/Vendrell Ferran 2017, a.a.O., S. 22.
93 Vgl. Bruun Vaage 2007, a.a.O., S. 113.

Imaginative Empathie

Ästhetische Erfahrung in KU'DAMM 56

Histosphere eine ästhetische Qualität, die im Nachhinein – unter dem Einfluss der reflexiv wirkenden Mise-en-histoire – als ein *Geschichtsgefühl* interpretiert werden kann. So wechseln wir als Zuschauer laufend zwischen den unterschiedlichen Wahrnehmungsmodi hin und her, »um den Film sowohl fiktional als auch ästhetisch zu erfahren«.[94] Ästhetische Erfahrung, imaginative Empathie und historische Erfahrung verschmelzen auf diese Weise zu einem körperlich-kognitiven Gesamterlebnis.

Dass wir uns überhaupt in historische Filmfiguren einfühlen können, erscheint zunächst paradox. Wenn man annimmt, dass sich die Fähigkeit zur empathischen Einfühlung umgekehrt proportional zur zeitlichen, räumlichen und kulturellen Distanz zwischen Filmwelt und eigener Lebenswelt verhält[95], müsste sie in Geschichtsfilmen deutlich erschwert sein. Der große Erfolg von Geschichtsfilmen macht diese Schlussfolgerung jedoch unwahrscheinlich. Stattdessen muss der empathischen Einfühlung noch ein Anteil azentraler Imagination hinzugefügt werden. Der Zuschauer nimmt – ähnlich wie von Sobchack vorgeschlagen – eine Doppelposition ein, aus der er »am Geschehen teilhat und diesem gleichzeitig gegenübergestellt ist«.[96] Die hierbei vorgenom-

---
94 Ebenda, S. 117.
95 Hans J. Wulff: Empathie als Dimension des Filmverstehens. Ein Thesenpapier. In: montage AV, Jg. 12, 1/2003, S. 140.
96 Ebenda, S. 143.

■ Erleben und Empfinden

menen »Ableitungen und Typifizierungen«[97] werden durch Genre-Konventionen wie die Verwendung stereotyper Figurenmerkmale erleichtert. Sich in eine Figur in einer filmisch konstruierten historischen Welt einzufühlen bedeutet also, sie »als soziale[n] oder soziopsychologische[n] Typus in ihr Milieu hinein zu interpretieren«.[98] Wir bekommen den Eindruck, die historische Welt des Films erlebnishaft durchdringen zu können. Die empathische Einfühlung versetzt uns nicht nur in die Lage, zu erfassen, in welchem emotionalen Zustand sich eine Figur befindet, sondern auch über diese Gefühle zu reflektieren.[99] In Kombination mit anderen Figuren können wir ein »soziales Feld«[100] konstruieren: »Einer möglicherweise ›primär‹ empathisierten Figur steht ein Gefüge anderer, ›sekundärer‹ Figuren gegenüber, die gleichfalls empathisiert werden müssen«, so Hans J. Wulff. Die »wechselseitigen Wahrnehmungen und Interpretationen der Figuren untereinander«[101] weisen den Spielfilm als »Aufbau einer fiktiven sozialen Handlungswelt«[102] aus. Die durch den Geschichtsfilm erzeugten historischen Erfahrungen basieren folglich auf der Grundlage eines filmisch konstruierten und empathisch (mit)erlebten, historischen Sozialsystems. Geschichte wird über menschliche Beziehungen dargestellt.[103] In KU'DAMM 56 wird Monika bei ihrem spontanen Tanz im Regen von einer Gruppe Wanderer beobachtet. Während die überwiegend jungen Männer durchaus Gefallen an der Darbietung zeigen, reagiert ihr adrett gekleideter und deutlich älterer Anführer zutiefst verärgert. Durch die empathische Einfühlung in die Figuren entsteht der Eindruck, die verklemmte bundesdeutsche Gesellschaft der 1950er Jahre von innen heraus nacherleben zu können. Die empathische Einfühlung trägt demnach auch zur Erzeugung eines spezifischen Geschichtsbildes bei.

Zusammenfassend lässt sich feststellen, dass der phänomenologisch orientierte Empathiebegriff nicht nur »eine imaginative Perspektivenein-

---

97 Ebenda.
98 Ebenda, S. 142.
99 Margrethe Bruun Vaage schließt daraus, »dass Empathie sowohl zu einer Beteiligung an der fiktionalen Welt als auch zur ästhetischen Erfahrung und Wertung beitragen kann – und manchmal darüber hinaus zur Reflexion über das eigene Selbst des Zuschauers«. Bruun Vaage 2007, a.a.O., S. 102.
100 Wulff 2003, a.a.O., S. 138.
101 Ebenda, S. 151.
102 Ebenda, S. 157.
103 Knut Hickethier: Zeitgeschichte in der Mediengesellschaft. Dimensionen und Forschungsperspektiven. In: Zeithistorische Forschungen, Jg. 6, 3/2009, S. 364. https://zeithistorische-forschungen.de/3-2009/4524 [30.1.2020].

Imaginative Empathie

Empathie und ›soziales Feld‹ in KU'DAMM 56

nahme« impliziert, sondern auch »eine leibliche[...] Resonanz«.[104] Bereits Siegfried Kracauer beschrieb »kinästhetische Reaktionen« auf optische Bewegungsreize.[105] Neuere Forschungsansätze bemühen sich, diese Annahmen an naturwissenschaftliche Untersuchungen zur körperlich-motorischen Resonanz rückzubinden. So zeigen neurologische Experimente, dass bestimmte Nervenzellen im Gehirn von Primaten bei der Beobachtung und bei der motorischen Ausführung einer Handlung das gleiche Aktivitätsmuster zeigen.[106] Da sowohl die optische als auch die auditive Indikation bestimmter Handlungen sensomotorische Resonanzen hervorrufen kann[107], scheint das audiovisuelle Medium Film hierfür besonders prädestiniert zu sein. Zwar ist Hermann Kappelhoffs Kritik berechtigt, dass solche kognitionspsychologischen Modelle mit einer gänzlich fachfremden Empirie operierten[108]. Doch zweifellos vermögen die filmischen Bewegungsreize – beispielsweise während Monikas Tanz in KU'DAMM 56 – uns als Zuschauer körperlich zu

---

104 Susanne Schmetkamp: Perspektive und empathische Resonanz: Vergegenwärtigung anderer Sichtweisen. In: Hagener/Vendrell Ferran 2017, a.a.O., S. 136.
105 Kracauer 2015, a.a.O., S. 216.
106 Vgl. die Bezüge zum Diskurs um »Spiegelneuronen« in: Hartmut Rosa: Resonanz: Eine Soziologie der Weltbeziehung. Berlin 2016, S. 251.
107 Ebenda.
108 Vgl. Hermann Kappelhoff: Kognition und Reflexion. Zur Theorie filmischen Denkens. Berlin 2018, S. 50–51.

Erleben und Empfinden

affizieren. Allerdings sind es nicht »einfach die beobachteten *Bewegungen*, sondern spezifische (senso-)motorische *Akte*«, die eine antwortende Erregung auslösen.[109] Monikas Bewegungen folgen einem bestimmten Muster; sie sind Teil eines Tanzes, der über Struktur und Ausdruckskraft verfügt. Der Philosoph Hartmut Rosa nimmt an, dass sich solche komplexen Handlungen, Situationen und Sinnverweisungen nicht nur über sensomotorische Äquivalente begreifen oder spiegeln lassen, »sondern vor allem vermittels der Evokation und Gestaltung *narrativer* Zusammenhänge«.[110] Die sensomotorische Resonanz wird in eine narrative Matrix integriert und begünstigt so die imaginative Einfühlung. Demnach ermöglicht erst das Erzählen von Geschichten die Übernahme von komplexen Erfahrungsperspektiven.[111] Auch Stimmungen und Atmosphären können auf diese Weise empathisch vergegenwärtigt und imaginativ-leiblich nachvollzogen werden.[112] So verweisen beispielsweise Schwarz-Weiß-Bilder nicht nur auf etwas Altes, Vergangenes, sondern verfügen auch über eine eigene expressive Qualität, eine Atmosphäre, mit der sie eine Perspektivierung vornehmen.[113] Die Philosophin Susanne Schmetkamp verbindet folgerichtig die Annahme einer narrativen Modellierung von Erfahrungsperspektiven mit phänomenologischen Positionen:

»Zur Empathie gehört nach diesem Ansatz ein Prozess, bei dem die spezifische Lage einer Person, ihre Gefühle und Handlungen wahrgenommen werden, und zwar wie sie sich in der leiblichen Expression und aus ihrer spezifischen Perspektive manifestieren. Die Perspektiveinnahme wäre dann eine, welche nicht nur kognitiv, sondern auch leiblich abläuft, insofern es immer auch Perspektiven von Körpern, Dingen, Stimmungen sind, die *vergegenwärtigt* werden.«[114]

---

109 Ebenda.
110 Ebenda, S. 266–267.
111 Hier knüpft auch der englischsprachige Empathiediskurs an. Insbesondere Amy Coplan betont die Rolle der Narrativität, durch die wir eine gefühlte Stimmung nicht unmittelbar übernehmen, sondern uns empathisch in eine bestimmte Perspektive versetzen, die eine Trennung des Selbst vom Anderen zulässt. Vgl. Coplan 2011, a.a.O., S. 3–18.
112 Schmetkamp 2017, a.a.O., S. 137. Die Verknüpfung von Stimmungen und empathischer Teilnahme rekurriert wiederum auf Béla Balázs' Annahme einer »anthropomorphen Welt«, in der jede Gestalt auf uns eine emotionelle Wirkung ausübe, »weil sie uns, wie entfernt auch immer, an eine menschliche oder animalische Physiognomie erinnert«. Vgl. Balázs 1961, a.a.O., S. 89.
113 Ebenda, S. 141.
114 Ebenda, S. 156.

Dieser Ansatz ist aus zweierlei Gründen interessant für eine Theorie der Histosphere. Zum einen impliziert der Vorgang der Vergegenwärtigung eine Historizität, die dem Medium Film bereits eingeschrieben ist und die mit den Überlegungen von Siegfried Kracauer und Walter Benjamin korrespondiert.[115] Zum anderen ist der beschriebene Prozess Ausdruck einer entscheidenden Verschiebung im Dreiklang von Subjekt, Film und Geschichte. Während der »*phänomenale* Grundton des Gefühls« eine Resonanz »zwischen Zuschauerkörper und Filmkörper« hervorruft, bleibt auf kognitiver Ebene eine Ich-Du-Differenz bestehen, die der einfühlenden Person das Bewusstsein verleiht, »dass sie nicht selbst die fühlende Instanz ist«.[116] In einer imaginativen Projektion fragt sich der Zuschauer, »was *er* in der im Film gezeigten Situation gefühlt oder wie er sich darin verhalten hätte«.[117] Eine solche Kombination imaginativer und azentraler Empathie stellt einen entscheidenden Unterschied zur akademischen Geschichtsschreibung dar. Die objektivierte Projektion von *wir-heute* auf *andere-damals* wird im Geschichtsfilm von der subjektivierten Projektion von *wir-heute* auf *wir-damals* abgelöst.[118] Das Spannungsfeld von imaginativer Empathie und Kognition »veranlasst den Zuschauer, über die Relevanz der Ereignisse für ihn selbst zu reflektieren«.[119] Diese Selbst-Reflexion geht über den Horizont der fiktionalen Welt hinaus und entwickelt im Geschichtsfilm das Potenzial, unsere Geschichtsvorstellungen substanziell zu beeinflussen: Filmische Ausdrucksdimensionen wie Stimmung und Atmosphäre ermöglichen in Kombination mit Verfahren zur Erzeugung von Immersion und Empathie imaginative Geschichtserfahrungen, die eine enorme Wirkungsmacht entfalten.

---

115 Neben den Parallelen, die Kracauer in seinem Geschichte-Buch aufzeigt, sei auf die von Benjamin adaptierte Spiegelmetapher verwiesen. Vgl. Kracauer 2015, a.a.O., S. 395, sowie: S.K.: Geschichte – Vor den letzten Dingen (1971). Frankfurt/Main 2009. Vgl. hierzu in diesem Band auch den Abschnitt *Filmerfahrung und Geschichte* im Kapitel *Film/Geschichte/Erfahrung*.
116 Schmetkamp 2017, a.a.O., S. 159.
117 Bruun Vaage 2007, a.a.O., S. 113.
118 Vgl. Vivian Sobchacks Überlegungen zum Monumentalfilm: »Whereas the reticent and opaque work of academic histories is the objectification and projection of *ourselves-now* as *others-then*, the expansive and transparent work of Hollywood's epic histories seems to be the subjectification and projection of *ourselves-now* as *we-then*.« Sobchack 2007, a.a.O., S. 300.
119 Vgl. Bruun Vaage 2007, a.a.O., S. 114.

Erfahren und Erinnern

Geschichte und Film stehen nicht nur in einem engen Wechselverhältnis, sondern sind auch vielfältig mit Gedächtnis- und Erinnerungsdiskursen verwoben. Während die Geschichtswissenschaft immer wieder mit Fragestellungen zur Erinnerungskultur konfrontiert wird, dominiert in filmwissenschaftlichen Forschungen die Annahme, Film sei ein »Speicher-«, »Aufzeichnungs-« oder »Verbreitungsmedium« des kollektiven Gedächtnisses.[1] Ansätze, die das Verhältnis zwischen Film, Geschichte und Erinnerung auf einer Erfahrungsebene untersuchen, werden hingegen weitgehend ausgeklammert oder überlagert. Dabei ähneln sich Filmbilder und imaginierte Erinnerungsbilder bereits in der Art und Weise, wie wir sie wahrnehmen: Beide sind nur im »Vorbeihuschen«[2] zu erkennen, bleiben in vielerlei Hinsicht Fragment und haben dennoch eine Qualität der »Hyper-Realität«[3]. Wenn sich aber unsere Vorstellungen von der Vergangenheit und die medial fingierte historische Realität nicht mehr in letzter Konsequenz auseinanderhalten lassen[4], dann ist dies auch das Resultat einer körperlichen Erfahrungsdimension. Wie Thomas Elsaesser konstatiert, verflüchtigt sich die ehemals als objektiv empfundene Geschichte im Zeitalter der ›lebendigen‹ Bilder, während die Erinnerung »als Aufbewahrungsort von eigener Erfahrung« an Bedeutung gewinnt.[5] Mithin gebe es wohl kaum »angemessenere Instrumente zur Aufzeichnung und Speicherung von Erinne-

---

1 Vgl. u.a. Friedrich Kittler: Grammophon / Film / Typewriter. Berlin 1986. Sowie: Astrid Erll / Stephanie Wodianka (Hg.): Film und kulturelle Erinnerung. Plurimediale Konstellationen. Berlin 2008.
2 Walter Benjamin: Über den Begriff der Geschichte (1942). In: W.B.: Gesammelte Schriften. Bd. 1.2. Frankfurt/Main 1974, S. 695. Vgl. hierzu auch meine Überlegungen zu Walter Benjamins Geschichtsphilosophie, deren Begrifflichkeit ich im Abschnitt *Filmerfahrung und Geschichte* im Kapitel *Film/Geschichte/Erfahrung* auf den Film übertrage.
3 Vgl. dazu Heike Klippels Annahme, dass »[d]ie Zerstückeltheit der Filmbilder und ihre den Erinnerungsbildern vergleichbare Hyper-Realität [...] dem Zuschauer einen Fluss [liefern], der ihn gerade deshalb sich selbst erleben lässt, weil er zwar ähnlich, aber eben nicht sein eigener ist«. Heike Klippel: Gedächtnis und Kino. Basel 1997, S. 172.
4 Vgl. Jean Baudrillard: Simulacra and Simulation. Ann Arbor 1994, S. 46.
5 Vgl. Thomas Elsaesser: »Un train peut en cacher un autre«. Geschichte, Gedächtnis und Medienöffentlichkeit. In: montage AV, Jg. 11, 1/2002, S. 14.

rung als unser Sehen und Hören, unseren Körper und unsere Sinne«.[6] Diese Verlagerung der Speicher- und Aufzeichnungsfunktion von Erinnerungen in die körperliche Erfahrung zieht auch eine Verschiebung des filmwissenschaftlichen Diskurses nach sich. Besonders Geschichtsfilme werden nun stärker als prozessuale Schnittstelle zwischen leiblicher Erinnerung und Historisierung verstanden. Darauf aufbauend spüre ich im ersten Teil des Kapitels dem vielgestaltigen Wechselverhältnis zwischen Film, Körper und Gedächtnis nach. Als elementare Bestandteile der Histosphere, so meine These, machen körperliche Erinnerungen die historische Welt des Films als physische Realität erfahrbar und fügen der bislang vor allem als Reflexionsprozess verstandenen Mise-en-histoire eine leibliche Erfahrungsdimension hinzu. Diese Überlegungen werden im zweiten Teil des Kapitels weiter vertieft und mit Konzepten medial erzeugter Erinnerungen verschränkt. Histospheres, so werde ich zeigen, greifen nicht nur auf bestehende körperliche Erinnerungen und Geschichtsvorstellungen zurück, sondern sind aktiv an der Erzeugung potenziell identitätsstiftender persönlicher Erfahrungen beteiligt. Diese Erfahrungen werden in einem zweiten Schritt gezielt als Erinnerungen adressiert. Die Funktionsweise eines solchen Reiz-Reaktions-Schemas, mit dem filmische Figurationen die historische Welt des Films mit körperlichen Erinnerungen des Zuschauers verknüpfen und hierdurch sogar eine Art Déjà-vu-Effekt erzeugen, untersuche ich schließlich im dritten Teil des Kapitels. Formen des Erfahrens und Erinnerns werden so nicht nur als bloße Effekte, sondern als konstituierende sowie interdependente Prozesse der Histosphere ausgewiesen.

Film/Körper/Gedächtnis

In den vorangegangenen Kapiteln habe ich gezeigt, wie wir als Zuschauer in einen Zustand der immersiven Erfahrung und imaginativen Empathie versetzt werden, der die Wahrnehmung der filmisch konfigurierten historischen Welt strukturiert.[7] Durch die Mise-en-histoire wird zudem eine Verbindung zu historischen Referenzen hergestellt.[8] Während jedoch Immersion und empathische Einfühlung vor allem somatische Aspekte der Filmerfahrung adressieren, basiert die Mise-en-histoire in erster Linie auf

---

6 Ebenda.
7 Vgl. insbesondere die Abschnitte *Immersionserfahrungen* und *Imaginative Empathie* im vorangegangenen Kapitel.
8 Vgl. insbesondere den Abschnitt *Von der Mise-en-scène zur Mise-en-histoire* im Kapitel *Modellieren und Wahrnehmen*.

konstruktivistisch-semiotischen Zusammenhängen. Ein Bindeglied zwischen diesen beiden Dimensionen der Histosphere bildet das Verhältnis von Körper und Gedächtnis.

Um dies an einer persönlichen Filmerfahrung zu illustrieren: In meiner subjektiven Wahrnehmung der U-Bahn-Sequenz am Anfang von KU'DAMM 56 treffen verkörperte Filmerfahrung und Erinnerung aufeinander. Beim Anblick der messingfarbenen Haltestangen erinnere ich mich reflexartig an die harte, glatte Beschaffenheit der Oberfläche, die meine Hand auf unzähligen Fahrten in den öffentlichen Verkehrsmitteln berührt hat. In einer synästhetischen Reminiszenz spüre ich sogar das Ruckeln und Vibrieren des U-Bahn-Waggons, atme die warme, stickige Luft und rieche den unverkennbaren elektrischen Duft des Untergrunds. Ganz unvermittelt geht meine unbewusste somatische Erinnerung über in Träumerei. Während Christian Metz mit diesem Begriff die gleichzeitige Wahrnehmung von Filmgeschehen und Imagination beschreibt[9], unterscheidet Siegfried Kracauer zwei Richtungen des Träumens.[10] Die erste Traumrichtung führt in Richtung des Objekts in der physischen Realität des Films: »Sobald der Zuschauer einmal die Kontrolle über sein Bewusstsein verloren hat, kann er nicht umhin, sich von den Phänomenen vor seinen Augen angezogen zu fühlen. Sie winken ihn zu sich heran.«[11] Die andere Richtung führt von den Objekten weg in eigene imaginierte oder erinnerte Bildwelten des Zuschauers.[12]

Die Histosphere verhält sich hierzu ganz analog: Auf Grundlage der Filmerfahrung versetzen wir uns in die audiovisuell fingierte historische Welt des Films. Gleichzeitig bewirken die subjektiven Assoziationen und Imaginationen in der Mise-en-histoire, dass wir gedanklich abdriften. Dieses scheinbare Paradoxon der Traum-Metaphorik geht einher mit der weitgehenden theoretischen Ausklammerung des Zuschauerkörpers, die argumentativ so nicht aufrechtzuerhalten ist. So weisen Thomas Elsaesser und Malte Hagener zu Recht darauf hin, dass »erst unsere Fähigkeit zur Wahrnehmung der Außenwelt [...] schließlich die Erzeugung solch innerer

---

9 Vgl. Christian Metz: Der imaginäre Signifikant. Psychoanalyse und Kino. Münster 2000, S. 79–105.
10 Vgl. Sabine Nessel: Kino und Ereignis. Das Kinematografische zwischen Text und Körper. Berlin 2008, S. 45.
11 Siegfried Kracauer: Theorie des Films. Die Errettung der äußeren Wirklichkeit (1964). Frankfurt/Main 2015, S. 224.
12 Vgl. Nessel 2008, a.a.O., S. 45.

Konstrukte« ermögliche.[13] Kracauer implementierte mit dem Begriff der »physischen Realität« eine körperliche Erfahrungsdimension in die Filmwahrnehmung: Letztere greife auf einen Pool von basalen Alltagserfahrungen zurück, die insbesondere körperlicher und haptischer Natur seien und damit auf einer tieferen Verarbeitungsebene als soziale, gesellschaftliche und politische Strukturen lägen. Im Folgenden verknüpfe ich diese Annahmen mit einem phänomenologischen Verständnis. Erinnerungen sind demzufolge keine ausschließlich psychischen Vorgänge, sondern involvieren immer auch den Sinnesapparat. Die physiologische Verankerung des Gedächtnisses und das Medium Film stehen wiederum in einem engen Wechselverhältnis. Die Filmwissenschaftlerin Heike Klippel macht darauf aufmerksam, dass es das Kino war, in dem das ›Profan-Materielle‹ den ›Geist‹ in einer bis dahin ungekannten Weise durchdrang und das Gedächtnis als unangreifbaren, unbestimmten Ort auswies, »an dem Physisches und innere Vorstellungen miteinander verwoben sind«.[14] Unter dieser Prämisse zeigt sich der Film als »entäußerter Gedächtnisprozess«, in dem sich die Biografie des Zuschauers und die Geschichte der Handlung durchdringen.[15]

Diese reziproke Konstellation bildet sich auch im Geschichtsfilm ab. Wir verknüpfen die für unsere Wahrnehmung konfigurierte historische Welt des Films mit körperlichen Erinnerungen an basale lebensweltliche Erfahrungen. Die Histosphäre setzt sich folglich nicht nur aus audiovisuellen Figurationen, sondern auch aus Elementen unseres Körpergedächtnisses zusammen. In ihren Überlegungen zur verkörperten Filmerfahrung beschreibt Vivian Sobchack über die enigmatisch verfremdete erste Einstellung des Films THE PIANO (Das Piano; 1993; R: Jane Campion), dass ihre Finger von vornherein schon ›wussten‹, dass es sich hierbei um den Blick durch die Hände der Protagonistin handelt. Die Erinnerung an die eigene körperliche Erfahrung machte das Bild für ihre Finger im wahrsten Sinne des Wortes ›begreifbar‹, indem sie es »an sich rissen« und »sich selbst spürten« als »Potentialität« der subjektiven körperlichen Situation, die auf der Leinwand figuriert wird.[16]

---

13 Thomas Elsaesser / Malte Hagener: Filmtheorie. Zur Einführung. Hamburg 2007, S. 158.
14 Klippel 1997, a.a.O., S. 166.
15 Ebenda, S. 188.
16 »From the first (although I didn't consciously know it until the second shot), my fingers *comprehended* that image, *grasped* it with a nearly imperceptible tingle of attention and anticipation and, offscreen, ›felt themselves‹ as a potentiality in the subjective and fleshy situation figured onscreen.« Vivian Sobchack: Carnal Thoughts. Embodiment and Moving Image Culture. Berkeley 2004, S. 63.

▌ Erfahren und Erinnern

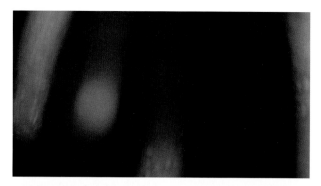

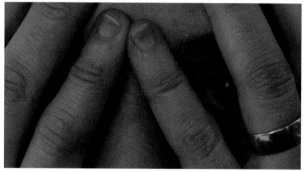

Erinnerung an die eigene körperliche Erfahrung: Der Blick durch die Finger in THE PIANO

Sobchacks Annahme, dass ihre Finger bereits *reflexhaft* wüssten, was ihr Bewusstsein auf einer *reflektierten* Ebene noch nicht erkannt hatte[17], impliziert, dass ein unbewusster Zugriff auf Erinnerungen an frühere sinnlich-körperliche Erfahrungen stattfindet. Spezifische audiovisuelle Konfigurationen des Films triggern das Körpergedächtnis.[18] Insbesondere haptische und taktile Erfahrungen nehmen hierbei eine privilegierte Position ein. Neben visuell vermittelten Oberflächenstrukturen kann auch der Filmton Informationen über die materielle Beschaffenheit der historischen Filmwelt vermitteln. ›Materialisierende Klang-Hinweise‹[19] wie dumpfe, schlurfende Schritte auf dem Parkett der Tanzschule in KU'DAMM 56 evozieren andere körperliche Erinnerungen als das Knirschen der kleinen Steinchen auf dem Pflaster einer Straße. Die haptischen Merkmale der Histosphäre werden so Stück für Stück aus synästhetischen Verknüpfungen des Körpergedächtnisses zusammengesetzt.

Das erneute Durchleben körperlicher Sinneserfahrungen verleiht der Histosphäre eine synästhetische Qualität, durch die ein »somatischer Be-

---

17 Ebenda.
18 Vgl. hierzu den Abschnitt *Reminiszenztrigger* in diesem Kapitel.
19 Michel Chion: Audio-Vision. Ton und Bild im Kino. Berlin 2012, S. 96.

deutungsraum« geschaffen wird.²⁰ Die körperlich erinnerten Alltagserfahrungen färben auf die Wahrnehmung der Historizität der filmisch konstruierten Welt ab. Wenn wir am Anfang von KU'DAMM 56 die messingfarbenen Haltestangen in der U-Bahn sehen, dürften die

Taktile Resonanzen: Stoffe in HUNGERJAHRE

meisten von uns eine auf Erfahrung und Erinnerung basierende Vorstellung davon haben, wie sich diese wohl anfühlen. Die historische Welt des Films wirkt gar nicht mehr so fremd, sobald wir das Gefühl haben, wir erinnerten uns körperlich an sie. In HUNGERJAHRE sind wiederum die weiblichen Figuren ständig mit Handarbeiten beschäftigt oder falten Wäsche. Das beiläufig dargestellte Berühren verschiedener Stoffe – ob ein aus grober Baumwolle gefertigtes Kleid oder feinere Bettwäsche – kann in uns Erinnerungen an entsprechende haptische Erfahrungen wecken. Das Medium einer solchen Resonanz ist die Haut, die weniger eine Grenze oder Scheidelinie zwischen Subjekt und Welt darstellt als vielmehr eine »semipermeable *Membran* [...], die Welt und Subjekt miteinander in Beziehung setzt und sie wechselseitig empfänglich und durchlässig macht«.²¹ Von besonderer Bedeutung für das synästhetische Potenzial des Films ist, dass die Haut, so Hartmut Rosas Annahme, »ein doppelseitig sensibles und buchstäblich *atmendes* und *antwortendes* Resonanzorgan [sei], das die Beziehung zwischen Leib und Welt einerseits und zwischen Person und Leib andererseits vermittelt und zum Aus-

---

20 Hier kann an Christiane Voss' Ansatz zum »Leihkörper« des Films angeknüpft werden, nach dem wir »das, was wir somatisch (mit-)konstituieren und zugleich erleben, in dieser Form für unmittelbar wahrhaftig« halten. Vgl. Christiane Voss: Filmerfahrung und Illusionsbildung. Der Zuschauer als Leihkörper des Films. In: Gertrud Koch / C.V. (Hg.): ...kraft der Illusion. München 2006, S. 81, 85.
21 Hartmut Rosa: Resonanz: Eine Soziologie der Weltbeziehung. Berlin 2016, S. 85.

druck bringt«.[22] So reagiert die Haut nicht nur auf physische Reize der Umwelt, sondern auch auf seelische Regungen.[23]

Der Übergang zwischen rein körperlichen und kognitiv gesteuerten Reaktionen ist fließend. Beispielsweise kann ein schriller Ton – wie das Kratzen an einer Tafel – eine direkte vegetative Reaktion, in diesem Fall eine Gänsehaut, verursachen. Den kalten Schauer, der uns in Horrorfilmen den Rücken herunterläuft, erleben wir hingegen als Reaktion auf die Kombination von audiovisuellen Reizen und narrativen Zusammenhängen. Während wir uns in die Filmfiguren oder situativen Bedingungen einfühlen, stellen wir uns beispielsweise vor, wie es sich wohl anfühlen muss, wenn wir selbst anstelle von Monika beim Tanzen durch die Luft gewirbelt würden. Eng an unsere Empathiefähigkeit geknüpft, werden hierdurch auch Erinnerungen an frühere lebensweltliche oder filmische Erfahrungen geweckt. Die Überlegungen der Medientheoretikerin Laura Marks zu einer ›Haut des Films‹ (*Skin of the Film*)[24] erweitern in dieser Hinsicht Vivian Sobchacks Konzept des Films als verkörperter Erfahrung: Als Signifikation körperlicher Erinnerungen wird der filmische Raum sinnlich erfahrbar gemacht und ermöglicht einen ›Kontakt‹ zwischen dem Zuschauer und den repräsentierten Objekten des Films.[25] Marks bedient sich hierbei eines ähnlichen Vokabulars wie Frank R. Ankersmit in seiner Definition der historischen Erfahrung, die seines Erachtens den Eindruck eines ›authentischen Kontaktes‹ zur Vergangenheit herstellt.[26] Es ist anzunehmen, dass die sinnlich-körperliche Erfahrbarkeit filmischer Räume, die auf körperlichen Erinnerungen beruht, auch solche historische Erfahrungen erzeugen kann. Was Laura Marks als Möglichkeit zur Vermittlung interkultureller Erfahrungen beschreibt[27], kann demnach auch dazu beitragen, die zeitliche Distanz zur historischen Vergangenheit zu überbrücken. Vor allem die Darstellung körperlicher Berührungen eignet sich, um einen Eindruck von Vertrautheit zu erzeugen, der die filmisch fingierte historische Welt durch das Abrufen körperlicher Ur-Erinnerungen und Instinkte näher erscheinen lässt.

---

22 Ebenda, S. 90.
23 Ebenda, S. 89.
24 Vgl. Laura U. Marks: The Skin of the Film. Intercultural Cinema, Embodiment, and the Senses. Durham u.a. 2000.
25 Ebenda, S. xi. Marks bezieht sich hierbei nicht nur auf die Erinnerung an taktile Erfahrungen, sondern auch auf »memories of tastes, smells, and caresses that must be coaxed into audiovisual form.« Ebenda, S. 243.
26 Frank R. Ankersmit: Die historische Erfahrung. Berlin 2012, S. 19.
27 Vgl. Marks 2000, a.a.O., S. 243.

Marks' zu Recht kritisierte Bezüge zu den Arbeiten von Gilles Deleuze sollen an dieser Stelle zugunsten einer engeren Anbindung an die Phänomenologie des Films nicht weiter berücksichtigt werden.[28] Während sich nämlich in Deleuze' ›Kristallbild‹ die entsubjektivierte *Geschichtlichkeit* des Films verbirgt, zielt die Phänomenologie des Films – und mithin auch die vorliegende Studie – auf die subjektgebundene filmische *Erfahrung von Geschichte*. Das Potenzial des Geschichtsfilms, historische Erfahrungen zu erzeugen, entsteht dort, wo sich verkörperte Filmerfahrung, Erinnerung und imaginäre Referenzialisierung treffen. Die Haut dient hierbei im Sinne von Marks als Metapher für eine durchlässige Membran, die nicht nur das Interaktionsfeld zwischen körperlichen und kognitiven Erinnerungen, sondern auch zwischen autobiografischem und kollektivem Gedächtnis aufspannt. Bereits Rudolf Arnheim unterstreicht das hiermit verbundene reziproke Wechselspiel zwischen Filmwahrnehmung und »Gedächtnisspuren«[29]. Indem das körperliche Gedächtnis die Filmwahrnehmung als dynamische Matrix strukturiert, wirkt sich die unablässige Produktion neuer Erfahrungen auch auf die Erinnerung an frühere Erfahrungen aus und verändert sie. Diese fortlaufende Konfigurations- und Refigurationsleistung fügt der bislang vor allem als Reflexionsprozess verstandenen Mise-en-histoire eine leibliche Erfahrungsdimension hinzu. Die durch die filmische Referenzialität hervorgerufenen Geschichtsimaginationen des Zuschauers werden sowohl mit unmittelbaren sinnlichen Erfahrungen während der Filmwahrnehmung als auch mit körperlichen Erinnerungen angereichert und können so die Erzeugung einer historischen Erfahrung begünstigen.

Das Zusammenspiel von sinnlicher Filmerfahrung und körperlicher Erinnerung hat auch einen großen Einfluss auf den Modus, in dem der Zu-

---

28 So weist Claire Perkins in ihrer Rezension zu Marks' späteren Buch *Touch: Sensuous Theory and Multisensory Media* auf einen unauflösbaren Widerspruch hin, der auch schon in *The Skin of the Film* eine Rolle spielt: »For Marks the works examined are made for a viewer to feel out and constitute – they highlight the act of perception. For Deleuze, the set of movement-images which make up cinema are definitively not addressed to anyone – they are an Appearing«. Vgl. Claire Perkins: This Time It's Personal: *Touch: Sensuous Theory and Multisensory Media* by Laura U. Marks. In: Senses of Cinema, Jg. 33, 10/2004. http://sensesofcinema.com/2004/book-reviews/touch_laura_marks/ [9.1.2020].
29 Diesen komplexen Prozess – die Aktivierung und Modifizierung alter sowie die Erzeugung neuer Erinnerungen – verbindet Arnheim bereits implizit mit einer körperlichen Komponente, indem er konstatiert, dass beispielsweise die ersten Phasen eines Tanzes nicht mehr die gleichen seien, »wenn wir erst einmal den Rest der Komposition gesehen haben«. So würden »[i]m Laufe einer Darbietung [...] nicht einfach neue Glieder an die Kette gefügt«, sondern was vorher kam, werde »durch das Neue ständig umgewandelt«. Vgl. Rudolf Arnheim: Kunst und Sehen. Eine Psychologie des schöpferischen Auges. Berlin 1978, S. 374.

Erfahren und Erinnern

Dokumentarisches Bewusstsein: Das tote Kaninchen in LA RÈGLE DU JEU

schauer den Film erlebt. In Abgrenzung zu früheren normativen Differenzbildungen nimmt Vivian Sobchack an, dass sich Fiktion und Nonfiktion vor allem anhand der Erwartungen, Erfahrungen und Evaluationen des Zuschauers unterscheiden.[30] Auf der Grundlage, dass in der Wahrnehmung eines jeden Filmbildes generell beide Erfahrungsmodi

angelegt sind, skizziert sie ein »dokumentarisches Bewusstsein« des Zuschauers, einen verkörperten und moralischen Erfahrungsmodus, der im Spielfilm den Raum des Irrealen in den Raum des Realen transformiert.[31] Am Beispiel eines getöteten Kaninchens in Jean Renoirs Film LA RÈGLE DU JEU (Die Spielregel; 1939) beschreibt sie, wie die filmische Fiktion durch die plötzliche Veränderung des Filmverständnisses schockartig durchbrochen wird. Für Sobchack war der Tod des Kaninchens viel schockierender und beunruhigender als der Tod des menschlichen Charakters. Diese Wahrnehmung begründet sie damit, dass der Tod des Kaninchens den autonomen und homogenen Raum der Fiktion durchbrochen und in einen dokumentarischen Raum verwandelt habe.[32] Eine solche modale Verschiebung kann

---

30 Sobchack 2004, a.a.O., S. 261. Sobchacks Auffassung entspricht damit der von Gertrud Koch, die sich ebenfalls für solch eine pragmatische, zuschauerorientierte Sichtweise stark macht. Vgl. Gertrud Koch: Nachstellungen. Film und historischer Moment. In: Eva Hohenberger / Judith Keilbach (Hg.): Die Gegenwart der Vergangenheit. Dokumentarfilm, Fernsehen und Geschichte. Berlin 2003, S. 226.
31 Sobchack 2004, a.a.O., S. 261.
32 »For me the rabbit's onscreen death was--and still is--a good deal *more* shocking and disturbing than the death of the human character. And this, I would maintain, is because the rabbit's death ruptures the autonomous and homogenous space of the fiction through which it briefly scampered. Indeed, its quivering death leap transformed fictional into documentary space, symbolic into indexical representation, my affective investments in the irreal and fictional into a documentary consciousness charged with a sense of the world, existence, bodily mortification and mortality, and all the rest of the real that is in excess of fiction.« Ebenda, S. 269.

auch im Geschichtsfilm beobachtet werden, wenn uns das referenzielle Verhältnis zur Vergangenheit bewusst wird und wir gleichzeitig die physische Realität des Films spüren. Für die Wirkung der Histosphäre, die nicht nur eine verkörperte Erfahrung darstellt, sondern auch mit semiotischen Verfahren historische Referenzen herstellt, ergibt sich hier eine Parallele zum »Realitätseffekt« nach Roland Barthes: In der Signifikation des Realen wird das Signifikat zugunsten des bloßen Referenten ausgespart.[33] Analog dazu treten im Geschichtsfilm die filmischen Figurationen an die Stelle des historischen Referenten. Die verkörperte Filmerfahrung wirkt diesem semiotischen Prozess nicht entgegen, sondern verstärkt ihn sogar, indem sie die historische Welt des Films als physische Realität erfahrbar macht. Die imaginative Illusion bleibt somit in den meisten Fällen bestehen und wird zusätzlich auf der Ebene einer faktisch-historischen Authentizität beglaubigt. Allerdings kann auch eine Diskrepanz zwischen filmischer Figuration und historischer Referenz entstehen – etwa, wenn wir einem Darsteller oder einer Darstellerin die Rolle einer historischen Persönlichkeit nicht ›abnehmen‹. Unsere imaginative Empathie und immersive Einbindung werden in einem solchen Fall nachhaltig unterlaufen.

Vivian Sobchacks Beispiel des sterbenden Kaninchens zeigt, dass die Schockwirkung des dokumentarischen Bewusstseins besonders stark ist, wenn die fiktionale Darstellung des Films indexikalisch mit einem realen Todesereignis verknüpft ist. Zwar ist es ein weiter und ethisch nicht unbedenklicher Weg von Renoirs Kaninchen zu den Toten an der innerdeutschen Grenze, doch kommen in beiden Fällen sehr ähnliche psychologische Prozesse zum Tragen. Der gewaltsame Tod der beiden Protagonisten am Ende von HIMMEL OHNE STERNE wirkt umso bestürzender, wenn wir wissen, dass nicht nur Filmfiguren, sondern in der Vergangenheit auch reale Menschen im Kugelhagel an der innerdeutschen Grenze ums Leben kamen. Im Gegensatz zu Renoirs tierischem Darsteller sind die Schauspieler in Käutners Film nicht tatsächlich zu Schaden gekommen. Dennoch kann sich auch in HIMMEL OHNE STERNE ein schockhaft einsetzendes Gefühl der Beklemmung etablieren, das sich als Reaktion auf die mögliche Verletzung ethischer Normen verstehen lässt: Werden die realen Toten nicht durch ihre fiktionale Repräsentation als Objekt der Unterhaltung missbraucht? Die Debatten um die filmische Inszenierung leidvoller Geschichte – insbesondere um die (Un-)Darstellbarkeit

---

33 Vgl. Roland Barthes: Der Real(itäts)effekt. In: Nach dem Film No 2: show reality / reality shows, 2000. http://geschichte.nachdemfilm.de/content/der-realitätseffekt [26.11.2019].

des Holocausts – drehen sich auch um solche ethischen Fragestellungen.[34] Auch Benjamin Moldenhauers bereits thematisiertes diffuses »Unbehagen an Filmen, die von der historischen Vergangenheit erzählen und dabei in den Bahnen des Genrekinos verbleiben«[35] deutet auf einen entsprechenden inneren Konflikt hin. Während uns jedoch im Falle der fiktionalen Inszenierung historischer Ereignisse keine Mitschuld am Leid der realen Opfer trifft, fragt sich Vivian Sobchack zu Recht, ob das Kaninchen nicht auch für sie und ihr Vergnügen am Film gestorben ist. Im Vergleich zum realen Tod des Tieres berührt Sobchack der Tod eines rein fiktionalen Protagonisten deutlich weniger, denn sie weiß intuitiv, dass die menschliche Figur Jurieux (Roland Toutain) lediglich im irrealen Raum der Fiktion stirbt.[36] Ähnlich abmildernd kann die Besetzung einer historischen Figur mit einem bekannten Schauspieler oder einer bekannten Schauspielerin wirken: Wir wissen intuitiv, dass die reale Person nicht stirbt, was wiederum auch die Wirkungsmacht der historischen Referenz – den Tod einer realen historischen Person – abschwächen oder überlagern kann. Der Schock wird durch die doppelte Präsenz einer Person als Filmfigur *und* als Darsteller oder Darstellerin abgeschwächt. Gleichzeitig bemerken wir, dass »ein Körper zu viel« vorhanden ist – der imaginierte Körper der historischen Person und der gefilmte Körper geraten in Konflikt miteinander.[37] Anders verhält es sich hingegen, wenn wir hauptsächlich die Filmfigur wahrnehmen, weil wir den Darsteller oder die Darstellerin nicht kennen oder weil die Verkörperung der Rolle so überzeugend ist. Filmfigur und historische Referenz verschmelzen miteinander in der Schwere des tödlichen Ereignisses und verwandeln – ganz wie von Sobchack konstatiert – die Irrealität des fiktionalen Raums in eine andere ontologische Darstellungsordnung, nämlich in die Realität eines dokumentarischen Raumes, der mit existenziellen und ethischen Fragestellungen besetzt ist.[38]

---

34 Vgl. dazu Gertrud Koch: Die Einstellung ist die Einstellung. Visuelle Konstruktionen des Judentums. Frankfurt/Main 1992.
35 Benjamin Moldenhauer: Die Lücken, die das Bild uns lässt. Geschichte, Gewalt und Reflexivität in THE ACT OF KILLING und L'IMAGE MANQUANTE. In: Heinz-Peter Preußer (Hg.): Gewalt im Bild. Ein interdisziplinärer Diskurs. Marburg 2018, S. 391. Vgl. hierzu auch den Abschnitt *Geschichtsfilm* im Kapitel *Spielfilm und Geschichte* in diesem Band.
36 Sobchack 2004, a.a.O., S. 270.
37 »If the imaginary of a person, even in a historical fiction, has no other body than that of the actor playing him, the historical character, filmed, has at least two bodies, that of the imaginary and that of the actor who represents him for us. There are at least two bodies in competition, one body too much.« Jean-Louis Comolli: A Body Too Much. In: Screen, Jg. 19, 2/1978, S. 44.
38 »The mortal gravity of the filmed event transformed the irreality of fictional space

Unsere mit dem dokumentarischen Erfahrungsmodus verbundenen Empfindungen müssen aber nicht zwangsläufig negativ sein. Dass die fiktionale historische Welt realhistorische Ereignisse referenzialisiert und hierdurch an ›dokumentarischer‹ Evidenz gewinnt, kann bei uns auch eine emphatische Erregung auslösen, die mit einer erlebnishaften Teilnahme, dem Eindruck eines ›authentischen Kontaktes‹[39] zur historischen Vergangenheit einhergeht.

Insgesamt ist das Spannungsfeld zwischen fiktionalem und dokumentarischem Erfahrungsmodus einem präreflexiven Stadium unserer Filmwahrnehmung zuzurechnen. Der jeweilige Modus wird Sobchacks Ansicht nach nicht reflexiv erschlossen, sondern körperlich ›gespürt‹: Nicht so sehr unser Intellekt, sondern unser Körper erkennt die zugrunde liegende existenzielle Differenz.[40] So ist es denn auch wenig überraschend, dass dieses Wissen auf der Grundlage von Erfahrungen basiert, die allesamt mit physischen Einwirkungen auf den Körper verknüpft sind. Seien es die gewaltsamen Tode des Hasen bei Renoir oder der Protagonisten in HIMMEL OHNE STERNE – beide Beispiele verweisen auf Gewalttaten und körperliche Destruktionen. In einem hierdurch ausgelösten Prozess der »blitzhaften Erkenntnis«[41] – der plötzlichen Überrumpelung »durch die Macht des Objekts«[42] – entladen sich Affekte und Werte aus einem existenziellen und kulturellen Wissen, das die Homogenisierungsinstrumente sowohl der filmischen als auch der narrativen Repräsentation übersteigt und kontextualisiert.[43] Unser Fokus verlagert sich infolgedessen von ästhetischen und narrativen Aspekten auf ethische Werte.

Der Wechsel in einen dokumentarischen Erfahrungsmodus ist aber auch ohne ein Schockerlebnis möglich. Sobald das Filmgeschehen nicht mehr unsere gesamte Aufmerksamkeit in Anspruch nimmt, beginnen unsere Blicke zu wandern und unsere Gedanken abzuschweifen.[44] Wir sehen die Filmfiguren nicht mehr als Subjekte und Teil der dargebotenen Welt, sondern beobachten die Darsteller bei der Arbeit. Im Geschichtsfilm beginnen wir in solchen Momenten die historische Faktentreue zu überprüfen und im Abgleich mit erinnerten historischen Referenzen nach vermeintlichen Fehlern

---

into a different ontological order of representation––namely, into the reality of a documentary space suddenly charged with existential and ethical investment.« Sobchack 2004, a.a.O., S. 270.
39 Ankersmit 2012, a.a.O., S. 19.
40 Sobchack 2004, a.a.O., S. 271.
41 Benjamin 1974, a.a.O., S. 695.
42 Vgl. Ankersmit 2012, a.a.O., S. 20–21.
43 Vgl. Sobchack 2004, a.a.O., S. 271.
44 Ebenda, S. 274.

zu suchen. Eine besondere Wirkung hat die Verwendung von historischem Archivmaterial, das einen doppelten Modus der Zuschauererfahrung – des Dokumentarischen und des Fiktionalen – zur Folge hat.[45] In HUNGERJAHRE erzeugt beispielsweise die Differenz zwischen der Ästhetik des Neuen Deutschen Films und den darin einmontierten grobkörnigen, flackernden und zerkratzten Archivbildern ein reflexives Bewusstsein, das Filmdokumente und fiktionale Inszenierung in ein Verhältnis zueinander setzt. Wie bei der Unterscheidung des realen Todes des Kaninchens und des fiktionalen Todes der Filmfigur ›wissen‹ wir hierbei bereits auf einer präreflexiven körperlichen Ebene der Filmerfahrung, welche audiovisuellen Konventionen und ästhetischen Merkmale die dokumentarischen und welche die fiktionalen Sequenzen des Films kennzeichnen.

Diese Trennung zwischen fiktionalem und dokumentarischem Erfahrungsmodus kann allerdings auch durch audiovisuelle Operationen unterminiert werden. Ari Folmans Animationsfilm WALTZ WITH BASHIR (2008) thematisiert die verlorenen Erinnerungen eines Soldaten an das Massaker im Flüchtlingslager von Sabra und Schatila, das 1982 im Beisein der israelischen Armee im Libanon verübt wurde. Am Ende des Films folgen auf die animierten Bilder der Gräueltaten realfilmische Archivaufnahmen von den aufgedunsenen Leichen der Opfer und den verzweifelt weinenden Hinterbliebenen. Die historische Referenzialisierung wird uns durch diese Gegenüberstellung blitzartig bewusst, wodurch die Grenzen des fiktionalen Raums und Bewusstseins retrospektiv überschritten werden. Folglich können nicht nur handlungsbezogene Extremsituationen und Ereignisse ein schockhaftes Durchbrechen der Fiktion hervorrufen, sondern auch gestalterische Eingriffe in die Montage und die Bildästhetik des Films. Selbst synästhetisch hervorgerufene haptische Filmwahrnehmungen, die aus der audiovisuellen Aktivierung körperlicher Erinnerungen resultieren, können eine Verschiebung in einen dokumentarischen Erfahrungsmodus begünstigen. Anders als durch den Schock werden wir hierdurch jedoch nicht in Distanz im Sinne einer Opposition zur fiktionalen historischen Welt des Films versetzt, sondern eher zu einer weitergehenden imaginativen Modellierung dieser Welt gebracht. Eine solche Verbindung zwischen der Aktivierung des leiblichen Gedächtnisses und der eingangs skizzierten Träumerei begünstigt wiederum eine Kombination aus fiktionalem und dokumentarischem Erfahrungsmodus, der unsere Wahrnehmung der filmisch fingierten historischen Welt nicht unterminiert, sondern als gültige Realität anerkennt und weiter intensiviert.

---

45 Ebenda, S. 265.

Prosthetic Postmemory

»Im Kampf zwischen Geschichte und Gedächtnis [...] haben die technischen Bilder gewonnen«.[46] – Was Thomas Elsaesser hier für die Populärkultur konstatiert, geht nicht nur mit der weitgehend »vermittelten, mediatisierten Erinnerung« des einzelnen Subjektes, sondern auch mit der bis zur Ununterscheidbarkeit voranschreitenden Vermischung von privaten und öffentlichen Bildern einher.[47] Umso bedeutsamer erscheinen die zugrunde liegenden Wahrnehmungs- und Erinnerungsprozesse, die aus Zuschauern ›Zeitzeugen‹ und ›Miterlebende‹ historischer Welten machen. Dass die Relevanz des Gedächtnisses für unsere alltägliche Wahrnehmung nicht hoch genug einzuschätzen ist, verdeutlicht auch eine – in dieser Studie bereits mehrfach erwähnte – Sequenz aus HIMMEL OHNE STERNE: Wenn Annas Blick in der Wohnung ihrer Schwiegereltern auf einer gerahmten Fotografie haften bleibt, glauben wir intuitiv, dass sie sich in diesem Moment an etwas erinnert. Wir projizieren unsere mit Erinnerungen durchmischte Weltwahrnehmung auf die Filmfigur. Die Erinnerung ›spricht‹ sogar zu uns, indem wir antizipieren, dass es sich bei dem Soldaten auf dem Bild um Annas gefallenen Ehemann, den Vater von Jochen, handeln muss. Der Film macht sich hierbei Mechanismen zunutze, die schon Henri Bergson in seinen philosophischen Werken Ende des 19. und Anfang des 20. Jahrhunderts beschreibt, aber noch nicht mit dem fast zeitgleich aufkommenden Bewegtbildmedium in Verbindung bringt. Bergson nimmt an, dass wir »unter die unmittelbaren und gegenwärtigen Daten unserer Sinne [...] tausend und abertausend Einzelheiten unserer vergangenen Erfahrung« mischen.[48] Unsere Wahrnehmung besteht demzufolge »aus einer unermesslichen Vielzahl von wiedererinnerten Elementen« und ist so gesehen selbst schon eine Art Gedächtnis.[49]

So wie ein solches Wahrnehmungs- und Erinnerungsmodell noch der Denkweise des 19. Jahrhunderts entspricht, so kann auch der Film als technisches, kulturelles und ästhetisches Vermächtnis ebenjener Epoche verstanden werden. Mehr noch, die dem Filmbild inhärente Historizität des Produktionsmomentes suggeriert nach Stanley Cavell die Teilnahme an einem Ereignis, »das bereits stattgefunden hat und das ich deshalb wie eine

---

46 Thomas Elsaesser: Geschichte(n), Gedächtnis, Fehlleistungen: FORREST GUMP. In: T.E.: Hollywood heute. Geschichte, Gender und Nation im postklassischen Kino. Berlin 2009, S. 181.
47 Ebenda.
48 Henri Bergson: Philosophie der Dauer (1928). Textauswahl von Gilles Deleuze. Hamburg 2013, S. 99.
49 Ebenda, S. 103.

Erinnerung aufnehme«.[50] Obwohl Cavell hier keine direkte Verbindung zur Phänomenologie herstellt, nehmen seine Überlegungen bereits ein Kernelement von Vivian Sobchacks Studie *Address of the Eye* vorweg: In beiden Fällen zeigt die Position der Kamera außerhalb der von ihr aufgezeichneten Welt die Abwesenheit des Zuschauers an. Wir nehmen den Film also als einen intentionalen Blick eines Anderen – des filmischen Subjektes/der Kamera/des Filmemachers oder der Filmemacherin – wahr.[51] Zugleich beziehen uns Filme in ihr Geschehen ein und affizieren uns wie jedes andere Erlebnis, sodass wir die filmische Welt aus der Perspektive eines verkörperten, situativen Bedingungen unterworfenen filmischen Subjektes sinnlich erfahren können.[52]

Die tiefgreifenden Analogien zwischen Bergsons Modell einer von Erinnerungen »durchtränkten«[53] *Welt*wahrnehmung, Cavells Annahme einer ebensolchen *Film*wahrnehmung und Sobchacks Konzept des Films als verkörperter Erfahrung legen nahe, dass die filmische Darstellung historischer Welten und das Geschichtsbewusstsein des Zuschauers insbesondere auf der Ebene der Erinnerungs-Erfahrung miteinander korrespondieren. In der Histosphäre – so lässt sich folgern – vermischen sich die durch sinnlich-körperliche Filmerfahrung erzeugten Erinnerungsbilder mit ebensolchen »aus der Welt erlebter Ereignisse«[54] und weisen die filmisch fingierte Welt als gültige historische Erfahrung aus. Alison Landsberg nimmt sogar an, dass Kino-Erfahrungen und die damit verbundenen Erinnerungen ebenso signifikant für die Konstruktion oder Dekonstruktion unserer Identität sein könnten wie Erfahrungen, die wir selbst durchlebt haben.[55] Diese These wird gestützt durch Untersuchungen, die belegen, dass Zeitzeugen des Zweiten Weltkriegs ihre eigenen Kriegserfahrungen mit Elementen aus Kriegsfilmen wie DIE BRÜCKE (1959; R: Bernhard Wicki) vermischen.[56]

---

50 Vgl. Elisabeth Bronfens Zusammenfassung von Stanley Cavells Überlegungen zum *Kino als Weltanschauung* in: Elisabeth Bronfen: Stanley Cavell. Zur Einführung. Hamburg 2009, S. 207.
51 Vgl. Bronfen 2009, a.a.O., S. 210, sowie: Vivian Sobchack: The Address of the Eye. A Phenomenology of Film Experience. Princeton 1992, S. 56.
52 Vgl. Sobchack 1992, a.a.O., S. 287–288.
53 Bergson 2013, a.a.O., S. 99.
54 Bronfen 2009, a.a.O., S. 210.
55 »What this suggests is that the experience within the movie theater and the memories that the cinema affords--despite the fact that the spectator did not live through them--might be as significant in constructing, or deconstructing, the spectator's identity as any experience that s/he actually lived through.« Alison Landsberg: Prosthetic Memory. The Transformation of American Remembrance in the Age of Mass Culture. New York 2004, S. 180.
56 Tobias Ebbrecht: Gefühlte Erinnerung. Überlegungen zum emotionalen Erleben von

Doch selbst wenn sich unsere eigene Biografie mit den filmisch dargestellten historischen Welten räumlich und zeitlich nicht überschneidet, finden Filmerfahrungen doch Eingang in unsere persönlichen Erinnerungen. Beispielsweise weiß ich natürlich als Kind der 1980er Jahre, dass ich die 1950er Jahre nicht miterlebt habe. Dennoch kann ich dank Filmen wie HIMMEL OHNE STERNE, HUNGERJAHRE und KU'DAMM 56 körperliche Erinnerungen an ebenjene 1950er Jahre haben, die auf der sinnlichen Erfahrung der filmisch konstruierten historischen Welten beruhen. Die ebenso immersive wie empathische Affizierung durch den Film lässt diese Erinnerungen selbst nach Jahrzehnten noch genauso lebendig erscheinen wie Momente der Kindheit.[57] Heike Klippel weist jedoch darauf hin, dass die Vermischung und Durchdringung von Film und Zuschauererinnerungen nicht darauf abziele, »eine historische Wahrheit zu ermitteln«. Vielmehr biete sie die Möglichkeit, »in der dezentrierten Perspektive auf das Selbst ein Wissen zu erfahren, das durch keine Schlussfolgerung erlangt werden kann«.[58] Mit dieser Übertragung von August Gallingers Konzept des ›erinnernden Erkennens‹ formuliert Klippel eine Grundbedingung für die filmische Erzeugung von historischer Erfahrung als »Selbsterfahrung«, die wiederum direkt an die Überlegungen von Frank R. Ankersmit anschließt.[59] Auch der darin beschriebene ›authentische Kontakt‹[60] zur Vergangenheit lässt sich bei Gallinger wiederfinden, nach dem das Subjekt »in der Erinnerung die unmittelbare Überzeugung von der Tatsächlichkeit [s]einer früheren Erlebnisse«[61] hat.

Als Teil der Filmwahrnehmung muss dem Erinnerungsprozess folglich eine entscheidende Bedeutung in der Erzeugung von historischer Erfahrung zugemessen werden. Die audiovisuelle Figuration einer historischen Welt wird durch unser erinnerndes Erkennen konfiguriert und durch die assoziativ-erinnernde Mise-en-histoire refiguriert. Die Histosphäre greift hierbei auf gleich zwei Formen des Erinnerns zurück, eine präreflexive, körperliche Dimension während der Filmwahrnehmung und eine reflexive, historisierende Dimension, die die historische Welt des Films letztlich als solche erfahrbar

---

Geschichte im Spielfilm. In: T.E. / Thomas Schick (Hg.): Emotion – Empathie – Figur: Spielformen in der Filmwahrnehmung. Berlin 2008, S. 90–94.
57 »And yet, again like dreams, *certain* moments from films viewed decades ago will nag as vividly as moments of childhood.« Stanley Cavell: The World Viewed. Reflections on the Ontology of Film. Cambridge, Mass. 1979, S. 17.
58 Vgl. Klippel 1997, a.a.O., S. 183.
59 Ankersmit 2012, a.a.O., S. 56.
60 Ebenda, S. 19.
61 August Gallinger: Zur Grundlegung einer Lehre von der Erinnerung. Halle 1914, S. 113.

macht. Die erste Form, die körperliche Dimension des Erinnerns während der Wahrnehmung der Histosphere, ähnelt in einigen Aspekten des *postmemory*, wie Marianne Hirsch sie beschrieben hat. Am Beispiel der Nachkommen von Holocaustüberlebenden zeigt die Literaturwissenschaftlerin, dass sich auch die Mitglieder der ›Generation danach‹ an die persönlichen und kollektiven traumatischen Erfahrungen der Eltern ›erinnern‹ können, obwohl sie diese lediglich aus den Geschichten, Bildern und Handlungsweisen kennen, mit denen sie aufgewachsen sind.[62] Die Erinnerungen der Vorfahren seien jedoch mit einer solchen Intensität an die Kinder weitergegeben worden, dass sie, wie es scheint, zu eigenen Erinnerungen umgeformt wurden. Das *postmemory* werde demnach also nicht durch das Abrufen persönlicher Erinnerungen, sondern durch imaginative Einbettung, Projektion und Kreation mit der Vergangenheit verbunden.[63]

Dieser Aspekt ist für die Histosphere besonders relevant, denn anders als in der intergenerationellen Weitergabe von Erinnerungen tritt im Geschichtsfilm das immersive und empathiesierende Potenzial des Mediums an die Stelle der körperlich-narrativen Performanz der Eltern. Das filmische *postmemory* verfügt somit über kein indexikalisches Verhältnis mehr zu den realen traumatischen Erlebnissen. Die historische Welt des Films wird stattdessen mit den eigenen verkörperten Erinnerungen und dem emotionalen Gedächtnis des Zuschauers verknüpft.[64] Die imaginative Einfühlung in den Blick des Films und das Erleben eines filmischen Subjekts entsprechen hierbei abermals Vivian Sobchacks phänomenologischer Theorie einer doppelten Adressierung des Zuschauers.[65] Diese Verschiebung wirkt sich auch auf die Bild-

---

62 »›postmemory‹ describes the relationship that the ›generation after‹ bears to the personal, collective, and cultural trauma of those who came before--to experiences they ›remember‹ only by means of the stories, images, and behaviors among which they grew up.« Marianne Hirsch: The Generation of Postmemory. Writing and Visual Culture After the Holocaust. New York 2012, S. 5.
63 »But these experiences were transmitted to them so deeply and affectively as to *seem* to constitute memories in their own right. Postmemory's connection to the past is thus actually mediated not by recall but by imaginative investment, projection, and creation.« Ebenda.
64 Tobias Ebbrecht-Hartmanns Vergleich des emblematischen Charakters, der Wiederholung und der Affektproduktion durch *postmemory* mit »der Funktion von Stereotypen in den Strukturen des Filmerlebens« kann somit nur zugestimmt werden. Vgl. Tobias Ebbrecht: Sekundäre Erinnerungsbilder. Visuelle Stereotypenbildung in Filmen über Holocaust und Nationalsozialismus seit den 1990er Jahren. In: Christian Hissnauer / Andreas Jahn-Sudmann (Hg.): Medien – Zeit – Zeichen. Beiträge des 19. Film- und Fernsehwissenschaftlichen Kolloquiums. Marburg 2007, S. 40.
65 Vgl. Sobchack 1992, a.a.O., S. 23.

ästhetik aus, die sich immer weniger an Zeitzeugenerfahrungen und Archivaufnahmen orientiert als vielmehr an deren weitaus populäreren fiktionalen Nachbildungen. Für die Darstellung von Holocaust und Nationalsozialismus stellt der Filmwissenschaftler Tobias Ebbrecht-Hartmann beispielsweise fest, dass sich »seit Beginn der 1990er Jahre verstärkt eine Bildästhetik entwickelt [hat], die sich nicht mehr direkt auf die historischen Ereignisse, sondern auf deren tradierte mediale Bilder und Narrative bezieht«.[66] Die Referenzialisierung des filmischen *postmemory* nimmt hierdurch eine Form an, die sich am besten mit Alison Landsbergs Begriff des *prosthetic memory* beschreiben lässt.

Die kaum zu ertragende Anspannung bei der illegalen Überquerung der innerdeutschen Grenze, die miefige Enge einer westdeutschen Nachkriegswohnung Mitte der 1950er Jahre, aber auch die ausgelassene Freude in einem Rock-'n'-Roll-Schuppen zur selben Zeit – an all das kann ich mich erinnern, ohne selbst in dieser Zeit gelebt zu haben. Geschichtsfilme wie HIMMEL OHNE STERNE, HUNGERJAHRE und KU'DAMM 56 erzeugen körperliche Erinnerungen, die im Prozess der Mise-en-histoire historisch referenzialisiert und als gültige historische Erfahrungen ausgewiesen werden. Diese von Landsberg als *prosthetic memory* konzeptualisierte Form von Erinnerung entsteht an der Schnittstelle zwischen einer Person und einer historischen Erzählung, die an einem Erlebnisort wie dem Kino oder dem Museum immersiv erfahren werden kann.[67] Das Prothetische drückt hierbei die spezifische körperliche Dimension solcher Erinnerungen aus, denen Landsberg zwar Eigenschaften *künstlicher* Gliedmaßen zuschreibt, die aber trotz ihrer artifiziellen Beschaffenheit sinnliche Erfahrungen beinhalten.[68] Infolgedessen entsteht der Eindruck eines verkörperten Kontaktes zur historischen Vergangenheit. Das Konzept des *prosthetic memory* ähnelt somit nicht nur Ankersmits historischer Erfahrung, sondern besitzt auch das Potenzial,

---

66 Ebbrecht 2007, a.a.O., S. 38.
67 »This new form of memory, which I call *prosthetic memory*, emerges at the interface between a person and a historical narrative of the past, at an experiential site such as a movie theater or museum. In this moment of contact, an experience occurs through which the person sutures himself or herself into a larger history [...]. In the process that I am describing, the person does not simply apprehend a historical narrative but takes on a more personal, deeply felt memory of a past event through which he or she did not live. The resulting prosthetic memory has the ability to shape that person's subjectivity and politics.« Landsberg 2004, a.a.O., S. 2.
68 Vgl. ebenda, S. 20. Landsberg knüpft damit auch an die Medientheorie Marshall McLuhans an, der Medien als Extensionen – als Erweiterungen – des menschlichen Körpers definiert. Vgl. Marshall McLuhan: Understanding Media. The Extensions of Man. London 2010.

Geschichtsvorstellungen und politische Identitäten zu formen.[69] Landsberg hebt hervor, dass das Konzept seit Beginn des 20. Jahrhunderts eng mit dem Kommerzialisierungsprozess verschränkt sei, der es dem *prosthetic memory* erlaube, Erinnerungen auf Personen zu übertragen, die keine ›natürlichen oder biologischen Ansprüche‹ auf ebenjene hätten.[70] Insbesondere Geschichtsfilme machen historische Welten außerhalb unserer sozialen, kulturellen und geografischen Umgebungen erfahrbar.

Trotz der durchaus kritisierbaren Warenförmigkeit des populären Films können Zuschauer auf der Basis von *prosthetic memory* ein ubiquitäres Geschichtsbewusstsein herausbilden. Landsberg erklärt folgerichtig, dass die Technologie der modernen demokratischen Massengesellschaft Erinnerungen zu einem mobilen, fluiden und nicht-essenzialistischen Gut mache, durch das die Grenzen zwischen persönlichem und kollektivem Gedächtnis verwischt würden.[71] Thomas Elsaesser baut diesen dynamischen Aspekt von Landsbergs Konzept noch weiter aus. Ausgehend von der Hypothese, dass »gerade im populären Kino das kollektive Gedächtnis und die individuelle Erinnerung nicht nur konstruiert und aufgebaut, sondern auch schon wieder dekonstruiert, durchgearbeitet oder abgearbeitet werden«, schlägt er den Begriff des »parapractic memory« vor.[72] Das Mediengedächtnis basiert demnach auf audiovisuellen Fehlleistungen, die sich ähnlich einem Freud'schen Versprecher »gerade mit ihrer Doppelbödigkeit in der Psyche fest- und dabei eine Wahrheit freisetzen, die sich anders wohl nicht manifestieren könnte«.[73]

Elsaessers Konzept des *parapractic memory* stützt die Annahme, dass das Erleben filmisch fingierter historischer Welten nicht nur historische Erfahrungen und Erinnerungen konfiguriert, sondern auch – sich unablässig refigurierende – Geschichtsvorstellungen hervorbringt. Hierbei entstehen laut der Historikerin Sylvie Lindeperg »Spiegelkonstruktionen […], die in einem intertextuellen Spiel von Zitaten und Gegenzitaten auf frühere filmi-

---

69 Landsberg 2004, a.a.O., S. 20.
70 »What separates prosthetic memory from those other experiences and makes it a phenomenon unique in the early twentieth century is its reliance on commodification. Commodification enables memories and images of the past to circulate on a great scale; it makes these memories available to all who are able to pay. Prosthetic memory, therefore, unlike its medieval and nineteenth-century precursors, is not simply a means for consolidating a particular group's identity and passing on its memories; it also enables the transmission of memories to people who have no ›natural‹ or biological claims to them.« Ebenda, S. 18.
71 Ebenda, S. 18–19.
72 Elsaesser 2009, a.a.O., S. 181–182.
73 Ebenda, S. 182.

sche Darstellungen verweisen«.⁷⁴ Wenn jedoch ein Großteil der persönlichen und kollektiven Erinnerungen und die daraus konstruierten Geschichtsvorstellungen auf medialen Inszenierungen basieren, wird die Feststellung einer »Fehlleistung« im Grunde obsolet, da sich unsere Vorstellungen von der Vergangenheit und die medial konstruierte historische Realität nicht mehr auseinanderhalten lassen.⁷⁵ Trotz der berechtigten Kritik an der etwas leichtfertigen Verwendung des Begriffs *prosthetic*⁷⁶ möchte ich daher Alison Landsbergs Überlegungen noch einmal aufgreifen und mit Marianne Hirschs Ansatz des *postmemorys* verknüpfen.⁷⁷ Die integrative Verschränkung der beiden Konzepte ermöglicht ein besseres Verständnis der Rolle und Funktionsweise von Erinnerung und Gedächtnis in filmischen Histospheres. So basiert das durch die Filmwahrnehmung aktivierte *prosthetic postmemory* nicht auf der intergenerationellen Weitergabe biografischer Erlebnisse, sondern auf körperlich erinnerten Film-Erfahrungen. In dieser speziellen Form des *prosthetic memory* fallen leibliches Gedächtnis und historische Referenzialisierung zusammen. Die Histosphere bedient sich damit zweier wirkungsmächtiger Historisierungsprozesse, die sich durch ihre Wechselwirkung und die Verschmelzung von persönlichen und populären Erinnerungen exponentiell verstärken.

Reminiszenztrigger

Geschichtsfilme kreieren nicht nur eine Vielzahl hochgradig subjektiver historischer Erfahrungen, sondern begünstigen auch die Herausbildung von allgemeineren Geschichtsvorstellungen. Die oben erwähnten 1950er-Jahre-Eindrücke in HIMMEL OHNE STERNE – die Anspannung bei der Grenzüberquerung, die Beengtheit in der Nachkriegswohnung, die Ausgelassenheit

---

74 Lindeperg verwendet hierfür den Begriff des ›Echokinos‹. Vgl. Sylvie Lindeperg: Spuren, Dokumente, Monumente. Filmische Verwendungen von Geschichte, historische Verwendungen des Films. In: Hohenberger/Keilbach 2003, a.a.O., S. 68.
75 Vgl. hierzu meine Überlegungen zur Histosphere und Jean Baudrillards Begriff des ›Hyperrealen‹ im Abschnitt *Figuration und Illusion* im Kapitel *Modellieren und Wahrnehmen*.
76 Vivian Sobchack wirft Ansätzen, die den Begriff des Prothetischen benutzen, eine reduktionistische und simplifizierende Herangehensweise vor, die den betroffenen Menschen, den Amputierten, weitgehend ausblendet: »As an effect of the prosthetic's amputation and displacement from its mundane context, the animate and volitional human beings who use prosthetic technology disappear into the background–-passive, if not complete invisible–-and the prosthetic is seen to have a will and life of its own.« Sobchack 2004, a.a.O., S. 211.
77 Vgl. Hirsch 2012, a.a.O.

| Erfahren und Erinnern

Alltagssituationen und kindliches Spiel in KU'DAMM 56 ...

in der Rock-'n'-Roll-Bar – rekurrieren auf audiovisuelle Reizstrukturen, die ich als ›Reminiszenztrigger‹ bezeichne. Durch die Verknüpfung mit unseren eigenen körperlichen Erinnerungen nehmen wir die filmisch konstruierte historische Welt in einem Erlebnismodus wahr. Dieser wird durch »ein gewisses warmes Bekanntheitsgefühl« (Hugo Münsterberg)[78] angereichert und tendenziell von positiven emotionalen Reaktionen flankiert. Erfahrungen von Fremdheit und Differenz zur eigenen Lebenswelt werden hierdurch überwunden. Anders als Siegfried Kracauers Modell einer »Flucht von Assoziationen«[79], die letztlich in die Subjektivität der eigenen Innenwelt führt, trägt das Konzept des Reminiszenztriggers somit stärker dem Umstand Rechnung, dass wir als Zuschauer eigene Erfahrungen aus der Alltags-

---

78 Münsterberg verwendet diese Formulierung in seinen theoretischen Überlegungen zur Wirkung von Anzeigentexten in der Produktwerbung. Obwohl er hierbei nicht den Film im Sinne hatte, nimmt er doch eine entscheidende Strategie zur emotionalen Involvierung des Zuschauers vorweg. Vgl. Hugo Münsterberg: Grundzüge der Psychotechnik. Leipzig 1914, S. 423.
79 Als Beispiel zieht Kracauer hier eine Erzählung von Blaise Cendrars heran, in der sich eine Mütze im Auge des Betrachters in einen Leoparden verwandelt. Das hierbei eintretende Phänomen der spontanen Assoziation beobachtet er auch im Film: »Infolge ihrer Unbestimmbarkeit sind Filmbilder besonders geeignet, als zündender Funke zu wirken. Irgendein solches Bild kann im Kinobesucher Kettenreaktionen auslösen – ein[e] Flucht von Assoziationen, die nicht mehr um ihre ursprüngliche Quelle kreisen, sondern aus seiner erregten Innenwelt aufsteigen.« Kracauer 2015, a.a.O., S. 225.

... und HIMMEL OHNE STERNE

welt im Geschichtsfilm wiedererkennen. Audiovisuell vermittelte Eindrücke wie der erleuchtete Weihnachtsbaum und festlicher Gesang, aber auch alltagsweltliche Tätigkeiten – wie das Auspacken neuer Schuhe am Anfang von KU'DAMM 56 oder das kindliche Cowboy-und-Indianer-Spiel in HIMMEL OHNE STERNE – haben das Potenzial, Resonanzen im Zuschauergedächtnis zu erzeugen – oder, mit den Worten Nietzsches, ein »Miterklingen verwandter Empfindungen und Stimmungen«[80] auszulösen. Die hierbei aktivierten Resonanzbilder rekurrieren auf Urerfahrungen wie zwischenmenschliche Berührungen, basale Sinneseindrücke oder einfache alltägliche und damit universell anschlussfähige Erlebnisse.

In vielen Fällen sind die zugrunde liegenden körperlichen Erinnerungen das Ergebnis medialer Erfahrungen. Ich muss nicht selbst in den 1950er Jahren den Kurfürstendamm entlanggeschlendert sein, um mich trotzdem

---

80 Friedrich Nietzsche beschreibt mit der Metapher des ›Miterklingens‹ die rasche Aufeinanderfolge und den stetigen Strom an Stimmungen, zu denen sich Gefühle und Erinnerungen verbinden. Vgl. Friedrich Nietzsche: Menschliches, Allzumenschliches. Ein Buch für freie Geister (1878). Frankfurt/Main 2000, S. 28.

daran erinnern zu können. Immersive Filmerlebnisse induzieren ein *prosthetic postmemory*, das ich in einem anderen Film wiedererkennen und wie eigene Erinnerungen erleben kann. Dennoch bin ich mir auf reflexiver Ebene bewusst, dass es sich um eine Als-ob-Konstellation handelt. Manchmal bleibt die Verknüpfung mit Erinnerungen aber auch unbewusst. Ein ebenso intensives wie unbestimmtes Gefühl des Wiedererlebens stellt sich ein: Ich habe ein Déjà-vu. Auch hierfür kann ein filmisch erzeugtes *prosthetic postmemory* die Ursache sein. Diesen Zusammenhang antizipierend erklärt Béla Balázs: »Eine Wiederholung der Einstellung aber kann wie eine Erweckung der Erinnerung an längstvergangene Situationen wirken, das bekannte psychische Phänomen des Gefühls des ›déjà vu‹, des ›Schon-gesehen-Habens‹ auslösen.«[81] Als »Erinnerung des Gegenwärtigen«[82] steht das Déjà-vu in einem umgekehrt proportionalen Verhältnis zum Geschichtsfilm, der besonders auf der Ebene der Bedeutungsproduktion eine Vergegenwärtigung des Vergangenen, eine Aktualisierung des Historisch-Virtuellen darstellt. Während jedoch beispielsweise historische Wochenschausequenzen durch ihre spezifische Ästhetik einen geschichtlichen Kontext herstellen und damit das Wiedererkennungspotenzial transparent und reflexiv verständlich machen, sind einzelne Einstellungen deutlich unbestimmter. Die Wasserfläche und die Häuserfront am Anfang von Jutta Brückners Film HUNGERJAHRE sind nur eingeschränkt historisch referenzialisierbar, dafür aber fast universell anschlussfähig. Nicht nur das Bildmotiv, sondern auch die spezifische Gestaltungsweise – der Bildausschnitt, das Licht, die Kamerabewegung – kann hier ein Déjà-vu auslösen, das wir unterbewusst mit früheren (Film-)Erfahrungen verknüpfen.

Um die diesen Déjà-vu-Effekten zugrunde liegenden Gedächtnisprozesse besser zu verstehen, ist auch hier Henri Bergsons Erinnerungsmodell hilfreich. Mit dem Begriff »Falsches Wiedererinnern« bezeichnet Bergson den intensiven Eindruck des ›Schon-Erlebt-Habens‹, eines »vollständige[n] Wiederbeginn[s] einer oder mehrerer Minuten unserer Vergangenheit [...], mit ihrem gesammelten Inhalt an Vorstellungen, Gemütsbewegungen, Handlungen«.[83] Er geht davon aus, dass »*die Erinnerung [...] sich niemals später als die Perzeption* [bildet], *sondern gleichzeitig mit ihr*«.[84] In dem Maße, wie die Perzeption entstehe, tauche neben ihr auch die Erinnerung auf; »so wie der Schatten neben dem körperli-

---

81 Béla Balázs: Der Film. Werden und Wesen einer neuen Kunst. Wien 1961, S. 88.
82 Bergson 2013, a.a.O., S. 123.
83 Ebenda, S. 103.
84 Ebenda, S. 115–116.

chen Gegenstand«.⁸⁵ Das »praktische Bewusstsein« ›schiebe‹ sie jedoch für den Moment der Wahrnehmung ›zur Seite‹, sodass die Illusion entstehe, die Erinnerung folge erst auf die Perzeption.⁸⁶ Wenn aber die Erinnerung im Augenblick der Perzeption ebenfalls ins Bewusstsein dringt – ich mich also zur selben Zeit schon an den Augenblick erinnere, den ich gerade erst durchlebe –, entsteht ein Déjà-vu. Bergson vergleicht die Erinnerung mit einem Spiegelbild und nimmt damit eine elementare ontologische Unterscheidung vor: Während die Perzeption für ihn ›aktuell‹ und damit als physische Realität begreifbar ist, be-

Universelle Anschlussfähigkeit der Bildmotive in HUNGERJAHRE

schreibt er die Erinnerung als ›virtuelle‹ Dopplung.⁸⁷ Im Gegensatz zu Gilles Deleuze, der die Immanenz des Virtuellen auf die Ontologie des Filmbildes überträgt⁸⁸, konzentriere ich mich im Folgenden stärker auf eine phänomenologische Auslegung von Bergsons Annahmen – wohlwissend, dass ich hiermit die epistemologischen Grenzen seiner Überlegungen überschreite. Die verkörperte Filmerfahrung nach Vivian Sobchack integriert die virtuel-

---

85   Ebenda.
86   Ebenda, S. 117.
87   Ebenda, S. 121.
88   Deleuze entwirft hierzu den Begriff des ›Kristallbildes‹. Vgl. Gilles Deleuze: Das Zeit-Bild. Kino 2. Frankfurt/Main 2005, S. 95–108.

len Bilder und Töne des Films in die Perzeption der »physischen Realität«[89]. Die prozessuale Verknüpfung des Virtuellen mit dem Aktuellen verleiht der Filmerfahrung folglich das Potenzial, beim Zuschauer eine Art Doppelung hervorzurufen. Allerdings handelt es sich hierbei im engeren Sinne nicht um ein Déjà-vu-Erlebnis nach Bergson. Die Symptome gleichen sich zwar – wir haben das intensive Gefühl, den aktuellen Moment schon einmal durchlebt zu haben, jedoch betrifft dies nicht den Rezeptionsmoment, also das Gefühl, schon einmal *einen solchen Film* gesehen zu haben. Vielmehr entsteht der Eindruck, sich bereits im Moment der Perzeption an die filmischen Ereignisse selbst erinnern zu können. Die verkörperte Filmerfahrung überdeckt die Virtualität der filmischen Welt, die hierdurch aktuell erfahren und fälschlicherweise mit einer diffusen Erinnerung verknüpft wird. Wieder ganz im Sinne Bergsons ›rufen‹ die »sensomotorischen Elemente« des Films die Erinnerung herbei.[90] Reminiszenztrigger sind aufgrund ihrer weitreichenden Anschlussfähigkeit an außerfilmische Erlebnisse geradezu prädestiniert, eine solche Reaktion auszulösen. Die audiovisuellen Reize des Films, aber auch der situative Kontext und die spezifische Atmosphäre einer Sequenz werden als deckungsgleich mit einer oftmals verschwommenen Erinnerung wahrgenommen. Dieses Phänomen ist an der Schnittstelle von Henri Bergsons Gedächtniskonzept und der Filmerfahrung nach Vivian Sobchack anzusiedeln.

Bergson skizziert die Spaltung des Ichs in zwei Personen: »von denen die eine alles auf sich nehmen wird, was *Freiheit* ist, während die andere sich die *Notwendigkeit* reserviert – die eine ein freier Zuschauer, der zusieht, wie die andere ihre automatische Rolle spielt«.[91] Für den Film wiederum konstatiert Sobchack, dass der Zuschauer eine Welt aus sichtbaren Filmbildern sehe, also den Blick des Films übernehme.[92] Verknüpft mit Bergsons Begrifflichkeit ließe sich also sagen, wir spielten ›automatisch‹ in dieser Welt mit. Sobchacks Phänomenologie der Filmerfahrung besagt aber auch, dass wir den Film gleichzeitig als eben jenen intentionalen Blick des Films auf die filmische Welt wahrnehmen.[93] Damit ergibt sich eine weitere Parallele zu Bergsons Gedächtniskonzept: Denn indem wir den intentionalen Blick des Films auf die dargebotene filmische Welt als solchen erkennen, beobachten

---

89 Vgl. dazu Siegfried Kracauers Überlegungen zur »Errettung der äußeren Wirklichkeit«. Kracauer 2015, a.a.O.
90 Bergson 2013, a.a.O., S. 106.
91 Ebenda, S. 125.
92 Vgl. Sobchack 1992, a.a.O., S. 56.
93 Ebenda.

wir uns auch selbst – als Zuschauersubjekt, das diese Sicht auf die filmische Welt zumindest zum Teil übernimmt.

Die phänomenologische Blickkonstellation in der Filmwahrnehmung steht in einem ständigen Austausch mit unseren Imaginationen und Erinnerungsbildern: Nach Heike Klippel ist »das Bild [...] im Bewusstsein des Zuschauers [...] weder das photographische noch sein eigenes Erinnerungsbild; es ist ein neues, das eine spezifische ›Erkenntnisqualität‹ in sich trägt und ihm [dem Zuschauer] eine ästhetische Erfahrung ermöglicht, die einen ganz konkreten Weltbezug besitzt«.[94] Reminiszenztrigger zielen demnach auf eine möglichst große Ähnlichkeit zwischen dem Bild des Films und dem Erinnerungsbild, sodass im Moment der Wahrnehmung der Eindruck eines ›falschen Wiedererinnerns‹ entstehen kann. Je stärker das immersive Potenzial des Films hierbei den Blick des Zuschauers mit dem Blick des Films auf die fingierte historische Welt des Geschichtsfilms verschmelzen lässt, desto eher hat dies einen Déjà-vu-Effekt zur Folge. Die Verbindung der fingierten historischen Welt der Histosphäre mit den körperlichen Erinnerungen des Zuschauers ermöglicht nicht nur einen konkreten Weltbezug, sondern formt auch die ästhetische Filmerfahrung zu einer historischen Erfahrung um.

Ebenjenes Zusammenspiel aus ästhetischen, psychologischen und körperlichen Elementen bildet die phänomenologische Grundlage einer produktiven historischen Erkenntnis nach Walter Benjamins Vorstellung. Benjamin selbst vergleicht die Plötzlichkeit des »Aufblitzens« eines dialektischen Bildes mit jener einer unfreiwilligen Erinnerung.[95] Damit antizipiert er bereits die Auswirkungen von *prosthetic postmemory* und Reminiszenztriggern: »Geschichte wird nicht bloß repräsentiert oder repetiert, sondern aktiv und stets von Neuem produziert.«[96] – Was Lena Stölzl in Bezug auf das dialektische Bild als Herausforderung beschreibt, macht die Histosphäre in ihrer spezifischen Kombination aus Erinnern und Erfahren ›live‹ miterlebbar: Sie ist *history in the making* und trägt dazu bei, Geschichte nicht mehr als abgeschlossene Narration, sondern im Produziert-Werden zu denken.

---

94 Heike Klippel: Das »kinematographische« Gedächtnis. In: Ernst Karpf (Hg.): Once upon a time. Film und Gedächtnis. Marburg 1998, S. 55.
95 Vgl. hierzu Benjamins Begriff des *memoire ›involuntaire‹*: Walter Benjamin: Über einige Motive bei Baudelaire (1939). In: W.B.: Gesammelte Schriften. Bd. 1.2. Frankfurt/Main 1974, S. 605–653.
96 Lena Stölzl: Geschichte – Bild – Dialektik. Dokumentarische Historiografie und bildliche Praxis. In: Maske und Kothurn. Internationale Beiträge zur Theater-, Film- und Medienwissenschaft. Walter Benjamin und das Kino. Jg. 60, 3-4/2014, S. 86.

Aneignen und Refigurieren

Der Begriff der Aneignung wurde besonders durch medienkulturelle Diskurse geprägt und beschreibt das »›Sich-zu-eigen-Machen‹ von (Medien-)Produkten«.[1] Indem wir beispielsweise einen Film in unsere alltägliche Lebenswirklichkeit integrieren[2], verorten wir seine ›Inhalte‹ auf einer kulturgesellschaftlichen Ebene. Die audiovisuelle Form und Ästhetik werden hierbei scheinbar abgestreift und spielen für die Aneignung keine dezidierte Rolle. Im Fall des Geschichtsfilms verkürzt eine solche Zuordnung jedoch die tiefergehenden film- und geschichtstheoretischen Zusammenhänge. Im Folgenden werde ich daher zeigen, dass sich im Prozess der Aneignung auch die *ästhetischen Parameter* filmisch-historischen Denkens unwiderruflich in unser Geschichtsbewusstsein einschreiben.

Nach Hermann Kappelhoff verändert die rezeptive Aneignung audiovisueller Bewegtbilder die »apriorischen Bedingungen des Verstehens, Urteilens und Handelns«.[3] Walter Benjamins Hypothese, der Film sei das »Paradigma der modernen Wahrnehmung«[4], wird damit um eine refigurative Komponente erweitert. Die in die audiovisuelle Gestaltung der Histosphere eingewobenen[5], figurativen Potenziale zur Darstellung einer fingierten historischen Wirklichkeit können so bereits in einem präreflexiven, körperlichen Stadium der Rezeption sinnlich erschlossen und mit historischer Bedeutung ausgestattet werden. Aufbauend auf Theorien zum phänomenologischen Verhältnis zwischen Zuschauerkörper und Welt entwickle ich daher im ersten Teil des Kapitels ein Modell der *inkorporierenden Aneignung*

---

1 Andreas Hepp: Kommunikative Aneignung. In: Lothar Mikos / Claudia Wegener (Hg.): Qualitative Medienforschung. Ein Handbuch. Konstanz 2005, S. 68.
2 Ebenda.
3 Vgl. Kappelhoffs Begriff der *Poiesis des Filme-Sehens*; Hermann Kappelhoff: Kognition und Reflexion. Zur Theorie filmischen Denkens. Berlin 2018, S. 10.
4 Vgl. Detlev Schöttker: Konstruktiver Fragmentarismus. Form und Rezeption der Schriften Walter Benjamins. Stuttgart 1999, S. 244.
5 Wie Gertrud Koch schreibt: »Die Einstellung ist die Einstellung. Die Einstellung von etwas und die Einstellung zu etwas«; Gertrud Koch: Die Einstellung ist die Einstellung. Visuelle Konstruktionen des Judentums. Frankfurt/Main 1992, S. 9.

von Geschichte, das ich zugleich aber auch mit konstruktivistischen und kognitiven Ansätzen verknüpfe. Die auf diese Weise konturierte spezifische Geschichtsfilm-Erfahrung erhebe ich im zweiten Teil des Kapitels zum paradigmatischen Kern eines Geschichtsfilm-Genres, das ich ausgehend von einem phänomenologischen Genreverständnis entwickle. Die zuvor erarbeiteten theoretischen Überlegungen zur Spezifik des Geschichtsfilms integriere ich hierbei in eine eigene Genre-Systematik. Die Histosphere – so meine These im dritten und letzten Abschnitt – leistet auf dieser generischen Grundlage einen entscheidenden Beitrag zur ontologischen Verschiebung unserer Geschichtskultur in Richtung einer erfahrungsbasierten Aneignung von Geschichte.

Inkorporierende Aneignung

Filme sind Teil des sich wandelnden Kultur- und Mediensystems. Die Aneignung von Geschichtsfilmen auf der Grundlage verkörpert erfahrener Histospheres kann somit nicht isoliert von der medialen Gesamtkonstellation betrachtet werden – insbesondere nicht von den weitreichenden Einflüssen der Digitalisierung. Die stetig wachsende Durchdringung des Alltags mit Medientechnologien prägt ganz entscheidend unsere Lebenswelt.[6] Wir sind beinahe ununterbrochen dem immensen Informationsstrom der uns umgebenden »*Technosphäre*«[7] ausgesetzt. Hierdurch ändert sich auch unser Verständnis von Geschichte. Live-Berichterstattungen im digitalen Fernsehen, in Echtzeit operierende News-Websites und die sekündlich neuen Inhalte von Videoplattformen wie YouTube machen aus *Zuschauern* historischer Ereignisse *Teilnehmer* historischer Dramen.[8] Die Fortschritte in der Medien- und Kommunikationstechnologie, so die Annahme von Luke Tredinnick, haben die Unterscheidung zwischen der Gegenwart und der ›wahrhaft historischen Geschichte‹ zum Erliegen gebracht.[9] Stattdessen

---

6 Friedrich Krotz konstatiert eine »Mediatisierung des Alltags«, die er als umfassenden gesellschaftlichen Prozess beschreibt. Vgl. Friedrich Krotz: Die Mediatisierung kommunikativen Handelns. Der Wandel von Alltag und sozialen Beziehungen, Kultur und Gesellschaft durch die Medien. Wiesbaden 2001, S. 33.
7 Vivian Sobchack: The Scene of the Screen. Beitrag zu einer Phänomenologie der ›Gegenwärtigkeit‹ im Film und in den elektronischen Medien. In: Hans Ulrich Gumbrecht / K. Ludwig Pfeiffer (Hg.): Materialität der Kommunikation. Frankfurt/Main 1988, S. 416, 424.
8 Vgl. Luke Tredinnick: The Making of History. Remediating Historicized Experience. In: Toni Weller (Hg.): History in the Digital Age. London, New York 2013, S. 41.
9 Ebenda.

werden Ereignisse wie 9/11 bereits in dem Moment als historisiert wahrgenommen, in dem wir sie ›live als Geschichte‹ miterleben.[10] Die hierdurch aufscheinende Virtualität des historischen Referenten unterstützt Jean Baudrillards These eines historischen Mythos: Unsere Vorstellungen von der Vergangenheit und die hyperreale Medien-Realität lassen sich nicht mehr auseinanderhalten.[11] Geschichtsschreibung bedeutet somit, die ehedem in medialer Form historisierten Ereignisse einer Remediatisierung zu unterziehen. Da die hieraus hervorgehenden Geschichtsvorstellungen ebenso wie filmische Histospheres auf audiovisuellen Figurationen beruhen, ist anzunehmen, dass die Mediatisierung des Alltags unsere Fähigkeit zum intuitiven Erfahren der fingierten historischen Welten des Geschichtsfilms weiter stärkt. Die perzeptuelle Ähnlichkeit zwischen medial historisierten Gegenwartsereignissen und Geschichtsfilmen erklärt sich überdies aus den begleitenden Gedächtnisprozessen. In der Wahrnehmung medial gestalteter und als historisch bedeutsam vermittelter Realität entsteht *prosthetic memory*[12] – persönliche, körperliche Erinnerungen an die zugrunde liegenden historischen Ereignisse. Während der Aneignung der »operationalen Geschichtsszenarien«[13] filmischer Histospheres kann auf diese Erfahrungen erinnernd zurückgegriffen werden, wodurch sie mit den fingierten historischen Welten des Films zu einer Form des *prosthetic postmemory*[14] vermischt werden. Die Aneignung filmisch konstruierter historischer Welten ist damit immer auch verknüpft mit außerfilmischen Medienerfahrungen.

Die theoretische Untersuchung der Geschichtsaneignung durch Spielfilme ist darüber hinaus an die epistemologische Bedingung geknüpft, die historischen Positionen von Siegfried Kracauer und Walter Benjamin nicht nur medientheoretisch, sondern auch als ästhetische Theorien zu verstehen. Bernhard Groß macht drauf aufmerksam, dass »gerade die optischen Medien [...] historische Prozesse im 20. Jahrhundert überhaupt

---

10 Ebenda.
11 Jean Baudrillard: Simulacra and Simulation. Ann Arbor 1994, S. 46–47.
12 Vgl. Alison Landsberg: Prosthetic Memory. The Transformation of American Remembrance in the Age of Mass Culture. New York 2004.
13 Ebenda.
14 Indem unser durch die Filmwahrnehmung aktiviertes *postmemory* nicht mehr auf der intergenerationellen Weitergabe realer Erlebnisse, sondern auf medial erzeugten Erfahrungen – das heißt auf *prosthetic memory* – basiert, fallen körperliche Erinnerungen und historische Referenzialisierung zusammen. Vgl. hierzu auch den Abschnitt *Prosthetic Postmemory* im vorangegangenen Kapitel.

erst *erfahrbar* machen«.¹⁵ Fotografie und Film geben demzufolge »nicht mehr eine ihnen vorgängige Realität wieder, sondern strukturieren erst den Zugang zu dieser Realität, die als unverfügbare, unverstandene und unentzifferte begriffen wird«.¹⁶ Historische Prozesse würden auf diese Weise zur filmischen Erfahrung – »ganz so, wie es etwa das historische Realismusparadigma bei Kracauer ausdrückt oder Benjamins ›Optisch-Unbewußte[s]‹«.¹⁷ Der Geschichtsfilm, so lässt sich folgern, erschließt mit seinen spezifischen ›Hilfsmitteln‹¹⁸ die ›äußere Wirklichkeit‹¹⁹ und ermöglicht hierdurch sowohl die Aneignung von historischem Wissen als auch die Entwicklung von Geschichtsvorstellungen. In der gegenseitigen Durchdringung von Zuschauer und Film entsteht jedoch »keine Kontinuität, sondern eine locker verbundene Anhäufung disponibler ›Erkenntnisse‹«.²⁰ Diese »Verschmelzung des Disparaten« begründet sich nach Heike Klippel in unserer Wahrnehmung, die dabei weder den Gegenstand noch sich selbst interpretiere, sondern »etwas Neues« schaffe.²¹ Aus der Aneignung des Geschichtsfilms können folglich keine klassischen, narrativ strukturierten Geschichtsvorstellungen hervorgehen. Stattdessen bildet sich ein neues, spezifisch filmisches Konzept des Historischen heraus, das insbesondere die Kategorie der sinnlichen Erfahrung umfasst.²²

---

15 Bernhard Groß: Zum Verhältnis von Film und Geschichte am Beispiel des frühen deutschen Nachkriegskinos. In: Delia González de Reufels / Rasmus Greiner / Winfried Pauleit (Hg.): Film und Geschichte. Produktion und Erfahrung von Geschichte durch Bewegtbild und Ton. Berlin 2015, S. 53.
16 Ebenda.
17 Ebenda.
18 Walter Benjamin meint hiermit fotografische Operationen wie »Zeitlupen« und »Vergrößerungen«, die seiner Ansicht nach das »Optisch-Unbewusste« auf eine Weise zugänglich machen wie die Psychoanalyse das »Triebhaft-Unbewusste«. Walter Benjamin: Kleine Geschichte der Photographie (1931). In: W.B.: Das Kunstwerk im Zeitalter seiner technischen Reproduzierbarkeit. Frankfurt/Main 1977, S. 50.
19 Siegfried Kracauers »Errettung der äußeren Wirklichkeit« fußt auf ebenjene spezifisch filmische Gestaltung und Wahrnehmung von Welt. Vgl. Siegfried Kracauer: Theorie des Films. Die Errettung der äußeren Wirklichkeit (1964). Frankfurt/Main 2015.
20 Heike Klippel: Gedächtnis und Kino. Basel 1997, S. 188.
21 Ebenda.
22 Nach Thomas Elsaesser ist das, »[w]as man früher durch steinerne Monumente, geschriebene Dokumente oder andere Zeichen der Absenz und der Symbolisierung als einmal gewesen inspizieren konnte, [...] dank der Lebendigkeit der Bilder, die die Geschichte (des 20. Jahrhunderts) hinterlassen hat, nicht wirklich ›hinter‹ uns und doch kein Teil unserer Gegenwart.« Thomas Elsaesser: »Un train peut en cacher un autre«. Geschichte, Gedächtnis und Medienöffentlichkeit. In: montage AV, Jg. 11, 1/2002, S. 12.

Aneignen und Refigurieren

Um die Aneignung von Geschichte durch das sinnliche Erfahren filmischer Histospheres besser verstehen zu können, muss auch das phänomenologische Verhältnis zwischen Zuschauerkörper und Welt berücksichtigt werden. Der Philosoph Alphonso Lingis untersucht in diesem Zusammenhang die Wechselwirkungen zwischen körperlicher Wahrnehmung und empathischer Einfühlung.[23] Ausgehend von einem imaginären Perspektivwechsel schließt Lingis auf die Existenz eines inneren Körperbildes, das uns in Relation zur Welt setzt.[24] Durch diesen Inkorporationsprozess wird die uns umgebende Welt in die innere Sphäre unseres Selbst integriert.[25] Dasselbe geschieht in Walter Benjamins Konzept des zerstreuten Publikums, »das sich nicht *in den Film*, sondern – umgekehrt – den Film *in sich* versenkt«.[26] Bei der Aneignung von Geschichtsfilmen nimmt die fingierte historische Welt der Histosphere folglich die Rolle einer äußeren Sphäre ein, die während der Rezeption zu einem Teil unserer inneren Sphäre gemacht wird. Obwohl wir wissen, dass unser Körper für den Film unsichtbar ist, setzen wir ihn unwillkürlich in Relation zu den Objekten und Subjekten der filmischen Welt, die wir dadurch gleichsam in uns aufnehmen. Siegfried Kracauer versteht diese Form der Aneignung als eine Art »Bluttransfusion«, die es uns erlaubt, das solcherart erfahrene Objekt in seinem Sein und seiner Dynamik »von innen her« zu begreifen.[27] Entsprechend wird die Materialität der fingierten historischen Welt im Geschichtsfilm für uns körperlich erfahrbar, indem wir die ihr zugrunde liegenden audiovisuellen Figurationen sinnlich inkorporieren. Hierdurch werden neue Verständnishorizonte eröffnet. Die individuelle Erfahrung verschmilzt mit kollektiven Geschichtsbildern und macht historische Erinnerung im Sinne Alison Landsbergs zu einem mobilen und nicht-essenzialistischen Gut, durch das die Grenzen zwischen persönlichem und kollektivem Gedächtnis verwischt werden.[28] Ein individuelles Verständnis von Geschichte entwickelt sich demnach nicht nur durch die Entäußerung des Gedächtnisses,

---

23 Vgl. Alphonso Lingis: Bodies that Touch Us. In: Thesis Eleven, Jg. 36, 1/1993, S. 159–167.
24 Lingis wählt hierfür beispielhaft die Situation, wenn wir einem Freund gegenüberstehen, und legt dar, dass wir beispielsweise von der Perspektive eines Mammutbaumes auf uns herab eine vergleichbare Vorstellung haben. Ebenda, S. 162.
25 Ebenda.
26 Christian Schulte: Laboratorium Film. Krise, Technik und neue Physis bei Walter Benjamin. In: Maske und Kothurn. Internationale Beiträge zur Theater-, Film- und Medienwissenschaft. Walter Benjamin und das Kino. Jg. 60, 3–4/2014, S. 84.
27 Kracauer 2015, a.a.O., S. 385.
28 Vgl. Landsberg 2004, a.a.O., S. 18–19.

das in den Film migriert, sondern auch durch die leibliche Wiederaneignung dessen im Prozess der Filmerfahrung.

Die *inkorporierende Aneignung* von filmisch konstruierten Geschichtsdarstellungen bewirkt – so die weitergehende These – eine spezifische Form der Reflexion, die zunächst einmal ganz wörtlich von der inneren ›Spiegelung‹ historischer Welten ausgeht. Kracauers Annahme, die Kinoleinwand gleiche Athenes blankem Schild, einem Spiegel, der den Anblick des Grauens ermöglicht, ohne zu Stein zu erstarren[29], kann hierbei auch auf vielfältige historische Prozesse, Ereignisse und Narrative ausgeweitet werden. In Kombination mit der Mise-en-histoire ermöglicht das intuitive, sinnliche Wahrnehmen filmischer Figurationen einen spezifischen Zugang zu historiografischen Narrativen und fördert die Entstehung von Geschichtsvorstellungen. Geschichtsfilme machen historische Welten folglich nicht nur erfahrbar, sondern auch reflektierbar. Das reflexive Potenzial der Histosphäre ist hierbei bereits angelegt im phänomenologischen Konzept des verkörperten Blicks des Films auf die historische Welt und des Blicks des Zuschauers auf diesen Blick, der »als wahrgenommene Wahrnehmung vor Augen tritt«[30]. »Im Kino«, fasst Thomas Morsch zusammen, »sehen wir nicht nur etwas, wir sehen das Gesehene zugleich als *Ausdruck* eines Sehens.«[31]

Diese implizit vergleichende Konstellation setzt sich im Wechselverhältnis von Film und Geschichte fort – allerdings weniger im Sinne einer simplen Richtig-Falsch-Rhetorik. Der überkommene Diskurs über die faktengetreue und realistische Darstellung von Geschichte ist einem Denken verhaftet, das noch immer von einer Ontologie des Films als Abbild der Realität ausgeht und der Filmwahrnehmung ihren Status als reale Erfahrung abspricht. Die Phänomenologie des Films zeigt jedoch, dass die – über synästhetisch wirkende audiovisuelle Reize realisierte – Filmerfahrung ebenso real ist wie jede andere Erfahrung. Die Histosphäre erzeugt reale historische Erfahrungen, die uns Kracauer zufolge nötigen, die »Ereignisse, die [der Film] zeigt, mit den Ideen zu konfrontieren, die wir uns von ihnen gemacht haben«.[32] In der Reflexion der filmisch erlebten historischen Welt unterziehen wir nicht nur die aus unserer filmischen Erfahrung resultierenden Lesarten von Geschichte, sondern auch unsere zuvor geprägten Geschichtsvorstellungen einer Refiguration und Evaluation. Unser ohnehin durch die audiovisuellen

---

29 Vgl. Kracauer 2015, a.a.O., S. 395.
30 Vgl. Thomas Morsch: Medienästhetik des Films. Verkörperte Wahrnehmung und ästhetische Erfahrung im Kino. München/Paderborn 2011, S. 15.
31 Ebenda.
32 Vgl. Kracauer 2015, a.a.O., S. 395.

▌ Aneignen und Refigurieren

Medien geprägtes Geschichtsbewusstsein wird hierdurch aktualisiert und auf Widersprüche überprüft. Wenn ich die 1950er Jahre in der Bundesrepublik Deutschland bislang vor allem als Ära des Wirtschaftswunders kannte, habe ich sie nun in KU'DAMM 56 auch als reaktionäres, patriarchales System erlebt, dessen Zumutungen eine junge Frau beinahe in den Suizid treiben. Wenn mein Horizont auf die westdeutsche Geschichte begrenzt war, wurde er in HIMMEL OHNE STERNE um eine schmerzvolle Episode der deutschen Teilung erweitert. Wenn ich die 1950er Jahre bisher nur aus einer ereignisgeschichtlichen Perspektive betrachtet habe, dann gelingt es HUNGERJAHRE, mir einen Einblick in die historische Erfahrung aus der Perspektive einer durchschnittlichen deutschen Kleinfamilie zu geben. Die inkorporierende Aneignung solcher Erfahrungen vermittelt ein Gefühl für historische Lebenswelten. Sie füllt den leeren Raum zwischen den modellhaften filmischen Figurationen und den historischen Referenzen der Mise-en-histoire mit einer Materialität, die der Histosphere eine lebendige und vielschichtige Struktur verleiht. Die körperlichen und präreflexiven Dimensionen der filmischen Erfahrung von Geschichte werden auf diese Weise mit Deutungsansätzen vermischt. Die durch die Filmerfahrung erzeugte historische Erfahrung kann so wiederum zu historischem Wissen werden.[33]

Versteht man historische Erfahrung demnach als »Erfahrung von Zeitdifferenz, [...] von der eigenen und der anderen Zeit«[34], dann wird ebenjene Zeitdifferenz einem Deutungsprozess unterzogen, »wenn sie in eine übergreifende Zeitverlaufsvorstellung integriert wird, die die kulturelle Orientierung der menschlichen Lebenspraxis bestimmt«.[35] Dieser Deutungsvorgang ist bereits in der Referenzialisierungsleistung der Mise-en-histoire angelegt und wird durch die *kognitive Aneignung* des Zuschauers weitergeführt. Hierbei können sowohl affirmative als auch kritische oder subversive Potenziale artikuliert werden – bis hin zu Entwürfen einer Gegengeschichte. Indessen erzeugen *Immersionserfahrungen, imaginative Empathie* und *Reminiszenztrigger* eine physische Vertrautheit mit den audiovisuell modellierten

---

33 Hier folge ich Jörn Rüsen, der allgemeiner formuliert: »Durch Deutung wird die historische Erfahrung zu historischem Wissen.« Jörn Rüsen: Historik. Theorie der Geschichtswissenschaft. Köln 2013, S. 41.
34 Ebenda, S. 38.
35 In modernen Gesellschaften bedeutet dies die Integration der Wahrnehmung einer Zeitdifferenz in eine »schon als sinnvoll konzipierte[...] Geschichtsvorstellung von Veränderung«. Die historische Orientierung erstreckt sich hierbei auch auf den Menschen selbst und sein Inneres, »[d]enn mit der Welt ist natürlich auch der in ihr lebende und sich mit ihr sinnbildend auseinandersetzende Mensch gemeint«. Ebenda, S. 40–41.

historischen Welten. Diese Vertrautheit wird durch die *inkorporierende Aneignung* aufgegriffen und im Zusammenspiel mit der *kognitiven Aneignung* zu wirkmächtigen Geschichtsdeutungen erweitert.[36]

Genre-Konfigurationen

Die audiovisuelle Modellierung historischer Welten im Spielfilm greift größteils auf ein konventionalisiertes Formenrepertoire zurück. Sich wiederholende Strategien zur Konstruktion historischer Räume und Welten machen diese für uns intuitiv erfahrbar und imaginär begehbar. Kranfahrten und Plansequenzen können uns beispielsweise den Eindruck erwecken, wir tauchten in die filmisch fingierte Vergangenheit physisch ein. Hierdurch wird sowohl die Fremdartigkeit des historischen Kosmos ausgestellt als auch eine erste räumlich-zeitliche Orientierung ermöglicht. Die filmischen Figurationen werden zudem in einer bestimmten Weise angeordnet und miteinander in Beziehung gesetzt. Mit Paul Ricœur gesprochen, bilden sie eine spezifische »Konfiguration«[37] – und damit das audiovisuelle Repertoire der Histosphäre. Auf der Grundlage von Immersion, empathischer Einfühlung, imaginärer Referenzialisierung und Reminiszenztriggern wird ein Eindruck der vertrauten Andersartigkeit erzeugt. Sofern Genres ein »[g]estalterisches Organisationsprinzip mit einem Pool an iterativen Mustern«[38] sind, kann die Histosphäre als Kern eines Geschichtsfilm-Genres angesehen werden.

Die gängigsten Definitionen weisen filmische Genres als »Konstrukte« wie auch »Symptome kultureller Prozesse, Praktiken und Diskurse der Text-/Medien-Aneignung«[39] aus, die keine ›objektive‹ Gruppierung, sondern »komplexe Maschinen«[40] – oder besser »Arenen«[41] – für Verständigung darstellen. Als »offen-texturiertes«[42] Konzept verfügen Genres über diffuse Grenzen,

---

36 Vgl. hierzu die Abschnitte *Immersionserfahrungen* und *Imaginative Empathie* im Kapitel *Erleben und Empfinden* sowie den Abschnitt *Reminiszenztrigger* in vorangegangenen Kapitel.
37 Vgl. Paul Ricœur: Zeit und Erzählung. Band I: Zeit und historische Erzählung. München 2007, S. 103–105 (im Folgenden Ricœur 2007a).
38 Ivo Ritzer / Peter W. Schulze (Hg.): Transmediale Genre-Passagen. Interdisziplinäre Perspektiven. Wiesbaden 2016, S. 1–2.
39 Peter Scheinpflug: Genre-Theorie. Eine Einführung. Berlin 2014, S. 8.
40 Francesco Casetti: Filmgenres, Verständigungsvorgänge und kommunikativer Vertrag. S. 155–173. In: montage AV, Jg. 10, 2/2001, S. 168.
41 Angela Keppler / Martin Seel: Über den Status filmischer Genres. In: montage AV, 11/2/2002, S. 65.
42 David Bordwell: Making Meaning: Inference and Rhetoric in the Interpretation of Cinema. Cambridge 1989, S. 147–148.

können hybride Konstellationen eingehen und sich dynamisch verändern. Indem sie aus »bestehenden soziokulturellen Praktiken« erwachsen und diese »sowohl reflektieren als auch diskursivieren«[43], bilden sie eine eigene Geschichtlichkeit heraus. Das darauf aufbauende »aktive Genrebewusstsein [...] sorgt dafür, dass das Konzept ›Genre‹ sowohl bei der Filmproduktion als auch bei der Rezeption als Orientierungsgröße funktioniert«.[44] Bei der filmischen Darstellung von Geschichte ist besonders im Umgang mit spezifischen ästhetisch-narrativen Konfigurationen, wie sie beispielsweise Kostümfilme[45], Monumentalfilme[46] und Biopics auszeichnen, aber auch in nationalen Phänomenen wie den britischen Heritage-Filmen eine bestimmte Genrepraxis zu beobachten. Der im deutschsprachigen Raum weitverbreitete Begriff des Historienfilms wird hierbei meist im Zusammenhang mit diesen besonderen Ausprägungen der filmischen Geschichtsdarstellung verwendet und nimmt hierdurch unweigerlich eine Verengung vor. Mein Vorschlag eines erweiterten Geschichtsfilm-Genres stellt hingegen die filmisch erzeugte Geschichtserfahrung in den Mittelpunkt. Ein reflektiertes Genrewissen oder ein weitreichendes Genrebewusstsein sind hierfür nicht erforderlich. Der Geschichtsfilm erweist sich somit als ›stilles‹ Genre, das sowohl in der Forschungsliteratur als auch im populären Raum nur wenig als solches artikuliert wird.[47]

Einen der wenigen Versuche einer genrebasierten Definition des Geschichtsfilms unternimmt Robert Burgoyne unter Rückgriff auf Rick Altmans semantisch-syntaktisch-pragmatischen Ansatz.[48] Im Zentrum von Burgoynes Überlegungen steht die Annahme, dass Geschichtsfilme auf dem Prinzip des »Reenactments« basieren.[49] Die imaginative Neuerzeugung des

---

43 Ritzer/Schulze 2016, a.a.O., S. 8.
44 Jörg Schweinitz: ›Genre‹ und lebendiges Genrebewusstsein. Geschichte eines Begriffs und Probleme seiner Konzeptualisierung in der Filmwissenschaft. In: montage AV, Jg. 3, 2/1994, S. 113.
45 Fabienne Liptay / Matthias Bauer (Hg.): Historien- und Kostümfilm. Stuttgart 2013.
46 Zur besonderen ästhetischen Form des Monumentalfilms vgl. Vivian Sobchack: »Surge and Splendor«: A Phenomenology of the Hollywood Historical Epic (1990). In: Barry Keith Grant (Hg.): Film Genre Reader III. Austin 2007, S. 296–323.
47 Im Handbuch Filmgenre sucht man beispielsweise (bislang) vergeblich nach einem Kapitel zum Geschichts- oder Historienfilm. Vgl. Marcus Stiglegger (Hg.): Handbuch Filmgenre. Wiesbaden 2018. https://link.springer.com/referencework/10.1007/978-3-658-09631-1 [13.1.2020].
48 Vgl. Robert Burgoyne: The Hollywood Historical Film. Malden MA (u.a.) 2008, S. 7. Zu Rick Altmans Genreverständnis vgl. Rick Altman: Film/Genre. London 1999.
49 Burgoyne 2008, a.a.O., S. 7.

Vergangenen ermögliche es den Zuschauern, die Ereignisse der Vergangenheit »wiederzuerleben«. Zugleich hält das »Reenactment« das Geschichtsfilmgenre in seiner ganzen Bandbreite aus ästhetischen und strukturellen Variationen zusammen.[50] Burgoynes Ansatz weist einige Parallelen zu meinem Konzept der Histosphere als Kern des Geschichtsfilm-Genres auf. Der Begriff des »Reenactments« setzt ebenfalls die Erzeugung einer filmisch fingierten und aus filmischen Figurationen konstruierten historischen Welt voraus. Gleichwohl baut das Konzept der Histosphere auf eine andere theoretische Basis auf, die sich auch beim Genre-Begriff weniger auf Altman als auf grundlegende phänomenologische und philosophische Annahmen stützt.

Tatsächlich wird in der Forschungsliteratur die enge Verbindung zwischen Geschichte und generischen Formen des Films zuallererst aus einer philosophischen Perspektive angedeutet. Für Paul Ricœur erfolgt die Auseinandersetzung mit der Vergangenheit über die Erzählung, die wiederum aus dem weiten und unbeständigen Repertoire an narrativen Genres schöpft.[51] Ricœur vergleicht die Geschichtsschreibung mit der Fiktionserzählung und konstatiert, »dass in der Strukturidentität der narrativen Funktion und im Wahrheitsanspruch jedes narrativen Werkes letztlich der *zeitliche* Charakter der menschlichen Erfahrung auf dem Spiele steht«.[52] Die historische Narration und die Fiktionserzählung beruhen demnach zwar auf denselben ›Konfigurationsprozessen‹, sie unterscheiden sich jedoch im ›Wahrheitsanspruch‹.[53] An dieser Stelle – so meine Annahme – kommt das Genre ins Spiel. Analog zur (schriftlichen) Geschichtsschreibung erhebt auch der Geschichtsfilm einen Wahrheitsanspruch, der sowohl auf dem Selbstverständnis der Vergegenwärtigung des Vergangenen zur Sinnbildung in der Jetztzeit als auch auf dem – durch die Mise-en-histoire implementierten – referenziellen Verhältnis zur Geschichte basiert. Auch wenn sich diese Übereinkunft im Rahmen der divergenten ästhetischen und narrativen Darstellungsstrategien stetig verändert: Im Zentrum des Geschichtsfilms hat sich eine ästhetische Praxis etabliert, die historische Welten modelliert und sie gleichsam als solche erfahrbar macht. Der Geschichtsfilm als Genre stellt somit einen Prozess dar, der Geschichte nicht nur bildhaft repräsen-

---

50 Burgoyne nennt hier explizit den Kriegsfilm, den Monumentalfilm, das Biopic und den thematischen Film. Ebenda, S. 8–9.
51 Vgl. Ricœur 2007a, a.a.O.
52 Ebenda, S. 13.
53 Paul Ricœur: Zeit und Erzählung. Band II: Zeit und literarische Erzählung. München 2007, S. 10 (im Folgenden Ricœur 2007b).

tiert, sondern auch als Erfahrung einer räumlich und zeitlich organisierten historischen Welt refiguriert.

Unsere von der Histosphere bewirkte Geschichtserfahrung basiert zudem auf semantischen Prozessen. Die Verwendung bestimmter filmischer Zeichen schafft hierbei die Grundlage für kommunikative Prozesse auf einer Mikroebene. Pierre Sorlin schlägt vor, die Zugehörigkeit zum Geschichtsfilm-Genre in Abhängigkeit von filmischen Zeichen zu bewerten, die es uns ermöglichen, die Handlung in einer historischen Zeit zu verorten.[54] Neben typischen semantischen Elementen wie »Handlungsort und -zeit, Requisiten und Kostüme[n], Figuren und Handlungsweisen«[55] können hierbei auch iterative Muster der ästhetischen Gestaltung die ›Genrehaftigkeit‹ eines Films bestimmen. Die ausgeblichenen Farben in KU'DAMM 56 referenzieren beispielsweise nicht nur gealterte Farbfotografien; sie sind auch eine gängige Konvention des Geschichtsfilms, die sich besonders durch Blockbuster wie SAVING PRIVATE RYAN verfestigt hat. Analog zu den sich wiederholenden visuellen Inszenierungsstrategien prägen auch wiederkehrende auditive Muster und Ästhetiken das Geschichtsfilm-Genre.[56] Angeordnet in Klangtableaus und Soundscapes, tragen Filmgeräusche und -musik maßgeblich zur Modellierung der historischen Welten der Histosphere bei. So charakterisieren beispielsweise die scharrenden Schritte der Passanten gemischt mit leiser Geigenmusik und der Stimme einer Bonbonverkäuferin die ostdeutsche Kleinstadt in HIMMEL OHNE STERNE als geradezu gemütlichen Ort. Indem der Filmton einen Eindruck vom Schauplatz und den räumlichen Gegebenheiten vermittelt, die Aufmerksamkeit der Zuschauer auf eine bestimmte Handlung oder ein bestimmtes Ereignis bündelt, Aufschluss über die mentale Verfassung einer Figur gibt oder auch die Atmosphäre einer bestimmten Zeit vermittelt, erfüllt er »genrespezifische Formen und Aufgaben«.[57]

Neben Ähnlichkeitsbeziehungen zu historischen Tondokumenten spielen hierbei auch medial modellierte Geschichtssounds eine bedeutende Rolle.

---

54 Vgl. Pierre Sorlin: The Film in History. Restaging the Past. Oxford 1980, S. 20. Damit stimmt Sorlin weitgehend mit Rick Altmans semantisch-syntaktisch-pragmatischen Ansatz des Filmgenres überein. Vgl. Rick Altman: Film/Genre. London 1999.
55 Vgl. Malte Hagener: Der Begriff Genre. In: Rainer Rother / Hans C. Blumenberg (Hg.): Die Lust am Genre. Verbrechergeschichten aus Deutschland. Berlin 2011, S. 16.
56 Vgl. Rasmus Greiner: Filmton, Geschichte und Genretheorie. In: Ritzer/Schulze 2016, a.a.O., S. 185.
57 Vgl. Birger Langkjær: Making Fictions Sound Real – On Film Sound, Perceptual Realism and Genre. In: MedieKultur, Jg. 26, 48/2010, S. 13-14.

So werden filmisch erzeugte Klangkonventionen häufig der wirklichkeitsgetreuen auditiven Reproduktion vorgezogen.[58] Mitunter werden sogar Sounds anderer Genres ›importiert‹ und für den Geschichtsfilm nutzbar gemacht. Ein typisches Beispiel hierfür sind die Schüsse am Anfang und am Ende von HIMMEL OHNE STERNE, die stärker den in den 1950er Jahren gängigen Filmsounds entsprechen als realen Schussgeräuschen. Solche Genresynkretismen steigern potenziell unsere Vertrautheit mit der filmisch modellierten historischen Welt und helfen uns so, die Distanz zur dargestellten historischen Vergangenheit zu verringern. Die Anordnung und Organisation der audiovisuellen Elemente in der Histosphere spiegelt hierbei die syntaktische Ebene[59] wider, auf der die Modellierung und Figuration einer erfahrbaren historischen Welt ein ausschlaggebendes Genre-Merkmal des Geschichtsfilms darstellt.

Die eingangs beschriebenen Genrediskurse konzentrieren sich in erster Linie auf die Konventionen, Ikonografien, Handlungen, Themen und Charaktere, die ein Genre bestimmen. Gegen diese vorrangig semiotische Herleitung wendet Barry Keith Grant ein, dass es geradezu unmöglich sei, einzelne Genrefilme auf sinnvolle Weise zu würdigen, ohne die besondere Art der *Erfahrung* zu berücksichtigen, in der wir sie erleben.[60] Das Konzept der Histosphäre als paradigmatischer Kern des Geschichtsfilms baut hingegen auch auf ein phänomenologisches Genreverständnis auf, das explizit auch die Erfahrung der filmisch konstruierten historischen Welt miteinschließt. Während Grant jedoch von der Interdependenz zwischen Filmgeschichte und historisch-gesellschaftlichen Prozessen zur Produktionszeit des Films spricht[61], liegt mein Fokus stärker auf der Untersuchung der erlebnishaften Filmwahrnehmung.[62] Der Geschichtsfilm – so habe ich in dieser Studie dargelegt – modelliert audiovisuelle Figurationen, die in unserer Wahrnehmung ein Raum-Zeit-Gefüge fingieren, das nicht nur die Rekonstruktion historischer Räume suggeriert, sondern diese auch als dynamische historische Lebenswelt sinnlich erfahrbar macht.[63] Durch histo-

---

58 Greiner 2016, a.a.O., S. 185.
59 Vgl. Hagener 2011, S. 16.
60 Barry Keith Grant: Film Genre. From Iconography to Ideology. London 2007, S. 116.
61 Grant hat hierbei vor allem das Aufbegehren der Jugend in den Jahren um 1968, also zur Produktionszeit des exemplarisch analysierten Films BONNIE AND CLYDE (Bonnie und Clyde; 1967; R: Arthur Penn), im Blick.
62 Diese Erfahrung wiederum steht in enger Relation zu Prozessen von Genre-Bildung und Genre-Differenzierung. Vgl. Ritzer/Schulze 2016, a.a.O., S. 8.
63 Vgl. das Kapitel *Modellieren und Wahrnehmen* in diesem Band.

rische Referenzen konstituiert sich hierbei ein ›perzeptueller Realismus‹[64], der sich auch aus der mediatisierten Geschichtserfahrung des Publikums speist. Die auf diese Weise realisierte Mise-en-histoire – die Einbettung der Inszenierung in eine historische Zeit – ermöglicht es, die filmisch konstruierten Histospheres mit unseren Geschichtsvorstellungen zu verknüpfen.[65] Der daraus resultierende Eindruck einer in sich konsistenten, in der Zeit angeordneten historischen Welt geht mit der genrespezifischen filmisch-historischen Erfahrung des *In-der-Welt-und-in-der-Zeit-Seins* einher. Geschichtsfilme greifen dabei auf bestimmte affektive, situative und reflexive Muster der Gestaltung zurück. So umfasst die Wahrnehmung der Histosphere ästhetisch modellierte Atmosphären und Stimmungen, die uns als Zuschauer in eine körperlich-geistige Nähe zum Filmgeschehen versetzen.[66] Als Teil intensiver Immersionserfahrungen tragen sie dazu bei, die Erzählhandlung zur »vorübergehend fokussierten Matrix«[67] der Zuschauerwahrnehmung zu machen.[68] In Kombination mit der imaginativen Einfühlung in die Figuren kann die fingierte historische Welt des Films von ›innen heraus‹ erlebt werden.[69] Die sich hierbei einstellende Kontiguität von historischer Welt und subjektiver Wahrnehmung evoziert wiederum das Gefühl, die Vergangenheit physisch berühren zu können. In Übereinstimmung mit Frank R. Ankersmits Definition der historischen Erfahrung verfügt das Geschichtsfilm-Genre somit über das Potenzial, den Zuschauern den Eindruck zu vermitteln, sie würden mit der Vergangenheit in unmittelbaren Kontakt treten.[70]

Die auf diese Weise evozierte historische Erfahrung resultiert zum Teil auch aus komplexen Gedächtnisprozessen. Als elementare Bestandteile der Histosphere machen insbesondere körperliche Erinnerungen die historische Welt des Films als physische Realität erfahrbar und fügen der als Reflexionsprozess verstandenen Mise-en-histoire eine leibliche Erfahrungsdimension hinzu.[71] In diesem Zusammenhang könnte der Geschichtsfilm auch als eine

---

64 Stephen Prince: True Lies: Perceptual Realism, Digital Images, and Film Theory. In: Film Quarterly, Jg. 49, 3/1996, S. 32.
65 Vgl. den Abschnitt *Von der Mise-en-scène zur Mise-en-histoire* im Kapitel *Modellieren und Wahrnehmen*.
66 Vgl. den Abschnitt *Stimmung und Atmosphäre* im Kapitel *Erleben und Empfinden*.
67 Christiane Voss: Fiktionale Immersion. In: montage AV, Jg. 12, 2/2008, S. 82.
68 Vgl. den Abschnitt *Immersionserfahrungen* im Kapitel *Erleben und Empfinden*.
69 Vgl. ebd. den Abschnitt *Imaginative Empathie*.
70 Vgl. Frank R. Ankersmit: Die historische Erfahrung. Berlin 2012, S. 56.
71 Vgl. den Abschnitt *Film/Körper/Gedächtnis* im Kapitel *Erfahren und Erinnern*.

Form des *body genres* verstanden werden.[72] Die Histosphere greift hierbei auf zwei sich ergänzende Formen des Erinnerns zurück; eine präreflexive, körperliche Dimension während der Filmwahrnehmung und eine reflexive, historisierende Dimension, die die historische Welt des Films retrospektiv als solche erfahrbar macht. Histospheres sind zudem aktiv an der Erzeugung potenziell identitätsstiftender persönlicher Erfahrungen beteiligt, in denen persönliche und populäre Erinnerungen miteinander verschmelzen.[73] Die filmischen Figurationen, die die historische Welt des Films mit Erinnerungen des Zuschauers verknüpfen, bezeichne ich hierbei als *Reminiszenztrigger*.[74] Deren Verwendung sowie die Herausbildung von *prosthetic postmemory* ermöglichen nicht nur einen konkreten Weltbezug, sondern formen auch die ästhetische Filmerfahrung zu einer historischen Erfahrung um.[75] Die von der synästhetischen Wahrnehmung und körperlichen Erinnerungen ausgelöste *inkorporierende Aneignung* filmischer Geschichtsdarstellungen ermöglicht wiederum eine spezifische Form der Reflexion.[76] In einer inneren ›Spiegelung‹ der historischen Welten wird der leere Raum zwischen den historischen Referenzen der Mise-en-histoire und den modellhaften filmischen Figurationen der Histosphere mit selbstreflexiven Erfahrungen gefüllt, die den aus alledem resultierenden Geschichtsvorstellungen eine lebendige und vielschichtige Struktur verleiht. Indem Geschichtsfilme also im komplexen Zusammenspiel aus audiovisueller Gestaltung und Filmerfahrung Geschichtserfahrungen generieren, verfügen sie über ein spezifisches Merkmal, das sie als eigenständiges Genre ausweist.

Wie anderen Genres können auch dem Geschichtsfilm bestimmte gesellschaftliche Funktionen zugeschrieben werden. Für Francesco Casetti erfüllen Genrefilme eine Funktion des Geschichtenerzählens, sie »dienen dazu, das Publikum mit neuen Geschichten auszustatten, zusätzlich zu den Geschichten und Diskursen, die bereits innerhalb des jeweiligen gesellschaftlichen Raumes zirkulieren«.[77] Unter der Voraussetzung, dass die Historiografie

---

72 Anders als in Linda Williams' Beispielen Pornofilm, Horrorfilm und Melodram manifestiert sich das *body genre* jedoch nicht durch die Manifestation je einer spezifischen Fantasie am weiblichen Körper, sondern durch eine zunächst einmal geschlechtslose Verleiblichung im Zuge der spezifischen Einbindung subjektiver körperlicher Erinnerungen in die Filmwahrnehmung. Vgl. Linda Williams: Film Bodies. Gender, Genre, and Excess. In: Film Quarterly, Jg. 44, 4/1991, S. 2–13.
73 Diese Erfahrungen werden durch den Film ebenfalls als Erinnerungen adressiert.
74 Vgl. den gleichnamigen Abschnitt im vorangegangenen Kapitel.
75 Vgl. ebd. den Abschnitt *Prosthetic Postmemory*.
76 Vgl. den Abschnitt *Inkorporierende Aneignung* in diesem Kapitel.
77 Casetti 2001, a.a.O., S. 167.

das gesellschaftliche Dispositiv des Geschichtsfilms bildet, bestimmen Geschichtsfilme mit, welche Geschichten dem populären Geschichtsbewusstsein hinzugefügt und besonders betont werden. In HIMMEL OHNE STERNE wird etwa der Versuch unternommen, die deutsche Teilung als zentrales Thema dieser Zeit zu etablieren. In HUNGERJAHRE wiederum werden die sozialen Implikationen des einengenden kleinbürgerlichen Lebens in der jungen BRD konturiert, während in KU'DAMM 56 der Fokus auf der Unterdrückung der Frauen und dem Freiheitsdrang der Rock-'n'-Roll-Bewegung liegt. Auf einer politischen Ebene kann diese Auswahl als »Ausdruck einer Kultur« angesehen werden, der nicht nur einen »gesellschaftsdiagnostischen Wert«[78] hat, sondern in seiner Instabilität auch stets strategisch und machttaktisch besetzt ist.[79] Wie ein Geschichtsfilm funktioniert, welche Geschichten er erzählt und auf welche Weise, verrät somit auch einiges über die politischen Umstände und Diskurse während seiner Entstehungszeit. Eine in Genrefilmen weit verbreitete Strategie dieser Aktualisierung ist es, Krisensituationen und Probleme zu modellieren, die in ähnlicher Form auch im Alltag der Zuschauer auftreten.[80] Solche Anschlüsse und Modellierungen können auch im Geschichtsfilm – als Teil einer filmisch konstruierten historischen Welt – gefunden werden. Seien es der dramatisch scheiternde Versuch in HIMMEL OHNE STERNE, eine grenzüberschreitende Patchworkfamilie zu bilden, die Unerträglichkeit des spießigen Kleinbürgertums in HUNGERJAHRE oder die am Krieg und dessen politischen Folgen zerbrechende Familie in KU'DAMM 56 – oft sind es Formen der Privatheit, der Familie und des Zusammenlebens, die beispielhaft abgearbeitet und auf genrespezifische Situationen und Ereignisse projiziert werden. Die gesellschaftlich-soziale Anschlussfähigkeit wird wiederum häufig mit der Barden-Funktion[81] des Genrefilms kombiniert: Indem er wiederholt schmerzhafte Konflikte und Traumata thematisiert, leistet der Geschichtsfilm einen Beitrag zur Aufarbeitung der entsprechenden historischen Ereignisse und Brüche. Während beispielsweise HIMMEL OHNE STERNE die deutsche Teilung als unmenschliche Zumutung begreift, die Familien und Liebende auseinanderreißt, wird in HUNGERJAHRE und KU'DAMM 56 das weitgehend unhinterfragte und verdrängte Erbe des Nationalsozialismus auf der Mikroebene familiärer Ban-

---

78 Morsch 2015, a.a.O., S. 11.
79 Hagener 2011, a.a.O., S. 14.
80 Casetti 2001, a.a.O., S. 167.
81 Dazu Casetti: »Ferner tragen Genrefilme dazu bei, dass eine Gemeinschaft mit bestimmten Themen fertig werden kann, indem sie das Publikum immer wieder mit diesen Themen konfrontieren (Genrefilme erfüllen eine Barden-Funktion).« Ebenda.

de und Beziehungen verhandelt.[82] Siegfried Kracauer sieht in einer solchen Modellierung und Spiegelung eine der gesellschaftlichen Hauptfunktionen des Geschichtsfilms.[83] Das Geschichtsfilm-Genre erfüllt damit nicht nur eine »rituelle Funktion«[84] – die nostalgische Vergegenwärtigung des Vergangenen –, sondern wirkt auch aktiv an der Gestaltung und dem Verlauf aktueller gesellschaftlicher Diskurse mit.

Das Geschichtsfilmgenre ist auch mit plurimedialen Ikonografien und Audiografien verschränkt. Auf der Grundlage von Wechselwirkungen zwischen medienübergreifenden generischen Strukturen lassen sich »komplexe (inter)mediale und (inter)kulturelle Austauschprozesse beobachten und analysieren«.[85] Wenn beispielsweise Felix Zimmermann nach der spezifischen Art des Vergangenheitserlebens in aktuellen Videospielen fragt, geht er auf einer phänomenologischen Ebene von sinnlich erfahrbaren ›Vergangenheitsatmosphären‹ aus, die den leiblichen Raum auf den virtuellen Weltenraum ausdehnen.[86] Damit beschreibt Zimmermann im Rahmen der Game Studies ganz ähnliche historische Erfahrungsdimensionen, wie sie das Konzept der Histospheres für den Geschichtsfilm vorschlägt. Neben diesen transmedialen theoretischen Anschlüssen können jedoch auch ganz konkrete plurimediale Konstellationen auf der Ebene der Repräsentation untersucht werden. In KU'DAMM 56 stellt beispielsweise das Porträt von Elvis Presley auf dem Cover der Zeitschrift *Der Spiegel* sowohl eine historische Referenz als auch einen Anschluss an popkulturelle Bild-

---

82 In HUNGERJAHRE zeigt sich die jugendliche Protagonistin Ursula kritisch gegenüber der Verdrängung der NS-Verbrechen und, damit einhergehend, aktuellen Ereignissen wie der Remilitarisierung der BRD und dem Verbot der KPD. Damit stößt sie besonders in der Schule auf Widerstand. Auch ihr Vater, eigentlich dem linken politischen Spektrum zugehörig, fügt sich mehr und mehr dem gesellschaftlichen Druck. In KU'DAMM 56 erfährt wiederum die junge Monika, dass die Tanzschule ihrer Mutter erst durch den nationalsozialistischen Raub an jüdischem Eigentum in den Besitz der Familie gelangt ist. Dieses Verbrechen hindert Monikas Vater an der Rückkehr, und er baut sich stattdessen eine neue sozialistische Identität in der DDR auf, in der er zugleich eine neue Familie gründet.
83 Kracauer bezieht sich hier auf die griechische Mythologie, in der Perseus den Schild der Athene als Spiegel nutzt, um die Medusa nicht direkt ansehen zu müssen, weil er sonst zu Stein erstarren würde. Das Filmbild begreift Kracauer als ein ganz ähnliches Hilfsmittel, das beispielsweise die Schrecken des Holocausts überhaupt erst rezipierbar machen kann. Vgl. Kracauer 2015, a.a.O., S. 395.
84 Casetti 2001, a.a.O., S. 167.
85 Vgl. Ritzer/Schulze 2016, a.a.O., S. 2.
86 Felix Zimmermann: Digitale Spiele als historische Erlebnisräume. Ein Zugang zu Vergangenheitsatmosphären im Explorative Game. Masterarbeit, Universität zu Köln 2018. https://kups.ub.uni-koeln.de/8286/ [13.1.2020].

| Aneignen und Refigurieren

Plurimediale Konstellationen: Elvis auf dem Cover des *Spiegel* in KU'DAMM 56

diskurse dar. Als Nachrichtenmagazin nutzt der *Spiegel* trotz aller Aktualitätsbestrebungen auch Strategien des historisierenden Geschichte-Erzählens. Damit verwendet die Zeitschrift zum Teil ähnliche generische Strukturen wie der Geschichtsfilm. Nicht zuletzt seit der Spiegel-Affäre[87] galt das Magazin zudem für lange Zeit als subversives Presseorgan, das in retrospektiv zurückblickenden Filmen wie KU'DAMM 56 eingesetzt wird, um das rebellische Image einzelner Figuren noch zu verstärken. Die Verwendung plurimedialer Codes, die sich auf »Zeitgeschichte und soziale Zuordnungen« beziehen, erstreckt sich jedoch nicht nur auf die visuelle Ebene, sondern auch auf die Tonspur.[88] Die Rock-'n'-Roll-Musik in KU'DAMM 56 weist weit über das rein filmisch organisierte Assoziationsfeld hinaus. Bill Haleys Welthit *Rock Around the Clock*, den Freddys Band auf der Hochzeitsfeier von Monikas Schwester Helga spielt, gilt als Synonym für das Lebensgefühl der Rock-'n'-Roll-Jugend. Der Song markiert einen wichtigen Meilenstein in der plurimedialen Vermarktung von Popmusik, die explizit auch den Film miteinschließt. Nachdem *Rock Around the Clock* zunächst dem Jugenddrama BLACKBOARD JUNGLE (Die Saat der Gewalt; 1955;

---

87 Zur Spiegel-Affäre vgl.: Horst Pöttker: Meilenstein der Pressefreiheit – 50 Jahre Spiegel-Affäre. In: Aus Politik und Zeitgeschichte / APUZ 29–31/2012, 10.7.2012.
88 Vgl. Christoph Metzger: Genre und kulturelle Codes im Film. In: Josef Kloppenburg (Hg.): Das Handbuch der Filmmusik. Geschichte – Ästhetik – Funktionalität. Laaber 2012, S. 447–448.

R: Richard Brooks) zu großem Erfolg verhalf, wurde Haleys Hit kurz darauf zum Kernelement einer eigens konzipierten Hollywoodproduktion. Der Film ROCK AROUND THE CLOCK (Außer Rand und Band; 1956; R: Fred F. Sears) war ein entscheidender Faktor für den weltweiten populärkulturellen Durchbruch des Rock-'n'-Roll. Intermediale Bezugnahmen wie das *Spiegel*-Cover und Haleys Hit erweitern die Histosphere somit nicht nur um kulturelle und gesellschaftliche Diskurse, sondern betten sie auch in ein »komplexes sozialsystemisches Netzwerk« ein.[89] Der Geschichtsfilm wird hierdurch nicht nur als Genre, sondern auch als Teil einer geschichtsbildenden plurimedialen Konstellation ausgewiesen. Laut dem Soziologen Manuel Castells ist Bezugsnähe in der heutigen »Netzwerkgesellschaft« bedeutender als geografische Nähe.[90] Genres erleichtern die Herstellung einer solchen Bezugsnähe. Die Organisation der herrschenden Prozesse und Funktionen in plurimedialen Netzwerken trägt zudem maßgeblich zur Verbreitung von Filmen bei. Das in einem Geschichtsfilm angelegte Wirkpotenzial realisiert sich folglich »in dem Maße, wie der Film plurimedial – oral, textuell oder visuell – weiterverbreitet wird«.[91] Sabine Moller schlussfolgert daraus, dass mit der Qualität der Netzwerke Belang und Tragweite eines Films steigen – und damit auch die Wahrscheinlichkeit, dass er »Gedächtnisvorgänge auf kollektiver Ebene prägt«.[92] Plurimediale Netzwerke sind somit nicht nur für die Verbreitung und Aneignung einzelner Geschichtsfilme bedeutsam, sondern tragen ebenfalls zur Refiguration des Geschichtsbewusstseins bei.

Schluss: Refiguration des Geschichtsbewusstseins

»Die kulturelle Orientierung der menschlichen Lebenspraxis durch gedeutete Vergangenheitserfahrung ist eine kreative, aktive Tätigkeit des Menschen.«[93] Dieser Annahme des Historikers und Kulturwissenschaftlers Jörn Rüsen folgend, werde ich abschließend untersuchen, in welchem Verhältnis der Geschichtsfilm zur Theorie der Geschichtskultur steht. Im Mit-

---

89 Vgl. Astrid Erll / Stephanie Wodianka (Hg.): Film und kulturelle Erinnerung. Plurimediale Konstellationen. Berlin 2008, S. 7.
90 Manuel Castells: Der Aufstieg der Netzwerkgesellschaft. Das Informationszeitalter I. Opladen 2004.
91 Sabine Moller: Zeitgeschichte sehen. Die Aneignung von Vergangenheit durch Filme und ihre Zuschauer. Berlin 2018, S. 42.
92 Ebenda.
93 Vgl. Rüsen 2013, a.a.O., S. 223.

I Aneignen und Refigurieren

telpunkt meiner Überlegungen steht die These, dass die rezeptive Aneignung der Histosphere einen refigurativen Einfluss auf unser Geschichtsbewusstsein hat. Damit übertrage ich Walter Benjamins Annahme, dass der Film den »Alltag einer kinematografischen Revision unterzieht«[94], auf unseren alltäglichen Umgang mit Geschichte. Die filmisch erzeugte historische Erfahrung erweitert demnach unsere auf der Grundlage von schriftlichen Darstellungen und Quellen erworbenen Geschichtsvorstellungen um eine sinnlich-körperliche Dimension.[95]

Jörn Rüsen definiert das Geschichtsbewusstsein als eine produktive Leistung, die Geschichtsbilder als »Erfahrung der Vergangenheit« – im Sinne einer »symbolisierenden Aneignung der Welt« – konstruiert.[96] Im Zentrum dieses Prozesses steht für Rüsen »die mentale Praxis des *Erzählens*«, die das historische Denken als deutenden Umgang mit unserer Zeiterfahrung ausweist.[97] Dieser vermeintlich sprachzentrierte Vorgang umfasst jedoch auch »vor- und metasprachliche Elemente wie Gefühle oder Imaginationen«.[98] Als multiimmersive, empathiegeleitete Erfahrungsräume sind Geschichtsfilme an diese theoretischen Überlegungen unmittelbar anschlussfähig. Im Geschichtsfilm konstituiert sich die historische Erfahrung aus dem synästhetischen, sinnlichen Erleben einer audiovisuell konfigurierten historischen Welt. Durch die Vergegenwärtigung des Vergangenen manifestiert sich ›Geschichte‹ als kultureller Orientierungsfaktor und ermöglicht die Sinnbildung in der Jetztzeit. Die vorliegende Studie hat insbesondere danach gefragt, *wie* solche spezifisch filmischen Geschichtserfahrungen theoretisch grundiert werden können. Im Zentrum dieser Theoriebildung steht die Histosphere, die aus audiovisuellen Figurationen divergente Entwürfe von historischen Welten modelliert. Der Begriff der Figuration meint hierbei nicht nur die Anordnung und Konstellation der einzelnen audiovisuellen Elemente des Films in der Zeit, sondern auch die »Gestaltwerdung« eines filmischen Körpers, in den wir uns einfühlen und so die historische Welt

---

94 Vgl. Schulte 2014, a.a.O., S. 66.
95 Einen Hinweis darauf, dass eine solche ontologische Verschiebung innerhalb des Geschichtsbewusstseins tatsächlich stattfindet, liefert Robert Burgoyne, indem er die Geschichtsfilmwelle seit Mitte der 1990er Jahre mit einem verstärkten Bedürfnis nach sinnlichen Geschichtserfahrungen erklärt. Vgl. Robert Burgoyne: Film Nation. Hollywood Looks at U.S. History. Minneapolis u.a. 1997, S. 105.
96 Vgl. Jörn Rüsen: Einleitung. Geschichtsbewusstsein thematisieren – Problemlagen und Analysestrategien. In: J.R. (Hg.): Geschichtsbewusstsein. Psychologische Grundlagen, Entwicklungskonzepte, empirische Befunde. Köln u.a. 2001, S. 7 (im Folgenden: Rüsen 2001b).
97 Ebenda, S. 9.
98 Ebenda, S. 8.

des Films illusionshaft erfahren können. In unserer Wahrnehmung werden die disparaten Elemente des Films zu einer historischen Welt zusammengesetzt, der wir nicht nur sinnlich-körperlich ausgesetzt sind, sondern die wir auch als diskursives System erfahren. Von besonderer Bedeutung für die filmische Figuration historischer Welten ist demzufolge die referenzielle Struktur der Histosphere. Die filmisch fingierten Welt-Räume sind konstruierte Ausschnitte präsupponierter historischer Welten, die wir mit unserem historisch-kulturellen Welt-Wissen ergänzen. Die *Mise-en-histoire*, die die audiovisuellen Figurationen der filmischen Welt im populären Geschichtsbewusstsein referenzialisiert, wird jedoch nicht nur von unseren individuellen Geschichtsvorstellungen gespeist, sondern wirkt auch auf diese zurück. Während also die Mise-en-scène den performativen Akt der Inszenierung und die dabei erzeugte filmische Welt für uns als Zuschauer erfahrbar macht, baut die Mise-en-histoire ein relationales und reziprok wirksames Verhältnis zu kollektiven und individuellen Vorstellungen von der historischen Vergangenheit auf. In einer Synthese aus inszenatorischer Modellierung, verkörperter Filmerfahrung und Mise-en-histoire wird unser Geschichtsbewusstsein sowohl inhaltlich aktualisiert als auch in seiner grundlegenden Beschaffenheit refiguriert.

Für Paul Ricœur definiert sich die narrative Funktion, »die die Entwicklungen vom Epos bis zum modernen Roman ebenso wie die von der Sage bis zur Geschichtsschreibung abdeckt, letzten Endes durch ihren Ehrgeiz, das geschichtliche *Sein* zu refigurieren und es so in den Rang eines geschichtlichen *Bewusstseins* zu erheben«.[99] Diese Überlegungen gründen auf der These, »dass die besondere Weise, in der die Geschichte auf die Aporien der Phänomenologie antwortet, in der Ausarbeitung einer *dritten Zeit* – der eigentlich historischen Zeit – besteht, die zwischen der erlebten und der kosmischen Zeit vermittelt«.[100] Die »historische Zeit« nach Ricœur ist eine erfahrene Zeit, die in einem relationalen Verhältnis sowohl zur Biografie des Subjekts als auch zu historischen Referenzen steht. Der Geschichtsfilm soll im Folgenden als gültiger moderner Ausdruck und Agent dieser Zeit verstanden werden. Wenn wir das Geschichtsbewusstsein als spezifische Konstellation von Faktoren wie Kodierungsschichten, Figuren oder Typen der Sinnbildung, Verknüpfung von Zeitebenen, Wahrnehmungs- und Deutungsoperationen sowie Modi der Verarbeitung verstehen, dann erweist

---

99 Vgl. Paul Ricœur: Zeit und Erzählung. Band III: Die erzählte Zeit. München 2007, S. 163 (im Folgenden Ricœur 2007c).
100 Ebenda, S. 159.

sich der Geschichtsfilm in vielfältiger Hinsicht als Synthese davon.[101] Die filmisch konstruierten historischen Welten sind als Manifestation des sozialen Gedächtnisses kodiert, das wir im Modus der personalisierten Erfahrung erkunden können. Die Histosphere verbindet hierbei die Vergangenheitsdarstellung mit unserem Gegenwartsverständnis und unseren Zukunftserwartungen. Wahrnehmung und Deutung werden operativ miteinander verschmolzen und mithilfe von Strategien zur Erzeugung von körperlicher Erfahrung, Immersion und Empathie vermittelt. Durch die Verlebendigung und Vergegenwärtigung der Vergangenheit verschiebt die Histosphere das Geschichtsbewusstsein in Richtung von körperlich-emotionalen Teilnahmeprozessen. An die Stelle der retrospektiven Betrachtung tritt der Eindruck einer *Vivisektion* der Geschichte, einer Operation am lebendigen Organismus.

Ein Schlüsselfaktor für eine solche mediale Transformation der Geschichtskultur liegt im Zusammenspiel von Geschichtsbewusstsein und Erinnerung. Als Mittel zur Selbstverortung im Umgang mit der Welt und anderen Menschen ist die Erinnerung eine »Quelle des Selbst« und damit Voraussetzung zur Bildung von Identität und Subjektivität. Das Geschichtsbewusstsein fungiert wiederum als »eine kulturell ausgeprägte Verfassung dieser Quelle«.[102] Es knüpft »an den produktiven Charakter der Erinnerung an« und erweitert ihn »durch eine systematische Einholung historischer Erfahrung« sowie die »systematische Anwendung reflektierter Deutungsmuster«.[103] Das in seiner Wirkungsweise interdependente Verhältnis von Geschichtsbewusstsein und Erinnerung lässt sich mit den Worten von Jörn Rüsen wie folgt fassen:

»Mit den Kräften der Erinnerung erschließt sich die Lebendigkeit des Geschichtsbewusstseins; und mit dem Zeithorizont des Geschichtsbewusstseins und seiner Ausfaltung in unterschiedliche Dimensionen der Wahrnehmung, Deutung und Orientierung werden die Erfahrungstiefe und der Spielraum verschiedener mentaler Bereiche und Tätigkeiten der Erinnerung und des Gedächtnisses ansprechbar.«[104]

---

101 Zur Aufschlüsselung des Geschichtsbewusstseins in Konstellationen von einzelnen Faktoren vgl. Rüsen 2001b, a.a.O., S. 2; sowie: Bodo von Borries / Andreas Körber: Jugendliches Geschichtsbewusstsein im zeitgeschichtlichen Prozess – Konstanz und Wandel. In: Jörn Rüsen (Hg.): Geschichtsbewusstsein. Psychologische Grundlagen, Entwicklungskonzepte, empirische Befunde. Köln u.a. 2001, S. 317–404.
102 Rüsen 2001b, a.a.O., S. 7.
103 Rüsen 2013, a.a.O., S. 232.
104 Rüsen 2001b, a.a.O., S. 5.

Ein ebensolches Zusammenspiel von Geschichtsbewusstsein und Erinnerung manifestiert sich auch im Geschichtsfilm: Während der immersiven Wahrnehmung der Histosphere entstehen *prosthetic memories* – medial induzierte Gedächtnisinhalte, die wir als körperliche Erfahrungen erinnern. Diese *prosthetic memories* werden im Prozess der Mise-en-histoire mit unserem Geschichtsbewusstsein verknüpft und in einen historischen Kontext eingebunden. Die hieraus hervorgehenden *prosthetic postmemories*[105] – artifiziell erzeugte historische Erfahrungen – sind somit ebenfalls ein Resultat des Zusammenspiels von Erinnerung und Geschichtsbewusstsein. Als Erinnerungen an filmisch erzeugte historische Erfahrungen stellen *prosthetic postmemories* somit eine neue Form der Geschichtsaneignung dar. Verstehen wir Geschichte nunmehr als Konstruktion der Gegenwart, als deutende Aneignung der Vergangenheit, so steht diese in einem Spannungsverhältnis zur Erinnerung. Oder mit den Worten Jörn Rüsens: »Während die Erinnerung die Vergangenheit gegenwärtig macht oder hält, rückt die Geschichte sie in die Abständigkeit einer zeitlichen Differenz.«[106] Der Geschichtsfilm leistet wiederum beides: Indem er Entwürfe von historischen Welten konstruiert, transformiert er Episoden der Vergangenheit zu Gegenwartsereignissen. Zugleich historisiert er die so gewonnene anachronistische Erfahrung und verknüpft sie mit unserem Geschichtsbewusstsein, das er auf diese Weise von innen heraus verändert. Dieses Potenzial des Geschichtsfilms basiert auf einer spezifisch filmischen Kombination zweier Modi der Erinnerung. Nach Jörn Rüsen kann Erinnerung »*unwillkürlich und responsiv*« oder aber auch »*absichtsvoll und konstruktiv*« sein.[107] Die in die audiovisuelle Gestaltung des Geschichtsfilms integrierten Reminiszenztrigger lösen spontane oder ›einfällige‹ Erinnerungen aus, die kontingent geschehen und im Wesentlichen rezeptiv sind. Wir sind uns hierüber nicht bewusst und reagieren in erster Linie körperlich auf diese Reize. Die Referenzialisierung durch die Mise-en-histoire hingegen ist eine produktive Erinnerungsleis-

---

105 Vgl. hierzu den Abschnitt *Prosthetic Postmemory* im vorangegangenen Kapitel.
106 Rüsen 2013, a.a.O., S. 225.
107 Ebenda, S. 230. Hierzu erläutert Rüsen: »Zusammenfassend kann man die beiden Modi [der Erinnerung] auch so einander entgegensetzen: Der eine, der *rezeptive*, bedient sich der Macht des Unbewussten; der andere, der *produktive*, setzt ihr die Kraft der Aufklärung entgegen. Die eine ist unvordenklich, die andere nachdenklich. Beide Vollzugsweisen der Erinnerung sind natürlich eng ineinander verwoben; die eine lässt sich ohne die andere nicht denken. Beide zusammen machen das aus, was man die Gestaltung der Erinnerungskultur nennen kann. ›Gestalt‹ ist eben beides: vorgängiger Eindruck und Resultat einer Aktivität.« Ebenda, S. 231.

tung. Mithilfe von assoziativen Bezügen wird die Welt der Histosphere in unsere Geschichtsvorstellungen eingebettet. Zusammengenommen tragen diese beiden Formen der Erinnerung substanziell zur Transformation unserer Geschichtskultur bei. Die Parameter filmisch-historischen Denkens – eine Kombination aus sinnlich-körperlicher Erfahrung und assoziativer Reflexion – schreiben sich unwiderruflich in unser Geschichtsbewusstsein ein, das hierdurch offen und lebendig gehalten wird.[108]

---

[108] Um die refigurierenden Auswirkungen des Geschichtsfilms auf unser Geschichtsbewusstsein empirisch zu erfassen, bedarf es weiterer zuschauerorientierter Untersuchungen wie beispielsweise der qualitativen Befragungen und Befunde von Andreas Sommer. Auf der Grundlage qualitativer Interviews weist Sommer nach, dass »[h]istorische Spielfilme [...] ernstzunehmende Konstituenten von Geschichtsbildern« sind, und kommt zu dem Ergebnis, »dass Perspektive und Wertung eines historischen Ereignisses, die ein Film vorgibt, vom Rezipienten ebenfalls übernommen werden können«. Andreas Sommer: Geschichtsbilder und Spielfilme. Eine qualitative Studie zur Kohärenz zwischen Geschichtsbild und historischem Spielfilm bei Geschichtsstudierenden. Berlin 2010, S. 257.

Filmografie

THE ACT OF KILLING (Dänemark, Norwegen, Großbritannien 2012; R: Joshua Oppenheimer)
DIE AKTE GENERAL (Deutschland 2016; R: Stephan Wagner)
ATMOSPHÄRE. UNTERSUCHUNGEN ZU EINEM BEGRIFF (Schweiz 2010; R: Elisabeth Blum)
BARRY LYNDON (Großbritannien, USA 1975; R: Stanley Kubrick)
THE BIRTH OF A NATION (Die Geburt einer Nation; 1915; R: David Wark Griffith)
BLACKBOARD JUNGLE (Die Saat der Gewalt; USA 1955; R: Richard Brooks)
BONNIE AND CLYDE (USA 1967; R: Arthur Penn)
DIE BRÜCKE (Deutschland 1959; R: Bernhard Wicki)
DUNKIRK (Großbritannien, USA, Frankreich, Niederlande 2017; R: Christopher Nolan)
DIE EHE DER MARIA BRAUN (Deutschland 1979; R: Rainer Werner Fassbinder).
FORREST GUMP (USA 1994; R: Robert Zemeckis)
DIE GROSSE VERSUCHUNG (Deutschland 1952; R: Rolf Hansen)
GRÜN IST DIE HEIDE (Deutschland 1951; R: Hans Deppe)
HIMMEL OHNE STERNE (Deutschland 1959; R: Helmut Käutner)
HIROSHIMA MON AMOUR (Frankreich, Japan 1959; R: Alain Resnais)
HUNGERJAHRE (Deutschland 1980; R: Jutta Brückner)
IM LABYRINTH DES SCHWEIGENS (Deutschland 2014; R: Giulio Ricciarelli)
IN JENEN TAGEN (Deutschland 1947; R: Helmut Käutner)
INTOLERANCE (Intoleranz; USA 1916; R: David Wark Griffith)
KU'DAMM 56 (Deutschland 2016; R: Sven Bohse)
L'ECLISSE (Liebe 1962; Frankreich 1962; R: Michelangelo Antonioni)
L'IMAGE MANQUANTE (Das fehlende Bild; Frankreich 2013; R: Rithy Panh)
LA RÈGLE DU JEU (Die Spielregel; Frankreich 1939; R: Jean Renoir)
LANDGERICHT (Deutschland 2016; R: Mathias Glasner)
LOLA (Deutschland 1981; R: Rainer Werner Fassbinder)
LULU & JIMI (Deutschland, Frankreich 2009; R: Oskar Roehler)
DAS MÄDCHEN ROSEMARIE (Deutschland 1958; R: Rolf Thiele)
PANZERKREUZER POTEMKIN (UdSSR 1925; R: Sergei Eisenstein)
THE PIANO (Das Piano; Australien, Neuseeland, Frankreich 1993; R: Jane Campion)

Filmografie

QUELLEN DES LEBENS (Deutschland 2013; R: Oskar Roehler)
ROCK AROUND THE CLOCK (Außer Rand und Band; USA 1956; R: Fred F. Sears)
SAVING PRIVATE RYAN (Der Soldat James Ryan; USA 1998; R: Steven Spielberg)
SCHINDLER'S LIST (Schindlers Liste; USA 1993; R: Steven Spielberg)
DIE SEHNSUCHT DER VERONIKA VOSS (Deutschland 1982; R: Rainer Werner Fassbinder)
DER STAAT GEGEN FRITZ BAUER (Deutschland 2015; R: Lars Kraume)
VAKANTIE VAN DE FILMER (Ferien eines Filmemachers; Niederlande 1974; R: Johan van der Keuken)
WALTZ WITH BASHIR (Israel, Frankreich, Deutschland 2008; R: Ari Folman)
WIR WUNDERKINDER (Deutschland 1958; R: Kurt Hoffmann)
DAS WUNDER VON BERN (Deutschland 2003; R: Sönke Wortmann)

Bibliografie

Rick Altman: Film/Genre. London 1999.
Rick Altman (Hg.): Sound Theory / Sound Practice. New York 1992.
Frank R. Ankersmit: Die historische Erfahrung. Berlin 2012.
Frank R. Ankersmit: Sprache und historische Erfahrung. In: Klaus E. Müller / Jörn Rüsen (Hg.): Historische Sinnbildung. Problemstellungen, Zeitkonzepte, Wahrnehmungshorizonte, Darstellungsstrategien. Hamburg 1997, S. 98–117.
Aristoteles: Über die Seele. Hamburg 1995.
Rudolf Arnheim: Kunst und Sehen. Eine Psychologie des schöpferischen Auges. Berlin 1978.
Rudolf Arnheim: Film als Kunst (1932). München 1974.
Erich Auerbach: Mimesis. Dargestellte Wirklichkeit in der abendländischen Literatur (1946). Tübingen 2015.
Michail Bachtin: Formen der Zeit im Roman. Untersuchungen zur historischen Poetik. Frankfurt/Main 1989.
Béla Balázs: Der sichtbare Mensch oder die Kultur des Films (1924). Frankfurt/Main 2004.
Béla Balázs: Ein Baedeker der Seele. Und andere Feuilletons. Berlin 2002.
Béla Balázs: Der Geist des Films (1930). Frankfurt/Main 2001.
Béla Balázs: Zur Kunstphilosophie des Films. In: Franz-Josef Albersmeier (Hg.): Texte zur Theorie des Films. Stuttgart 1998, S. 201–223.
Béla Balázs: Der Film. Werden und Wesen einer neuen Kunst. Wien 1961.
Jaimie Baron: The Archive Effect. Found Footage and the Audiovisual Experience of History. London 2014.
Roland Barthes: Die helle Kammer. Bemerkungen zur Photographie. Frankfurt/Main 2016.
Roland Barthes: Das Problem der Bedeutung im Film (1960). In: montage AV, Jg. 24, 1/2015, S. 37–45.
Roland Barthes: Mythen des Alltags. Berlin 2012.
Roland Barthes: Der Real(itäts)effekt. In: Nach dem Film No 2: show reality / reality shows, 2000. http://geschichte.nachdemfilm.de/content/der-realitätseffekt [26.11.2019].
Jean Baudrillard: Simulacra and Simulation. Ann Arbor 1994.

Bibliografie

Stephanie Baumann: Im Vorraum der Geschichte. Siegfried Kracauers »History. The Last Things Before the Last«. Konstanz 2014.
Walter Benjamin: Das Kunstwerk im Zeitalter seiner technischen Reproduzierbarkeit (1936). Berlin 2010.
Walter Benjamin: Kleine Geschichte der Photographie (1931). In: W.B.: Das Kunstwerk im Zeitalter seiner technischen Reproduzierbarkeit. Frankfurt/Main 1977, S. 45–64.
Walter Benjamin: Über den Begriff der Geschichte (1942). In: W.B.: Gesammelte Schriften. Bd. 1.2. Frankfurt/Main 1974, S. 693–704.
Walter Benjamin: Über einige Motive bei Baudelaire (1939). In: W.B.: Gesammelte Schriften. Bd. 1.2. Frankfurt/Main 1974, S. 605–653.
Henri Bergson: Philosophie der Dauer (1928). Textauswahl von Gilles Deleuze. Hamburg 2013.
Vincent Bisson: Historical Film Reception. Mediated Legends. In: Kathryn Anne Morey (Hg.): Bringing History to Life through Film. The Art of Cinematic Storytelling. Lanham MD 2014, S. 135–150.
Joan K. Bleicher: Darstellung von Geschichte in Mehrteilern und Serie. Individuelle und kollektive Erinnerungen durch Geschichte in Geschichten. In: SPIEL. Neue Folge. Eine Zeitschrift zur Medienkultur, Jg. 2, 2/2016, S. 21–37.
Christa Blümlinger: Kino aus zweiter Hand. Zur Ästhetik materieller Aneignung im Film und in der Medienkunst. Berlin 2009.
Bodo von Borries / Andreas Körber: Jugendliches Geschichtsbewusstsein im zeitgeschichtlichen Prozess – Konstanz und Wandel. In: Rüsen 2001, S. 317–404.
Gernot Böhme: Anmutungen. Über das Atmosphärische. Stuttgart 1998.
David Bordwell: Making Meaning: Inference and Rhetoric in the Interpretation of Cinema. Cambridge 1989.
Thiemo Breyer / Daniel Creutz: Historische Erfahrung. Ein phänomenologisches Schichtenmodell. In: T.B./D.C. (Hg.): Erfahrung und Geschichte. Historische Sinnbildung im Pränarrativen. Berlin 2010, S. 332–364.
Elisabeth Bronfen: Stanley Cavell. Zur Einführung. Hamburg 2009.
Philipp Brunner / Jörg Schweinitz / Margrit Tröhler (Hg.): Filmische Atmosphären. Marburg 2012.
Margrethe Bruun Vaage: Empathie. Zur episodischen Struktur der Teilhabe am Spielfilm. In: montage AV, Jg. 16, 1/2007, S. 101–120.
Robert Burgoyne: The Hollywood Historical Film. Malden MA (u.a.) 2008.
Robert Burgoyne: Film Nation. Hollywood Looks at U.S. History. Minneapolis u.a. 1997.

Frieder Butzmann / Jean Martin: Filmgeräusch: Wahrnehmungsfelder eines Mediums. Hofheim 2012.
Francesco Casetti: Filmgenres, Verständigungsvorgänge und kommunikativer Vertrag. In: montage AV, Jg. 10, 2/2001, S. 155–173.
Manuel Castells: Der Aufstieg der Netzwerkgesellschaft. Das Informationszeitalter I. Opladen 2004.
Stanley Cavell: The World Viewed. Reflections on the Ontology of Film. Cambridge, Mass. 1979.
Michel Chion: Audio-Vision. Ton und Bild im Kino. Berlin 2012.
Michel Chion: Le son au cinema. Paris 1985.
Michel Chion: La voix au cinema. Paris 1982.
Jean-Louis Comolli: A Body Too Much. In: Screen, Jg. 19, 2/1978, S. 41–54.
Amy Coplan: Understanding Empathy: Its Features and Effects. In: A.C. / Peter Goldie (Hg.): Empathy: Philosophical and Psychological Perspectives. Oxford 2011, S. 3–18.
Robin Curtis: Immersion und Einfühlung. Zwischen Repräsentationalität und Materialität bewegter Bilder. In: montage AV, Jg. 17, 2/2008, S. 89–107.
Robin Curtis / Christiane Voss: Fielding und die *movie-ride*-Ästhetik: Vom Realismus zur Kinesis. In: montage AV, Jg. 17, 2/2008, S. 11–15.
Gilles Deleuze: Das Zeit-Bild. Kino 2. Frankfurt/Main 2005.
Gilles Deleuze: Das Bewegungs-Bild. Kino 1. Frankfurt/Main 1989.
Jacques Derrida: Grammatologie. in: Dieter Mersch (Hg.): Zeichen über Zeichen. Texte zur Semiotik von Charles Sanders Peirce bis zu Umberto Eco und Jacques Derrida. München 1998, S. 275–287.
Jörg Döring / Tristan Thielmann (Hg.): Spatial Turn. Das Raumparadigma in den Kultur- und Sozialwissenschaften. Bielefeld 2015.
Tobias Ebbrecht: Gefühlte Erinnerung. Überlegungen zum emotionalen Erleben von Geschichte im Spielfilm. In: T.E. / Thomas Schick (Hg.): Emotion – Empathie – Figur: Spielformen in der Filmwahrnehmung. Berlin 2008, S. 87–106.
Tobias Ebbrecht: Sekundäre Erinnerungsbilder. Visuelle Stereotypenbildung in Filmen über Holocaust und Nationalsozialismus seit den 1990er Jahren. In: Christian Hissnauer / Andreas Jahn-Sudmann (Hg.): Medien – Zeit – Zeichen. Beiträge des 19. Film- und Fernsehwissenschaftlichen Kolloquiums. Marburg 2007, S. 37–44.
Jens Eder: Imaginative Nähe zu Figuren. In: montage AV, Jg. 15, 2/2006, S. 135-160.
Thomas Elsaesser: Der Vergangenheit ihre Zukunft lassen. In: González de Reufels/Greiner/Pauleit 2015, S. 11–25.
Thomas Elsaesser: Diagonale Erinnerung. Geschichte als Palimpsest in STERNE. In: Hermann Kappelhoff / Bernhard Groß / Daniel Illger: Demokrati-

sierung der Wahrnehmung. Das westeuropäische Nachkriegskino. Berlin 2010, S. 95–114.

Thomas Elsaesser: Geschichte(n), Gedächtnis, Fehlleistungen: FORREST GUMP. In: T.E.: Hollywood heute. Geschichte, Gender und Nation im postklassischen Kino. Berlin 2009, S. 181–193.

Thomas Elsaesser: »Un train peut en cacher un autre«. Geschichte, Gedächtnis und Medienöffentlichkeit. In: montage AV, Jg. 11, 1/2002, S. 11–25.

Thomas Elsaesser / Malte Hagener: Filmtheorie. Zur Einführung. Hamburg 2007.

Astrid Erll: Kollektives Gedächtnis und Erinnerungskulturen. Eine Einführung. Stuttgart u.a. 2011.

Astrid Erll / Stephanie Wodianka (Hg.): Film und kulturelle Erinnerung. Plurimediale Konstellationen. Berlin 2008.

Marc Ferro: Cinema and History. Detroit 1992.

Barbara Flückiger: Sound Design: Die virtuelle Klangwelt des Films. Marburg 2012.

Michel Foucault: Andere Räume. In: Karlheinz Barck u.a. (Hg.): Aisthesis. Wahrnehmung heute oder Perspektiven einer anderen Ästhetik. Leipzig 1992, S. 34–46.

Mattias Frey: Authentizitätsgefühl. Sprache und Dialekt im Geschichtsfilm. In: Pauleit/Greiner/Frey 2018, S. 126–184.

Urban Gad: Der Film. Seine Mittel, seine Ziele. Berlin 1920.

August Gallinger: Zur Grundlegung einer Lehre von der Erinnerung. Halle 1914.

Delia González de Reufels / Rasmus Greiner / Winfried Pauleit (Hg.): Film und Geschichte. Produktion und Erfahrung von Geschichte durch Bewegtbild und Ton. Berlin 2015.

Barry Keith Grant: Film Genre. From Iconography to Ideology. London 2007.

Rasmus Greiner: Auditive Histosphäre. Sound Design und Geschichte. In: Pauleit/Greiner/Frey 2018, S. 86–125.

Rasmus Greiner: Filmton, Geschichte und Genretheorie. In: Ritzer/Schulze 2016, S. 183–194.

Rasmus Greiner / Winfried Pauleit: Nach dem Film No 14: Audio History (2015). www.nachdemfilm.de/issues/no-14-audio-history [27.11.2019].

Rasmus Greiner: Die neuen Kriege im Film. Jugoslawien – Zentralafrika – Irak – Afghanistan. Marburg 2012.

Bernhard Groß: Die Filme sind unter uns. Zur Geschichtlichkeit des frühen deutschen Nachkriegskinos: Trümmer-, Genre-, Dokumentarfilm. Berlin 2015.

Bernhard Groß: Zum Verhältnis von Film und Geschichte am Beispiel des frühen deutschen Nachkriegskinos. In: González de Reufels/Greiner/Pauleit 2015, S. 26–33.
Robert Gugutzer: Hermann Schmitz: Der Gefühlsraum. In: Konstanze Senge (Hg.): Hauptwerke der Emotionssoziologie. Wiesbaden 2013, S. 304–310.
Stephan Günzel (Hg.): Raumwissenschaften. Frankfurt/Main 2009.
Malte Hagener: Der Begriff Genre. In: Rainer Rother / Hans C. Blumenberg (Hg.): Die Lust am Genre. Verbrechergeschichten aus Deutschland. Berlin 2011, S. 11–22.
Malte Hagener / Íngrid Vendrell Ferran (Hg.): Empathie im Film. Perspektiven der Ästhetischen Theorie, Phänomenologie und Analytischen Philosophie. Bielefeld 2017.
Matthias Hein: Zu einer Theorie des Erlebens bei Béla Balázs. Würzburg 2011.
Andreas Hepp: Kommunikative Aneignung. In: Lothar Mikos / Claudia Wegener (Hg.): Qualitative Medienforschung. Ein Handbuch. Konstanz 2005, S. 67–79.
Knut Hickethier: Zeitgeschichte in der Mediengesellschaft. Dimensionen und Forschungsperspektiven. In: Zeithistorische Forschungen, Jg. 6, 3/2009, S. 347–366. https://zeithistorische-forschungen.de/3-2009/4524 [30.1.2020].
Marianne Hirsch: The Generation of Postmemory. Writing and Visual Culture After the Holocaust. New York 2012.
Eva Hohenberger / Judith Keilbach (Hg.): Die Gegenwart der Vergangenheit. Dokumentarfilm, Fernsehen und Geschichte. Berlin 2003.
Johan Huizinga: Verzamelde werken 2. Nederland. Haarlem 1950.
Edmund Husserl: Phänomenologie der Lebenswelt. Ausgewählte Texte 11. Stuttgart 1986.
Georg G. Iggers: Die kulturelle und die linguistische Wende. In: G.G.I.: Geschichtswissenschaft im 20. Jahrhundert. Göttingen 2007.
Andreas Jacke: Traumpassagen. Eine Filmtheorie mit Walter Benjamin. Würzburg 2013.
Fredric Jameson: Postmodernism, or, The Cultural Logic of Late Capitalism (1991). London 2008.
Kent Jones: Hiroshima mon amour: Time Indefinite. The Criterion DVD Collection (2003). www.criterion.com/current/posts/291-hiroshima-mon-amour-time-indefinite [30.1.2020].
Volko Kamensky / Julian Rohrhuber (Hg.): Ton. Texte zur Akustik im Dokumentarfilm. Berlin 2013.
Hermann Kappelhoff: Kognition und Reflexion. Zur Theorie filmischen Denkens. Berlin 2018.

Bibliografie

Hermann Kappelhoff: Realismus. Das Kino und die Politik des Ästhetischen. Berlin 2008.

Hermann Kappelhoff: Die vierte Dimension des Bewegungsbildes. Das filmische Bild im Übergang zwischen individueller Leiblichkeit und kultureller Fantasie. In: Kathrin Fahlenbrach / Anne Bartsch / Jens Eder (Hg.) Audiovisuelle Emotionen. Emotionsdarstellung und Emotionsvermittlung durch audiovisuelle Medienangebote. Köln 2007, S. 297–311.

Hermann Kappelhoff / Jan-Hendrik Bakels: Das Zuschauergefühl – Möglichkeiten qualitativer Medienanalyse. In: Zeitschrift für Medienwissenschaft, Jg. 5, 2/2011, S. 78–95.

Hermann Kappelhoff / Sarah Greifenstein: Metaphorische Interaktion und empathische Verkörperung: Thesen zum filmischen Erfahrungsmodus. In: Hagener/Vendrell Ferran 2017, S. 167–193.

Angela Keppler / Martin Seel: Über den Status filmischer Genres. In: montage AV, Jg. 11, 2/2002, S. 58–68.

Rayd Khouloki: Der filmische Raum. Konstruktion, Wahrnehmung, Bedeutung. Berlin 2007.

Friedrich Kittler: Grammophon/Film/Typewriter. Berlin 1986.

Heike Klippel: Das »kinematographische« Gedächtnis. In: Ernst Karpf (Hg.): Once upon a time. Film und Gedächtnis. Marburg 1998.

Heike Klippel: Gedächtnis und Kino. Basel 1997.

Gertrud Koch: Die Wiederkehr der Illusion. Der Film und die Kunst der Gegenwart. Berlin 2016.

Gertrud Koch: Nachstellungen. Film und historischer Moment. In: Hohenberger/Keilbach 2003, S. 216–229.

Gertrud Koch: Die Einstellung ist die Einstellung. Visuelle Konstruktionen des Judentums. Frankfurt/Main 1992.

Gertrud Koch / Christiane Voss: »Es ist, als ob.« Fiktionalität in Philosophie, Film- und Medienwissenschaft. München 2009.

Siegfried Kracauer: Theorie des Films. Die Errettung der äußeren Wirklichkeit (1964). Frankfurt/Main 2015.

Siegfried Kracauer: Geschichte – Vor den letzten Dingen (1971). Frankfurt/Main 2009.

Siegfried Kracauer: Der historische Film. In: S.K.: Kino. Essays, Studien, Glossen zum Film. Hg. von Karsten Witte. Frankfurt/Main 1974, S. 43–45.

Siegfried Kracauer: From Caligari to Hitler. A Psychological History of the German Film. New York 1947.

Sven Kramer: Neuere Aneignungen von dokumentarischem Filmmaterial aus der Zeit der Shoah. In: González de Reufels/Greiner/Pauleit 2015, S. 26–33.

Friedrich Krotz: Die Mediatisierung kommunikativen Handelns. Der Wandel von Alltag und sozialen Beziehungen, Kultur und Gesellschaft durch die Medien. Wiesbaden 2001.
Birger Langkjær: Making Fictions Sound Real – On Film Sound, Perceptual Realism and Genre. In: MedieKultur, Jg. 26, 48/2010, S. 5–17.
Alison Landsberg: Prosthetic Memory. The Transformation of American Remembrance in the Age of Mass Culture. New York 2004.
Thomas Lindenberger: Vergangenes Hören und Sehen. Zeitgeschichte und ihre Herausforderung durch die audiovisuellen Medien. In: Zeithistorische Forschungen, Jg. 1, 1/2004, S. 72–85. www.zeithistorische-forschungen.de/16126041-Lindenberger-1-2004 [27.11.2019].
Sylvie Lindeperg: Spuren, Dokumente, Monumente. Filmische Verwendungen von Geschichte, historische Verwendungen des Films. In: Hohenberger/Keilbach 2003, S. 65–81.
Katharina Lindner: Questions of Embodied Difference: Film and Queer Phenomenology. In: NECSUS, Autumn 2012 ›Tangibility‹. https://necsus-ejms.org/questions-of-embodied-difference-film-and-queer-phenomenology/ [28.11.2019].
Alphonso Lingis: Bodies that Touch Us. In: Thesis Eleven, Jg. 36, 1/1993, S. 159–167.
Theodor Lipps: Leitfaden der Psychologie. Leipzig 1906.
Fabienne Liptay / Matthias Bauer (Hg.): Historien- und Kostümfilm. Stuttgart 2013.
Jurij M. Lotman: Die Innenwelt des Denkens. Eine semiotische Theorie der Kultur. Berlin 2010.
Jurij M. Lotman: Die Struktur literarischer Texte (1970). München 1993.
Jurij M. Lotman: Kunst als Sprache. Untersuchungen zum Zeichencharakter von Literatur und Kunst. Leipzig 1981.
Laura U. Marks: The Skin of the Film. Intercultural Cinema, Embodiment, and the Senses. Durham u.a. 2000.
Marshall McLuhan: Understanding Media. The Extensions of Man. London 2010.
Niklas Luhmann: Die Kunst und die Gesellschaft. Frankfurt/Main 1995.
Christoph Metzger: Genre und kulturelle Codes im Film. In: Josef Kloppenburg (Hg.): Das Handbuch der Filmmusik. Geschichte – Ästhetik – Funktionalität. Laaber 2012, S. 413–450.
Siegfried Mattl: Populare Erinnerung. Zur Nahbeziehung von Film und Geschichte. In: Nach dem Film No 15: Das Unsichtbare Kino (2017). https://nachdemfilm.de/issues/text/populare-erinnerung [22.11.2019].
Maurice Merleau-Ponty: Le visible et l'invisible. Paris 1964.

Bibliografie

Christian Metz: Der imaginäre Signifikant. Psychoanalyse und Kino. Münster 2000.
Benjamin Moldenhauer: Die Lücken, die das Bild uns lässt. Geschichte, Gewalt und Reflexivität in THE ACT OF KILLING und L'IMAGE MANQUANTE. In: Heinz-Peter Preußer (Hg.): Gewalt im Bild. Ein interdisziplinärer Diskurs. Marburg 2018, S. 391–411.
Sabine Moller: Zeitgeschichte sehen. Die Aneignung von Vergangenheit durch Filme und ihre Zuschauer. Berlin 2018.
Thomas Morsch: Medienästhetik des Films. Verkörperte Wahrnehmung und ästhetische Erfahrung im Kino. München, Paderborn 2011.
Thomas Morsch: Filmische Erfahrung im Spannungsfeld zwischen Körper, Sinnlichkeit und Ästhetik. In: montage AV, Jg. 19, 1/2010, S. 55–77.
Hugo Münsterberg: Grundzüge der Psychotechnik. Leipzig 1914.
Sabine Nessel: Kino und Ereignis. Das Kinematografische zwischen Text und Körper. Berlin 2008.
Friedrich Nietzsche: Menschliches, Allzumenschliches. Ein Buch für freie Geister (1878). Frankfurt/Main 2000.
Roger Odin: Dokumentarischer Film – dokumentarisierende Lektüre. In: Eva Hohenberger (Hg.): Bilder des Wirklichen. Texte zur Theorie des Dokumentarfilms. Berlin 1998, S. 286–303.
Gerhard Paul: Vom Bild her denken. Visual History 2.0.1.6. In: G.P. / Jürgen Danyel / Annette Vowinckel (Hg.): Arbeit am Bild. Visual History als Praxis. Göttingen 2017, S. 15–74.
Gerhard Paul / Ralph Schock (Hg.): Der Sound des Jahrhunderts. Geräusche, Töne, Stimmen 1889 bis heute. Bonn 2013.
Erwin Panofsky: Stil und Medium im Film (1936). Frankfurt/Main 1995.
Gerhard Paul: Von der historischen Bildkunde zur Visual History. Eine Einführung. In: G.P. (Hg.): Visual History. Ein Studienbuch. Göttingen 2006, S. 7–36.
Winfried Pauleit / Rasmus Greiner / Mattias Frey: Audio History des Films. Sonic Icons – Auditive Histosphäre – Authentizitätsgefühl. Berlin 2018.
Tabea Pauli: 400 Meter Ku'damm auf der Richard-Wagner-Straße. In: Der Tagesspiegel, 25.9.2015. www.tagesspiegel.de/berlin/bezirke/charlottenburg-wilmersdorf/dreharbeiten-in-berlin-400-meter-kudamm-auf-der-richard-wagner-strasse/12364976.html [9.12.2019].
Claire Perkins: This Time It's Personal: *Touch: Sensuous Theory and Multisensory Media* by Laura U. Marks. In: Senses of Cinema, Jg. 33, 10/2004. http://sensesofcinema.com/2004/book-reviews/touch_laura_marks/ [9.1.2020].
Horst Pöttker: Meilenstein der Pressefreiheit – 50 Jahre Spiegel-Affäre. In: Aus Politik und Zeitgeschichte / APUZ 29–31/2012, 10.7.2012.

Stephen Prince: True Lies: Perceptual Realism, Digital Images, and Film Theory. In: Film Quarterly, Jg. 49, 3/1996, S. 27–37.
Karl Prümm: Von der Mise en scène zur Mise en images. Plädoyer für einen Perspektivenwechsel in der Filmtheorie und Filmanalyse. In: Thomas Koebner / Thomas Meder (Hg.): Bildtheorie und Film. München 2006, S. 15–35.
Jacques Rancière: Die Geschichtlichkeit des Films. In: Hohenberger/Keilbach 2003, S. 230-246.
Paul Ricœur: Zeit und Erzählung. Band I: Zeit und historische Erzählung. München 2007.
Paul Ricœur: Zeit und Erzählung. Band II: Zeit und literarische Erzählung. München 2007.
Paul Ricœur: Zeit und Erzählung. Band III: Die erzählte Zeit. München 2007.
Ivo Ritzer: Die Medialität der Mise-en-scène. Zur Archäologie telekinematischer Räume. Wiesbaden 2017.
Ivo Ritzer / Peter W. Schulze (Hg.): Transmediale Genre-Passagen. Interdisziplinäre Perspektiven. Wiesbaden 2016.
Éric Rohmer: Murnaus Faustfilm. Analyse und szenisches Protokoll. München, Wien 1980.
Hartmut Rosa: Resonanz: Eine Soziologie der Weltbeziehung. Berlin 2016.
Philip Rosen (Hg.): Narrative, Apparatus, Ideology. A Film Theory Reader. New York 1986.
Robert A. Rosenstone: The History Film as a Mode of Historical Thought. In: Rosenstone/Parvulescu 2013, S. 71–87.
Robert A. Rosenstone / Constantin Parvulescu (Hg.): A Companion to the Historical Film. Malden MA (u.a.) 2013.
Rainer Rother: »Die Geschichte soll als Mythos zu uns sprechen«. Bismarck im NS-Spielfilm. In: R.R.: Zeitbilder. Filme des Nationalsozialismus. Berlin 2019, S. 168–190.
Simon Rothöhler: Steven Spielbergs »Lincoln«. Wie ein konventionelles Biopic. In: www.taz.de/!5074753 [6.12.2019].
Simon Rothöhler: Amateur der Weltgeschichte. Historiographische Praktiken im Kino der Gegenwart. Zürich 2011.
Anne Rutherford: Precarious Boundaries: Affect, Mise en Scene and the Senses in Angelopoulos' Balkans Epic. In: Richard Candida-Smith (Hg.): Art and the Performance of Memory: Sounds and Gestures of Recollection. London, New York 2006, S. 63–84.
Jörn Rüsen: Historik. Theorie der Geschichtswissenschaft. Köln 2013.
Jörn Rüsen (Hg.): Geschichtsbewusstsein. Psychologische Grundlagen, Entwicklungskonzepte, empirische Befunde. Köln u.a. 2001.

Bibliografie

Jörn Rüsen: Zerbrechende Zeit. Über den Sinn der Geschichte. Köln u.a. 2001.

Axel Rüth: Erzählte Geschichte. Narrative Strukturen in der französischen *Annales*-Geschichtsschreibung. Berlin, New York 2005.

Marie-Laure Ryan: Narrative as Virtual Reality. Immersion and Interactivity in Literature and Electronic Media. Baltimore, London 2001.

Peter Scheinpflug: Genre-Theorie. Eine Einführung. Berlin 2014.

Dietrich Scheunemann: »Fiktionen – auch aus dokumentarischem Material«. Von Konstruktionen der Geschichte in Literatur und Film seit den sechziger Jahren. In: Hartmut Eggert / Ulrich Profitlich / Klaus R. Scherpe (Hg.): Geschichte als Literatur: Formen und Grenzen der Repräsentation von Vergangenheit. Stuttgart 1990, S. 296–314.

Susanne Schmetkamp: Perspektive und empathische Resonanz: Vergegenwärtigung anderer Sichtweisen. In: Hagener/Vendrell Ferran 2017, S. 133–166.

Oliver Schmidt: Hybride Räume. Filmwelten im Hollywood-Kino der Jahrtausendwende. Marburg 2013.

Herrmann Schmitz: Der Leib, der Raum und die Gefühle. Bielefeld, Locarno 2007.

Hermann Schmitz: Über das Machen von Atmosphären. In: Anna Blume: Zur Phänomenologie der ästhetischen Erfahrung. Freiburg, München 2005, S. 26–43.

Hermann Schmitz: Gefühle als Atmosphären und das affektive Betroffensein von ihnen. In: Hinrich Fink-Eitel / Georg Lohmann (Hg.): Zur Philosophie der Gefühle. Frankfurt/Main 1993, S. 33–56.

Detlev Schöttker: Konstruktiver Fragmentarismus. Form und Rezeption der Schriften Walter Benjamins. Stuttgart 1999.

Christian Schulte: Laboratorium Film. Krise, Technik und neue Physis bei Walter Benjamin. In: Maske und Kothurn. Internationale Beiträge zur Theater-, Film- und Medienwissenschaft. Walter Benjamin und das Kino. Jg. 60, 3–4/2014, S. 60–84.

Alfred Schütz / Thomas Luckmann: Strukturen der Lebenswelt. Frankfurt/Main 1979.

Jörg Schweinitz: Von Transparenz und Intransparenz. Über die Atmosphäre historischen Filmmaterials. In: Brunner/Schweinitz/Tröhler 2012, S. 39–52.

Jörg Schweinitz: ›Genre‹ und lebendiges Genrebewusstsein. Geschichte eines Begriffs und Probleme seiner Konzeptualisierung in der Filmwissenschaft. In: montage AV, Jg. 3, 2/1994, S. 99–118.

Martin Seel: Architekturen des Films. In: Koch/ Voss 2009, S. 151–161.

Martin Seel: Ästhetik des Erscheinens. München 2000.

Greg M. Smith: Film Structure and the Emotion System. Cambridge 2007.
Vivian Sobchack: »Surge and Splendor«: A Phenomenology of the Hollywood Historical Epic (1990). In: Barry Keith Grant (Hg.): Film Genre Reader III. Austin 2007, S. 296–323.
Vivian Sobchack: Carnal Thoughts. Embodiment and Moving Image Culture. Berkeley 2004.
Vivian Sobchack: The Address of the Eye. A Phenomenology of Film Experience. Princeton 1992.
Vivian Sobchack: The Scene of the Screen. Beitrag zu einer Phänomenologie der ›Gegenwärtigkeit‹ im Film und in den elektronischen Medien. In: Hans Ulrich Gumbrecht / K. Ludwig Pfeiffer (Hg.): Materialität der Kommunikation. Frankfurt/Main 1988, S. 416–428.
Andreas Sommer: Geschichtsbilder und Spielfilme. Eine qualitative Studie zur Kohärenz zwischen Geschichtsbild und historischem Spielfilm bei Geschichtsstudierenden. Berlin 2010.
Pierre Sorlin: The Film in History. Restaging the Past. Oxford 1980.
Marcus Stiglegger (Hg.): Handbuch Filmgenre. Wiesbaden 2018. https://link.springer.com/referencework/10.1007/978-3-658-09631-1 [13.1.2020].
Lena Stölzl: Geschichte – Bild – Dialektik. Dokumentarische Historiografie und bildliche Praxis. In: Maske und Kothurn. Internationale Beiträge zur Theater-, Film- und Medienwissenschaft. Walter Benjamin und das Kino. Jg. 60, 3-4/2014, S. 85–94.
Jonathan Stubbs: Historical Film. A Critical Introduction. New York 2013.
Eleftheria Thanouli: History and Film. A Tale of Two Disciplines. New York, London 2019.
Jo Tollebeek / Tom Verschaffel: De vreugden van Houssaye. Apologie van de historische interesse. Amsterdam 1992.
Luke Tredinnick: The Making of History. Remediating Historicized Experience. In: Toni Weller (Hg.): History in the Digital Age. London, New York 2013, S. 39–60.
Margrit Tröhler: Filmische Atmosphären – Eine Annäherung. In: Brunner/Schweinitz/Tröhler 2012, S. 11–24.
Margrit Tröhler: Offene Welten ohne Helden. Plurale Figurenkonstellationen im Film. Marburg 2007.
Margrit Tröhler: Filmische Authentizität. Mögliche Wirklichkeiten zwischen Fiktion und Dokumentation. In: montage AV, Jg. 13, 2/2004, S. 149–169.
Margrit Tröhler: Von Weltenkonstellationen und Textgebäuden. Fiktion – Nichtfiktion – Narration in Spiel- und Dokumentarfilm. In: montage AV, Jg. 11, 2/2002, S. 9–41.

Christiane Voss: Der Leihkörper. Erkenntnis und Ästhetik der Illusion. Paderborn 2013.
Christiane Voss: Fiktionale Immersion. In: Koch/Voss 2009, S. 127–138.
Christiane Voss: Fiktionale Immersion. In: montage AV, Jg. 12, 2/2008, S. 69–86.
Christiane Voss: Filmerfahrung und Illusionsbildung. Der Zuschauer als Leihkörper des Films. In: Gertrud Koch / C.V. (Hg.): ...kraft der Illusion. München 2006, S. 71–86.
André Wendler: Anachronismen. Historiografie und Kino. Paderborn 2014.
Hayden White: Historiography and Historiophoty. In: The American Historical Review, Jg. 93, 5/1988, S. 1193–1199.
Hayden White: Das Problem der Erzählung in der modernen Geschichtstheorie. In: Pietro Rossi (Hg.): Theorie der modernen Geschichtsschreibung. Frankfurt/Main 1987, S. 57–106.
Daniel Wiegand: »Die Wahrheit aber ist es nicht allein«. Zur Idee der Stimmung im Film nach 1910. In: Brunner/Schweinitz/Tröhler 2012, S. 193–210.
Linda Williams: Film Bodies. Gender, Genre, and Excess. In: Film Quarterly, Jg. 44, 4/1991, S. 2–13.
Hans J. Wulff: Prolegomena zu einer Theorie des Atmosphärischen im Film. In: Brunner/Schweinitz/Tröhler 2012, S. 109–132.
Hans J. Wulff: Empathie als Dimension des Filmverstehens. Ein Thesenpapier. In: montage AV, Jg. 12, 1/2003, S. 136–161.
Anke Zechner: Die Sinne im Kino. Eine Theorie der Filmwahrnehmung. Frankfurt/Main 2013.
Felix Zimmermann: Digitale Spiele als historische Erlebnisräume. Ein Zugang zu Vergangenheitsatmosphären im Explorative Game. Masterarbeit, Universität zu Köln 2018. https://kups.ub.uni-koeln.de/8286/ [13.1.2020].

Index

A
Address of the Eye, The 170
Altman, Rick 190–192
Ankersmit, Frank R. 57, 64–69, 72, 74, 75, 78, 80, 87, 131, 145, 162, 171, 173
Antonioni, Michelangelo 71
Aristoteles 67
Arnheim, Rudolf 74, 95, 102, 163
ATMOSPHÄRE. UNTERSUCHUNGEN ZU EINEM BEGRIFF 129
Audio History des Films 20, 46, 50, 51
Auerbach, Erich 83
Auf der Suche nach der verlorenen Zeit 131
Augustinus von Hippo 83
AUSSER RAND UND BAND 199

B
Bachtin, Michail 109, 114, 115, 131
Bakels, Jan-Hendrik 125, 133
Balázs, Béla 14, 15, 31, 33, 34, 78, 80, 94, 101, 106, 107, 123, 124, 138, 140, 148–150, 154
Baron, Jaimie 43
BARRY LYNDON 90
Barthes, Roland 25, 30, 41, 43, 52, 78–80, 89, 165
Baudrillard, Jean 90, 91, 175, 184
Bauer, Fritz 22
Benjamin, Walter 11, 14, 15, 21, 71, 72, 74, 75, 119, 155, 181, 182, 184–186, 200

Bergson, Henri 169, 170, 178, 179, 180
BIRTH OF A NATION, THE 19
Bisson, Vincent 42
BLACKBOARD JUNGLE 198
Blum, Elisabeth 129
Blümlinger, Christa 71
Böhme, Gernot 124
Bohse, Sven 21, 34, 137
BONNIE AND CLYDE 193
Breyer, Thiemo 65, 68, 69, 76, 78
BRONENOSEC POTJOMKIN 108
Bronfen, Elisabeth 170
Brooks, Richard 199
BRÜCKE, DIE 170
Brückner, Jutta 21, 22, 39, 136, 178
Bruun Vaage, Margrethe 149
Burgoyne, Robert 35, 190, 191, 200
Butzmann, Frieder 106, 130

C
Campion, Jane 159
Casetti, Francesco 35, 80, 195, 196
Castells, Manuel 199
Cavell, Stanley 87, 169, 170
Cendrars, Blaise 176
Chion, Michel 52, 53, 107, 130
Comolli, Jean-Louis 89
Coplan, Amy 149, 154
Cornell, Don 116, 118
Creutz, Daniel 65, 68, 69, 76, 78
Curtis, Robin 140

Index

D
Deleuze, Gilles 19, 163, 179
Deppe, Hans 21
Derrida, Jacques 30
Dewey, John 133
DUNKIRK 109

E
Ebbrecht-Hartmann, Tobias 173
ECLISSE, L' 71
EHE DER MARIA BRAUN, DIE 22
Eisenstein, Sergej 108
Elsaesser, Thomas 14, 156, 169, 173, 174, 185

F
Fassbinder, Rainer Werner 22
FERIEN EINES FILMEMACHERS 77
Flaubert, Gustave 41
Flückiger, Barbara 107
Folman, Ari 168
FORREST GUMP 20
Foucault, Michel 16, 17, 75, 99
Freud, Sigmund 174
Frey, Mattias 40, 42
From Caligari to Hitler 48

G
Gad, Urban 125
Gallinger, August 171
GEBURT EINER NATION, DIE 19
Gerhardt, Sonja 38
Grant, Barry Keith 190, 193
Greifenstein, Sarah 146, 147
Griffith, David Wark 19
Groß, Bernhard 28, 70, 184
GROSSE VERSUCHUNG, DIE 21
GRÜN IST DIE HEIDE 21
Guardi, Francesco 67

Gugutzer, Robert 129

H
Hagener, Malte 158
Haley, Bill 198, 199
Hansen, Rolf 21
Hein, Matthias 33, 34
HIMMEL OHNE STERNE 9, 10, 13–16, 21, 27, 29, 31, 33, 34, 39, 46, 47–50, 57, 59, 70, 71, 73–76, 93–95, 97–99, 101–103, 105, 107–109, 127, 128, 130–133, 135, 136, 164–167, 169, 171, 173, 177, 193, 196
HIROSHIMA MON AMOUR 20
Hirsch, Marianne 172, 175
Hoffmann, Kurt 21
Huizinga, Johan 66, 67
HUNGERJAHRE 21, 22, 39–45, 57, 59, 77, 79, 136, 137, 161, 168, 170, 171, 173, 176, 178, 179, 193, 196, 197

I
IM LABYRINTH DES SCHWEIGENS 22
IN JENEN TAGEN 109
INTOLERANCE 19

J
Jameson, Fredric 121
Jurichs, Claus 43

K
Kant, Immanuel 66, 67
Kappelhoff, Hermann 48, 70, 94, 98, 100, 125, 133, 141, 146, 147, 153, 182
Käutner, Helmut 9, 21, 24, 103, 109, 136, 165
Keppler, Angela 56
Keuken, Johan van der 77, 78

Klee, Paul 11
Klippel, Heike 159, 170, 171, 181, 185
Knuth, Gustav 106
Koch, Gertrud 25, 30, 36, 38, 43, 86–88, 102, 141, 164, 182
Kooij, Fred van der 129, 131
Kotthaus, Eva 9
Kracauer, Siegfried 15, 17, 38, 41, 48, 59, 75, 77, 78, 84, 102, 121, 128, 153, 155, 158, 159, 176, 180, 184–187, 196, 197
Kraume, Lars 22
Krotz, Friedrich 183
KU'DAMM 56 21, 22, 34, 35, 37–39, 51–53, 55, 57, 59, 84, 107, 109, 111, 113, 114, 116–120, 135, 137–141, 143, 145–147, 149–153, 158, 161, 171, 173, 176, 177, 188, 196–198
Kubrick, Stanley 90

L

Landsberg, Alison 90, 132, 170, 173–175, 186
LIEBE 1962 71
Lindenberger, Thomas 55
Lindeperg, Sylvie 174, 175
Lingis, Alphonso 186
Lipps, Theodor 140
LOLA 22
Lotman, Jurij M. 17, 25, 82, 87, 88
Luhmann, Niklas 60
LULU & JIMI 22

M

MÄDCHEN ROSEMARIE, DAS 21
Marks, Laura U. 162, 163
Martin, Jean 106, 130
Mattl, Siegfried 29

McLuhan, Marshall 173
Meinecke, Friedrich 66
Mendelssohn, Moses 86, 87
Merleau-Ponty, Maurice 58, 60, 67
Metz, Christian 89, 140, 141, 158
Michelet, Jules 41
Michelsen, Claudia 117
Moldenhauer, Benjamin 166
Moller, Sabine 199
Morsch, Thomas 58, 60, 61, 187
Münsterberg, Hugo 176

N

Nietzsche, Friedrich 177
Nolan, Christopher 109

O

Odin, Roger 40

P

Panofsky, Erwin 100, 114
PANZERKREUZER POTEMKIN 108
Paul, Gerhard 47, 48, 50
Penn, Arthur 193
Perkins, Claire 163
PIANO, THE 159, 160
Pieck, Wilhelm 133
Pohland, Britta 43
Presley, Elvis 52, 110, 197
Prince, Stephen 90
Proust, Marcel 131
Pütter, Trystan 52

Q

QUELLEN DES LEBENS 22

R

Rancière, Jacques 32, 121
RÈGLE DU JEU, LA 164

Index

Renoir, Jean 164, 165, 167
Resnais, Alain 20
Ricciarelli, Giulio 22
Ricœur, Paul 84, 85, 114, 124, 129, 131, 189, 191, 201
Ritzer, Ivo 112, 113
ROCK AROUND THE CLOCK 199
Roehler, Oskar 22
Rohmer, Éric 20, 91, 95, 102
Rosa, Hartmut 154, 161
Rosenstone, Robert 35
Rother, Rainer 99
Rothöhler, Simon 37, 70, 94
Rüsen, Jörn 65, 69, 76, 77, 188, 199, 200, 202, 203
Rüth, Axel 28
Rutherford, Anne 122
Ryan, Marie-Laure 142

S

SAAT DER GEWALT, DIE 198
SAVING PRIVATE RYAN 103, 192
SCHINDLER'S LIST 20
Schmetkamp, Susanne 154
Schmidt, Oliver 94, 98, 103
Schmitz, Hermann 128–130
Schock, Ralph 50
Schröder, Gerhard (CDU) 43
Schumann, Erik 9
Schweinitz, Jörg 136
Sears, Fred F. 199
Seel, Martin 56, 132
SEHNSUCHT DER VERONIKA VOSS, DIE 22
Shaviro, Steven 59
Skin of the Film, The 163
Skladanowsky, Eugen 19
Skladanowsky, Max 19
Smith, Greg M. 125

Sobchack, Vivian 17, 18, 42, 51, 57–64, 73, 75, 76, 78, 101, 118, 119, 122, 129, 142–147, 151, 155, 159, 160, 162, 164–167, 170, 172, 175, 179, 180
SOLDAT JAMES RYAN, DER 103, 192
Sommer, Andreas 204
Sorlin, Pierre 34, 35, 192
Sound des Jahrhunderts, Der 50
Spielberg, Steven 20, 103
SPIELREGEL, DIE 164
Spira, Camilla 107
STAAT GEGEN FRITZ BAUER, DER 22
Stang, Rainer 15
Stölzl, Lena 181
Stubbs, Jonathan 34, 42

T

Thanouli, Eleftheria 29
Thiele, Rolf 21
Tollebeek, Jo 67
Touch: Sensuous Theory and Multisensory Media 163
Toutain, Roland 166
Tredinnick, Luke 183
Tröhler, Margrit 16, 17, 88, 108, 109, 124, 128

U

Ulbricht, Walter 133
Ulrich, Sylvia 43

V

VAKANTIE VAN DE FILMER 77
van Gogh, Vincent 140
Vergangenes Hören und Sehen 55
Vernadskij, Vladimir 25
Verschaffel, Tom 67
Voss, Christiane 142–145, 161

W
Wagner, Stephan 22
WALTZ WITH BASHIR 168
Wendler, André 35, 47
White, Hayden 28, 29, 83, 115
Wicki, Bernhard 170
Williams, Linda 195
WIR WUNDERKINDER 21

Wortmann, Sönke 22
Wulff, Hans J. 128, 152
WUNDER VON BERN, DAS 22

Z
Zechner, Anke 61, 71
Zemeckis, Robert 20
Zimmermann, Felix 197

Fotonachweis

HIMMEL OHNE STERNE: neue deutsche Filmgesellschaft mbH / Beta Film (12, 13, 26, 27, 32, 33, 49, 72, 73, 92, 93, 96, 97, 100, 101, 104, 105, 126, 127, 134, 135, 177) | KU'DAMM 56: UFA Fiction GmbH (36, 37, 52, 54, 55, 84, 111, 113, 116, 117, 119, 139, 141, 146, 147, 148, 149, 151, 153, 176, 198) | HUNGERJAHRE: Jutta Brückner-Filmproduktion / ZDF (40, 41, 42, 44, 45, 137, 161, 179) | Berlin 1964: Andreas Ludwig (113) | THE PIANO: Jan Chapman Production (160) | LA RÈGLE DU JEU: Nouvelle Édition Française (164).

Filmgeschichte / -theorie

 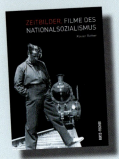 

Mattias Frey / Rasmus Greiner / Winfried Pauleit
Audio History des Films
Sonic Icons – Auditive Histosphäre – Authentizitätsgefühl

Rainer Rother / Vera Thomas (Hg.)
Linientreu und populär
Das Ufa-Imperium 1933 bis 1945

Sabine Moller
Zeitgeschichte sehen
Die Aneignung von Vergangenheit durch Filme und ihre Zuschauer

Hannes Brühwiler (Hg.)
The Sound of Fury
Hollywoods Schwarze Liste

Winfried Pauleit / Angela Rabing (Hg.)
Familien-Bilder
Lebensgemeinschaften und Kino

Rainer Rother
Zeitbilder
Filme des Nationalsozialismus

D. González de Reufels / W. Pauleit / A. Rabing (Hg.)
Grenzüberschreitendes Kino
Geoästhetik, Arbeitsmigration und transnationale Identitätsbildung

Astrid Matron
Körper – Seele – Nation
Identitätssuche im deutschen und koreanischen Kino

www.bertz-fischer.de
mail@bertz-fischer.de
Newsletter: bertz-fischer.de/newsletter